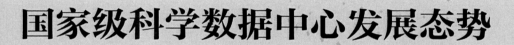

# 国家级科学数据中心发展态势

张耀南 等 著

科学出版社

北京

## 内 容 简 介

本书通过剖析典型发达国家、金砖国家及其他代表性国家的科学数据中心的建设发展历程，凝练出国家级科学数据中心的遴选指标，开展了国家级科学数据中心调研。本书内容可分五个部分，第一部分对主要国家的国家级科学数据中心进行界定；第二部分概述全球主要国家级科学数据中心布局和发展概况；第三部分用案例剖析国际知名科学数据中心建设情况；第四部分定量定性分析科学数据中心的发展状况；第五部分为对我国科学数据中心建设的启示。

本书内容可为从事科学数据建设实践、应用管理、数据治理与资产使用决策制定的相关人员提供参考，也可供高等院校相关专业师生参考、阅读。

图书在版编目（CIP）数据

国家级科学数据中心发展态势／张耀南等著 . —北京：科学出版社，2023.9

ISBN 978-7-03-076460-7

Ⅰ. ①国… Ⅱ. ①张… Ⅲ. ①数据处理中心–发展–态势 Ⅳ. ①G254.926

中国国家版本馆 CIP 数据核字（2023）第 186245 号

责任编辑：林　剑／责任校对：郝甜甜
责任印制：赵　博／封面设计：无极书装

科学出版社 出版
北京东黄城根北街 16 号
邮政编码：100717
http://www.sciencep.com
北京建宏印刷有限公司印刷
科学出版社发行　各地新华书店经销

*

2023 年 9 月第 一 版　开本：720×1000　1/16
2025 年 1 月第二次印刷　印张：18 1/4
字数：350 000

**定价：198.00 元**
（如有印装质量问题，我社负责调换）

# 本书编写组

主　编：张耀南

副主编：石　蕾　康建芳

编　委：周德进　高孟绪　褚大伟　杨　旭　邹自明

　　　　李国庆　马俊才　周国民　吴立宗　姜晓轶

　　　　纪　平　赵国峰　鲍一明　张智星　张彩荷

　　　　吴亚敏　任泽瑶　张　杰　李茜荣　敏玉芳

　　　　艾鸣浩　李红星　赵国辉　李　娜　任　珩

　　　　李文美　辛小萍　张　晶　刘倩汝　陈文娟

　　　　安兰兰

# 前　言

　　进入 2010 年之后，物联网的普及信息技术突飞猛进的发展，助推了数据获取的级数增长，科学数据的来源更加广泛，形成了从地面到空间、从细胞到生物、从微观到宏观几乎覆盖所有领域的科学数据来源。特别是 2012 年"大数据"概念提出之后，各国政府相应做出了迎接大数据时代的各类战略，数字经济发展已成为数据作为要素的时代趋势。面临如此大势和蓬勃发展的数字化应用场景，作为引领和推动大数据发展的科学数据以及承载科学数据的数据中心，国际上出现了什么样的发展变化？为了更好地把握全球主要国家级科学数据中心的发展态势，国家冰川冻土沙漠科学数据中心在科学技术部国家基础条件平台中心"全球国家级科学数据中心发展态势"咨询项目的支持下，组织编写了《国家级科学数据中心发展态势》一书，开展国际上主要发达国家、金砖国家的科学数据中心发展现状及趋势的分析，对诞生于美国、成长发展于全球的数据中心，梳理了四个主要驱动原因：20 世纪 50~70 年代国际地球物理年启动了国家级数据中心的建设，70~80 年代计算机与数据库技术的发展奠定了观测数据中心的建设基础，80~90 年代数据管理与知识共享诉求平衡促进了国家级科学数据中心发展，20世纪 90 年代至 21 世纪 10 年代互联网普及与领域数据管理系统的蓬勃发展推动了科学数据中心快速增长。

　　通过对美国、英国、德国、法国、澳大利亚、加拿大、日本、韩国等发达国家和南非、俄罗斯、巴西、印度金砖国家的科学数据中心的建设依据、依托机构、管理模式、支持模式、服务模式、研究能力、研发能力、数据应用成效、数据持续发展能力、数据中心政策规范、数据中心影响力、数据中心国际合作交流等发展过程分析，归纳总结了 5 类 21 个指标作为国家级科学数据中心界定的遴选指标，总结了国际知名数据中心建设、发展、演化、演进、政策、规划、趋势等的模式。通过对遴选出的国家级科学数据中心的进一步分析，总结出各国在积极推进科学数据中心建设的过程中，大体都经历了数据管理与共享诉求、全面建设与政策协调、整合优化与调整完善、能力建设与资产使用的四个阶段。总体上主要国家的国家级科学数据中心已进入了优化调整和资产使用阶段。

　　同时，在总结国际上主要国家的国家级科学数据中心的分布情况、发展状况、未来趋势和数据中心自身着力方向基础上，提出了我国发展国家级科学数中心的五条建议：一是坚持顶层规划，构建数量适度的国家科学数据中心体系；二是坚持公益性是国家级科学数据中心的基本属性；三是坚持国家级科学数据中心发展的动态调整和包容性；四是将国家级科学数据中心纳入创新基础设施持续支持；五是向研究型国家级科学数据中心建设推进。希望本书能为我们国家主管部门把控国家级科学数据中心总体布局、适度数量、核心定位、总体规划提供参考。

在本书成稿过程中，国家冰川冻土沙漠科学数据中心张耀南、康建芳和国家科技基础条件平台中心石蕾，完成了本书的总体框架、内容撰写、统稿审定和通稿校对，张彩荷、吴亚敏、任泽瑶、张杰、李茜荣等参与了本书的部分编写工作，中国科学院西北生态环境资源研究院文献情报中心李娜、任珩、李文美、辛小萍、张晶、刘倩汝、陈文娟、安兰兰，以及深圳技术大学张智星为本书提供了大量的材料和俄法英等外语文献的编译工作。中国科学院周德进、褚大伟、杨旭和国家科技基础条件平台中心高孟绪为本书的编写提供了很多的指导和意见，部分国家数据中心主任为遴选国家科学数据中心和本书的成稿，提供了咨询和指导工作。最后，特别感谢科技部国家科技基础条件平台中心的立项支持。在此，我代表本书编写组，对本书的各位贡献者表示衷心的感谢和诚挚的敬意！同时，受限于学识水平和知识范围，本书难免存在不足之处，敬请专家学者和读者批评指正。

张耀南

2023 年 3 月 8 日

# 目　　录

# 1 国家级科学数据中心的界定

## 1.1 数据中心形成背景

全球数据中心的形成背景可以归纳为四个方面：一是计算机与数据库技术的发展奠定了数据中心的建设基础；二是数据中心起源于美国，发展于全球；三是政府对日益增长的数据管理需求与学术界和企业界对数据知识共享诉求平衡促进了数据中心发展；四是互联网普及与各学科领域的数据管理系统的蓬勃发展推动了数据中心的快速增长。

计算机与数据库技术的发展奠定了数据中心建设的基础，主要体现在：①计算机技术发展，为数据中心的建立提供了基础环境。从 1946 年第一台电子管计算机"埃尼阿克"（ENIAC）诞生，到 1958～1965 年第二代晶体管计算机出现，1967～1970 年第三代集成电路电子计算机建成，1970～1980 第四代大规模集成电路计算机及微处理器大规模应用，1981 年以来的第五代智能计算机普及，计算机技术的快速发展为数据中心的建立奠定了根本的技术基础。②数据库技术的发展为数据中心的建立提供支撑环境。第一阶段，从 1951 年磁带驱动器诞生，到 1956 年的磁盘驱动器诞生，再到 1964 年层次数据库 DBMS 建立，数据由人工管理阶段、文件系统管理阶段，进入数据库系统阶段，并以 1969 年 IBM 层次数据库建成为标志；第二阶段，1970 年关系型数据库诞生，数据模型成为数据库系统的核心，以 IBM DB2、微软 MS SQL，Oracle 关系数据库（RDBMS）为代表，总体上以关系型数据库为主实现数据管理；第三阶段，以 1980 年以来的面向领域数据库建设为代表，形成了数据库管理系统的核心技术。

数据中心起源于美国，成长发展于全球，主要体现在：①国家数据中心建设始于 1957 年美国。在美国地理学会 William O. Field 博士的领导下，在美国博尔德成立世界冰川学数据中心（WDC），主要为 1957～1958 年国际地球物理年（International Geophysical Year, IGY）活动提供数据管理和共享服务，负责存档所有冰川学信息数据。WDC 建立之初有 27 个数据中心，其后发展为

WDC-A（美国）、WDC-B（俄罗斯）、WDC-C1（欧洲）、WDC-C2（日本）和WDC-D（中国）。②1966 年成立的国际科技数据委员会（CODATA），对数据管理、应用和共享起到了推动作用。③国家数据中心成型于 20 世纪七八十年代。随着传感器技术发展，美国在 20 世纪七八十年代发射了大量对地观测卫星，对地观测数据的快速增长，使得对数据管理变得极为迫切，为此 NASA 开启了数据中心建设。

政府对日益快速增长的数据管理需求与学术界的数据共享诉求平衡促进了数据中心发展。20 世纪 80 年代中后期，随着数据的增加与存储积累，这些数据在服务政府决策和政府启动重大科研项目时，对涉及的高层次研究起到极为重要的支撑作用。为此，包括科技界在内的社会各界对获得的科学数据共享应用的诉求非常强烈，促使美国 NASA 在哥达空间飞行中心（GSFC）建立了地球观测系统数据信息系统的核心系统（ECS）。为此，NASA 组建的专家组（IWG）于 1989年首次提出在国家层面上构建数据共享的框架和实现数据共享建议，正式启动了美国建设国家级分布式数据中心群框架。

互联网普及与领域数据管理系统的蓬勃发展，推动了数据中心快速增长。主要体现在随着 20 世纪 90 年代互联网的普及，促进了各领域数据管理系统快速建设，全球数据中心也步入了快速发展阶段。特别是在 2012 年"大数据"概念提出之后，各类数据中心出现了极速、无序的增长，如美国，到 2015 年数据中心的建设速度达到了顶峰。

# 1.2　数据中心的定义

传统的数据中心指的是全球协作的特定设备网络，用来在因特网基础设施上传递、加速、展示、计算、存储数据信息。它可以使人们的认知从定量、结构的世界进入到不确定和非结构的世界中，和交通网、通信网络①一样逐渐成为现代社会基础设施的一部分，进而对很多产业都产生积极的影响。

科学数据中心有别于传统的数据中心，是伴随着大数据的快速发展，在科学研究进入以数据密集型科学研究为特点的"第四范式"，以及科学数据成为科研工作乃至国家发展的重要战略资源的背景下，利用各类大型科研基础设施、科研

---

① https://zh. wikipedia. org/zh/%E6%95%B0%E6%8D%AE%E4%B8%AD%E5%BF%83#%E5%8E%86%E5%8F%B2.

观测网络建设运行，以及科学实验、试验、模拟等科学研究活动过程中产生的科学数据，通过收集、分类、整理、处理、分析等环节，将具有广泛分散性特点的科学数据进行有效集成，开展科学数据的汇聚、管理、存储、开放、利用与应用支持、专题数据制备与分析技术构建等工作，促进科学数据再利用，支持科学数据隐含规律挖掘分析，发挥科学数据更大的价值的数据中心。当前，世界各国都在积极推进科学数据中心建设，其建设方式包括自上而下的国家数据中心建设模式和自下而上的学科领域科学数据中心建设模式等。

## 1.3 数据中心的评价指标

科学数据中心的运行状况评估方式与方法，目前主要分为机构自评和第三方评估两种。其中，核心可信数据仓储认证（Core trust seal certification，CTS）和开放数据晴雨表（Open data barometer，ODB）等评估方案，都采取了机构自评这种方式，前者为主动自评，后者为被动自评。国外的数据中心多在自评的基础上进行不同类别的评价，包括同行评审、评估方案组织方调研、认证等方式。例如美国国家航空航天局（NASA）的地球观测系统的数据和信息系统（Earth observation system data and information system，EOSDIS）对其数据中心的评价主要分为两部分：一是对其系统性能数据进行提取，主要考核其科学数据处理系统、地球科学数据与服务、元数据、常规元数据仓储、用户注册系统等方面；二是接受美国科罗思咨询集团（CFI Group）开展的客户满意度调研。国内不同系统间采用的评价方式和指标不尽相同，但多是通过线上评测、现场评测、组织行为评测和自评等方式完成。例如，国家科技基础条件平台以管理机制、科技平台资源整合状况及运行状况与长效发展能力作为认定和绩效考核的重点内容；绩效考核指标以认定指标为基础，突出科技平台的共享作用，重点考察科技平台的服务数量与服务成效，重视用户评价的反馈。

根据王瑞丹等（2022）开展的相关研究，在考虑异构性和动态性条件的基础上，将科学数据中心动态异构评价指标体系设置为 8 个类别、32 个评价指标，指标数据属性分别为实数、区间数和语言变量（表 1-1）。该指标体系是目前首个面向复杂场景下科学数据中心定量化评价的模型，也是科学数据中心合理评价的顶层设计方案，对于科学数据中心评价，尤其是国家级科学数据中心的遴选和评定具有重要意义。

表 1-1　科学数据中心动态异构评价指标体系

| 类别 | 考核指标 | 数据属性 |
| --- | --- | --- |
| 资源整合 | 清单任务完成度 | 实数 |
| | 资源增量 | 实数 |
| | 资源数量 | 实数 |
| | 资源质量 | 区间数 |
| | 资源合作网络 | 语言变量 |
| | 数据资源汇交 | 语言变量 |
| 平台服务 | 资源服务量 | 实数 |
| | 注册用户量 | 实数 |
| | 数据出版量 | 实数 |
| | 专题服务情况 | 语言变量 |
| | 科技支撑效果 | 语言变量 |
| | 社会效益 | 语言变量 |
| | 经济效益 | 语言变量 |
| | 行业效益 | 语言变量 |
| | 服务对象满意度 | 实数 |
| 分析与挖掘 | 数据管理能力 | 语言变量 |
| | 数据分析挖掘能力 | 语言变量 |
| | 工具应用能力 | 语言变量 |
| 运行管理 | 依托机构 | 语言变量 |
| | 组织机构运行 | 语言变量 |
| | 标准规范制度建设与落实 | 语言变量 |
| | 信息化管理能力 | 语言变量 |
| | 资质认证 | 语言变量 |
| 支撑条件 | 工作场地 | 语言变量 |
| | 信息设施能力 | 语言变量 |
| 可持续能力 | 期内新增资助强度 | 语言变量 |
| | 人才团队与人才培养 | 语言变量 |
| 国际影响力 | 国际化人才 | 语言变量 |
| | 国际用户 | 语言变量 |
| | 国际应用 | 语言变量 |
| | 国际交流 | 语言变量 |
| 其他 | 其他 | 语言变量 |

## 1.4　国家级科学数据中心

科学数据中心始于美国，发展成长于全球。最早建设国家级科学数据中心的是美国 NASA，随着 NASA 的对地观测数据的剧增，针对数据的管理及科技界和企业界对数据共享的诉求平衡，促使 NASA 于 1990 年决定建设"分布式活跃数据档案中心群"（DAACs），包括 12 个学科的世界数据中心，以及庞大的分布在各政府部门、学术机构的专业数据库群。DAACs 标志着美国国家科学数据共享时代的开始，正式开启了美国建设国家级科学数据中心群的里程碑，也标志着全球国家级科学数据中心建设的开启。

尽管国家级科学数据中心目前国际上还没有统一的定义，其建设历程也不尽相同，有自下而上逐步发展建立起来的，也有自上而下按照任务、指令或法规建立起来的。其中，部分国家级科学数据中心是由国家按照统一标准和规划设立的大型数据管理设施，代表国家对特定领域（或交叉领域）的科学数据进行统筹管理和服务。欧美等发达国家早在 20 世纪就开始数据中心的建设，数据中心建设经历了从起步发展、快速无序增长，到通过优胜劣汰、整合优化、调整完善、能力建设与资产使用等阶段，目前已建成一批国家级科学数据中心或数据库。尽管科学数据中心在建设初期，可以分为纯数据提供者、纯服务提供者和混合型服务者三种模式。但随着优化整合，这些数据中心的一部分，通过国家层面制定的相应政策推动下，专注于科学数据管理与共享、建设相应的科学数据基础设施、汇聚和整合本国乃至全球的科学数据资源，在后期的发展演变的过程中，逐步走向了体现国家行为、体现公益性服务、体现对特定领域（或交叉领域）数据积累与管理、体现科学数据开放共享、体现数据驱动的创新能力建设、体现可持续发展的保障能力、体现国际合作交流、体现引领新业态等特点。全球范围内，以美国为代表的科技相对发达的国家，其国家级科学数据中心都具备相同或相似的特征。

在科学数据成为科研工作乃至国家发展重要战略资源的背景下，尽管国家级科学数据中心没有统一的定义，但根据其特征，可以对国家级科学数据中心给出一个概要性的定义，即国家级科学数据中心是伴随着大数据的快速发展，在数据密集型"第四范式"科学研究模式的驱动下，通过收集、分类、整理、处理、分析、制备等环节，将各类科研基础设施、科研观测网络、科学实验以及科技活动中产生的、具有广泛分散性特点的科学数据进行有效集成，在可持续发展能力的保障下，开展科学数据的永续性汇聚、管理、存储、共享、利用与研发等工作，体现国家对特定领域（或交叉领域）科学数据积累与管理的行为特征，主要以公益性服务方式开展科学数据开放共享，支持践行数据驱动创新能力建设、开展国际合作交流、引领新业态创新、发挥科学数据复用更大价值的科学数据创新基础设施。

# 1.5　国家级科学数据中心遴选指标

基于文献分析、网络调查、专家咨询，对 Re3dada.org 注册的主要国家科学数据中心进行梳理分析，特别对主要国家科学数据中心的建设依托机构、发展历程、总体布局、管理政策、开放共享、经费投资、人员情况、数据服务、服务成效、发展规划、发展趋势等信息进行了分析。同时，也分析了主要国家有影响力的典型科学数据中心的发展模式，结合调查各国政府的科技管理机构、财政支持机构、各部委对数据中心的定位，以及这些数据中心在国内及国际上的影响力。采纳前人有关科学数据中心研究成果和各领域专家学者的判断建议，通过梳理、分析、总结、归纳和凝练，构建了国家级科学数据中心遴选指标体系，总体给出了 5 大类、21 小类国家级科学数据中心的遴选指标。这些指标基本上能够体现主要发达国家重要的被学界广泛认可的科学数据中心的特征。5 大类遴选指标主要包括：组建方式、依托机构、服务成效、研究能力、管理模式，21 小类遴选指标包括：①组建方式——政府组织筹建、依据法规组建、机构合并组建、基层中心发展；②依托机构——国家机构、高等院校、科研院所、省/市/州政府、企业；③服务成效——科研支撑效果、公益服务效果、国际影响力、其他成效；④研究能力——数据科学研究能力、数据产品与技术研发能力、数据持续积累与存储能力、基础设施与条件保障能力；⑤管理模式——组织管理体系、数据汇交制度、建设资金来源、运行资金来源。具体每个指标说明见表 1-2。

表 1-2　国家科学数据中心遴选指标体系

| 类别 | 指标 | 数据属性 | 备注 |
|---|---|---|---|
| 组建方式 | A. 政府组织筹建 | 语言变量 | 是否代表国家的政府组织筹建，如国家相关学科部委 |
| | B. 依据法规组建 | 语言变量 | 是否依据相关法律法规成立 |
| | C. 机构合并组建 | 语言变量 | 是否为相关机构合并或组建成立 |
| | D. 基层中心发展 | 语言变量 | 是否为基层数据机构发展演变成立，如地方数据机构发展成立 |

| 类别 | 指标 | 数据属性 | 备注 |
|---|---|---|---|
| 依托机构 | A. 国家机构 | 语言变量 | 是否依托国家机构，如依托美国国家航空航天局（NASA） |
| | B. 高等院校 | 语言变量 | 是否依托大学/学院，如依托美国马里兰大学（UMD或UMCP） |
| | C. 科研院所 | 语言变量 | 是否依托国家级科研院所，如依托俄罗斯科学院天文学研究所 |
| | D. 省/市/州政府 | 语言变量 | 是否依托省/市/州，如依托美国内华达州政府 |
| | E. 企业 | 语言变量 | 是否依托国际/国内知名企业，如亚马逊公司（Amazon） |
| 服务成效 | A. 科研支撑效果 | 语言变量 | 是否以支撑科研应用为主，提供精准数据 |
| | B. 公益服务效果 | 语言变量 | 是否以公益性应用为主，提供数据服务 |
| | C. 国际影响力 | 语言变量 | 国家服务与联合共建成效 |
| | D. 其他成效 | 语言变量 | 除上述效果之外的成效，如服务国防、经济等 |
| 研究能力 | A. 数据科学研究能力 | 实数 | 是否具备解决科学问题和联合开展研究的能力并有相应的科技成果产出 |
| | B. 数据产品与技术研发能力 | 实数 | 是否具备数据产品、相关技术研发和应用的技术能力 |
| | C. 数据持续积累与存储能力 | 语言变量 | 现阶段具有一定的数据量并具有可持续积累与存储的能力，如遵循并执行FAIR原则 |
| | D. 基础设施与条件保障能力 | 语言变量 | 具备一定的基础设施与硬件环境并具有条件保障能力 |
| 管理模式 | A. 组织管理体系 | 语言变量 | 是否设立指导数据中心正常管理的理事会、学术委员会、管理委员会等组织管理体系 |
| | B. 数据汇交制度 | 语言变量 | 是否具有固定的数据汇缴制度 |
| | C. 建设资金来源 | 语言变量 | 建设初期是否有固定的资金来源 |
| | D. 运行资金来源 | 语言变量 | 运行期间是否有持续的资金来源 |

按照总结的国家级科学数据中心遴选指标，其数据属性包括实数和语言变量，主要从数据中心组建方式、数据中心依托机构、数据中心研究能力、数据中心服务成效、数据中心管理模式等5大类别的21个指标，对收集到的科学数据中心进行满足条件的遴选，将满足上述条件的科学数据中心界定为国家级科学数据中心。其中，组建方式、依托机构、服务成效、研究能力这4个类别只需满足其中的一项指标即可，而管理模式类别的组织管理体系、数据汇交制度、建设资金来源、运行资金来源4个指标需要同时满足。

# 1.6 主要国家国家级科学数据中心

## 1.6.1 美国

根据国家级科学数据中心遴选指标体系，对美国 Re3dada. org 网站上注册的数据中心和网络调查的数据中心进行遴选，共计遴选出 51 个国家级科学数据中心（表1-3）。其中，美国航空航天科学数据中心包含国家大气科学数据中心、戈达德地球科学数据和信息服务中心、地壳动力学数据信息系统、阿拉斯加卫星设施分布式活动档案中心、全球水文气象资源中心、国家雪冰数据中心、海洋生物学处理组、国家空间科学数据中心、橡树岭国家实验室生物地球化学动力学分布式主动档案中心和社会经济数据和应用中心、一级大气档案和分发系统、物理海洋分布式主动档案中心等 12 个数据中心；美国国立卫生研究院（NIH）科学数据中心包含国家生物技术信息中心、利斯特山国家生物医学通信中心和国家医学图书馆 3 个数据中心。

表 1-3 美国国家级科学数据中心界定

| 序号 | 科学数据中心名称 | 界定标准 | | | | |
| --- | --- | --- | --- | --- | --- | --- |
| | | 组建方式 | 依托机构 | 服务成效 | 研究能力 | 管理模式 |
| 1 | 国家大气科学数据中心（Atmospheric Science Data Center, ASDC） | A | A | ABC | ABCD | ABCD |
| 2 | 戈达德地球科学数据和信息服务中心（Goddard Earth Sciences Data and Information Services Center, GES DISC） | A | A | ABC | ABCD | ABCD |
| 3 | 地壳动力学数据信息系统（Crustal Dynamics Data Information System, CDDIS） | A | A | ABC | ABCD | ABCD |
| 4 | 阿拉斯加卫星设施分布式活动档案中心（Alaska Satellite Facility Distributed Active Archive Centers, ASF DAAC） | A | A | ABC | ABCD | ABCD |
| 5 | 全球水文气象资源中心（Global Hydrometeorology Resource Center, GHRC） | A | A | ABC | ABCD | ABCD |

| 序号 | 科学数据中心名称 | 界定标准 | | | | |
|------|------------------|----------|----------|----------|----------|----------|
| | | 组建方式 | 依托机构 | 服务成效 | 研究能力 | 管理模式 |
| 6 | 国家雪冰数据中心（National Snow and Ice Data Center, NSIDC） | AD | A | ABCD | ABCD | ABCD |
| 7 | 海洋生物学处理组（Ocean Biology Processing Group, OBPG） | A | A | ABC | ABCD | ABCD |
| 8 | 国家空间科学数据中心（National Space Science Data Center, NSSDC） | A | A | ABCD | ABCD | ABCD |
| 9 | 橡树岭国家实验室生物地球化学动力学分布式活动档案中心（Oak Ridge National Laboratory Distributed Active Archive Center, ORNL DAAC） | A | A | ABC | ABCD | ABCD |
| 10 | 社会经济数据和应用中心（Socioeconomic Data and Applications Center, SEDAC） | A | A | ABCD | ABCD | ABCD |
| 11 | 一级大气档案和分发系统分布式活动存档中心（Level-1 and Atmosphere Archive & Distribution System Distributed Active Archive Center, LAADS DAAC） | A | A | ABC | ABCD | ABCD |
| 12 | 物理海洋学分布式活动档案中心（Physical Oceanography Distributed Active Archive Center, PO. DAAC） | A | A | ABC | ABCD | ABCD |
| 13 | 陆地进程分布式活动存档中心（Land Processes Distributed Active Archive Center, LP DAAC） | A | A | ABC | ABCD | ABCD |
| 14 | 国家大气研究中心（National Center for Atmospheric Research, NCAR） | A | A | ABC | ABCD | ABCD |
| 15 | 地球观测实验室（Earth Observation Laboratory, EOL） | A | A | ABC | ABCD | ABCD |
| 16 | 高山天文台（High Altitude Observatory, HAO） | D | A | ABC | ABCD | AC |
| 17 | 国家环境信息中心（National Centers for Environmental Information, NCEI） | A | A | ABC | ABCD | ABCD |
| 18 | 国家地球物理数据中心（National Geophysical Data Center, NGDC）（并入 NCEI） | A | A | ABC | ABCD | ABCD |
| 19 | 国家气候数据中心（National Climate Data Center, NCDC）（并入 NCEI） | A | A | ABC | ABCD | ABCD |

| 序号 | 科学数据中心名称 | 界定标准 | | | | |
|---|---|---|---|---|---|---|
| | | 组建方式 | 依托机构 | 服务成效 | 研究能力 | 管理模式 |
| 20 | 国家海洋数据中心（National Oceanographic Data Center, NODC）（并入 NCEI） | A | A | ABC | ABCD | ABCD |
| 21 | 国家环境卫星数据信息服务中心（National Environmental Satellite Data and Information Service, NESDIS） | A | C | ABCD | ABCD | ABCD |
| 22 | 国家生物技术信息中心（National Center for Biotechnology Information, NCBI） | A | A | ABCD | ABCD | ABCD |
| 23 | 利斯特山国家生物医学通信中心（Lister Hill National Center for Biomedical Communications, LHNCBC） | A | A | ABC | ABCD | ABCD |
| 24 | 国家医学图书馆（National Library of Medicine, NLM） | A | C | ABCD | ABCD | ABCD |
| 25 | 地球资源观测科学中心（Earth Resources Observation and Science Center, EROS） | AC | A | ABC | ABCD | ABCD |
| 26 | 国家地震信息中心（National Earthquake Information Center, NEIC） | A | A | ABCD | ABCD | ABCD |
| 27 | 水资源（科学）中心［Water Resources (Science) Center, WRC (WSC)］ | A | A | ABC | ABCD | ABCD |
| 28 | 国家科学基金会数据同化研究部（National Science Foundation, NSF） | A | A | ABCD | ABCD | ABCD |
| 29 | 水资源科学信息中心（Water Resources Scientific Information Center, WRSIC） | A | A | ABC | ABCD | ABCD |
| 30 | 哥伦比亚大学国际地球科学信息网络中心（Center for International Earth Science Information Network, CIESIN） | D | A | ABC | ABCD | ABCD |
| 31 | 国家能源研究科学计算中心（National Energy Research Scientific Computing Center, NERSC） | A | A | ABCD | ABCD | ABCD |
| 32 | 科技信息办公室（Office of Scientific and Technical Information, OSTI） | A | A | ABCD | ABCD | ABCD |

续表

| 序号 | 科学数据中心名称 | 界定标准 | | | | |
|------|------------------|----------|------|------|------|------|
| | | 组建方式 | 依托机构 | 服务成效 | 研究能力 | 管理模式 |
| 33 | 美国协同数据驱动发现的开放科学工作区（CyVerse®） | A | A | ABC | ABCD | ABCD |
| 34 | 国立农业图书馆数据库（Agricultural Online Access, AGRICOLA） | A | A | ABCD | ABCD | ABCD |
| 35 | 教育部数据服务平台（Education Data Express, ED Data Express） | A | A | ABC | ABCD | ABCD |
| 36 | 卫生与公众服务部数据委员会〔Health and Human Services Data Counci, HHS Data Council〕 | A | A | ABCD | ABCD | ABCD |
| 37 | 美国交通部数据中心（Bureau of Transportation Statistics, BTS） | A | A | ABC | ABCD | ABCD |
| 38 | 政府开放数据平台（Data Government） | A | A | ABCD | ABCD | ABCD |
| 39 | 哈佛-麻省理工学院数据中心（Harvard—Massachusetts Institute of Technology Data Center, Harvard-MIT Data Center） | A | B | ABC | ABCD | ABCD |
| 40 | 康奈尔大学罗珀中心（Roper Center, Cornell University） | D | B | ABC | ABCD | ABCD |
| 41 | 国家档案和记录管理局数据中心（National Archives and Records Administration, NARA） | A | A | ABC | ABCD | ABCD |
| 42 | 病毒粒子资源管理器数据库（VIrus Particle ExploreR data base, VIPERdb） | A | AB | ABC | ABCD | ABCD |
| 43 | 小鼠肿瘤生物学数据库（Mouse Tumor Biology Database, MTB Database） | A | A | ABC | ABCD | ABCD |
| 44 | 数据分析和归档中心（Catalogue Of Somatic Mutations In Cancer, COSMIC） | A | A | ABC | ABCD | ABCD |
| 45 | 加利福尼亚大学 BIGG 数据中心（Biochemically, Genetically and Genomically Database, BIGG Database） | A | B | ABC | ABCD | ABCD |
| 46 | 联邦土地管理局环境数据库（Federal Environmental Database, FED） | A | A | ABC | ABCD | ABCD |
| 47 | 细胞中心数据库（Cell Center Database, CCDB） | A | B | ABCD | ABCD | ABCD |

| 序号 | 科学数据中心名称 | 界定标准 | | | | |
|---|---|---|---|---|---|---|
| | | 组建方式 | 依托机构 | 服务成效 | 研究能力 | 管理模式 |
| 48 | 念珠菌基因组数据库（Candida Genome Database, CGD） | A | A | ABCD | ABCD | ABCD |
| 49 | 病原体系统资源整合中心（Pathosystems Resource Integration Center, PATRIC） | A | AC | ABC | ABCD | ABCD |
| 50 | 美国国家航空航天局生命科学数据档案（NASA Life Sciences Data Archive） | A | A | ABCD | ABCD | ABCD |
| 51 | 极地地理空间中心（Polar Geospatial Center, PGC） | A | A | ABCD | ABCD | ABCD |

## 1.6.2 英国

根据国家级科学数据中心遴选指标体系，调研遴选出英国 26 个国家级科学数据中心（表 1-4）。

表 1-4  英国国家级科学数据中心界定

| 序号 | 科学数据中心名称 | 界定标准 | | | | |
|---|---|---|---|---|---|---|
| | | 组建方式 | 依托机构 | 服务成效 | 研究能力 | 管理模式 |
| 1 | 英国航天局数据中心（UK Space Agency, UKSA） | A | A | ABCD | ABCD | ABCD |
| 2 | 英格兰公共卫生局数据中心（Public Health England, PHE） | A | A | ABCD | ABCD | ABCD |
| 3 | 英国大气数据中心（British Atmospheric Data Centre, BADC） | A | A | ABC | ABCD | ABCD |
| 4 | 国家遥感中心（National Remote Sensing Centre, NRSC） | A | A | ABC | ABCD | ABCD |
| 5 | 国家海洋学研究中心（National Oceanographic Center, NOC） | C | AC | ABC | ABCD | ABCD |
| 6 | 国际应用生物科学中心（Center for Agriculture and Bioscience International, CABI） | A | A | ABC | ABCD | ABCD |
| 7 | 国家地球科学数据中心（National Geoscience Data Center, NGDC） | A | A | ABC | ABCD | ABCD |

| 序号 | 科学数据中心名称 | 界定标准 | | | | |
|---|---|---|---|---|---|---|
| | | 组建方式 | 依托机构 | 服务成效 | 研究能力 | 管理模式 |
| 8 | 极地数据中心（Polar Data Center, PDC） | A | A | ABCD | ABCD | ABC |
| 9 | 英国皇家化学学会数据库（Royal Society of Chemistry Database, RSC） | A | A | ABC | ABCD | ABCD |
| 10 | 国家科学数据中心体系（National Space Defense Center, NSDC） | A | A | ABC | ABCD | ABCD |
| 11 | 欧洲生物信息学研究所（European Bioinformatics Institute, EBI） | A | A | ABCD | ABCD | ABCD |
| 12 | 英国 NHS 医院数据库（UK National Health Service Hospital Database, UK NHS Hospital Database） | A | A | ABCD | ABCD | ABCD |
| 13 | 英国皇家物理学会（Institute of Physics, IOP） | A | A | ABC | ABCD | ABCD |
| 14 | 国家 DNA 数据库（National DNA Database Statistics） | A | A | ABCD | ABCD | ABCD |
| 15 | 数字保存中心（Digital Curation Centre, DCC） | A | A | ABC | ABCD | ABCD |
| 16 | 英国数据档案馆（UK Data Archive Center） | A | A | ABC | ABCD | ABCD |
| 17 | 英国太阳能系统数据中心（UK Solar System Data Center, UKSSDC） | A | A | ABCD | ABCD | ABCD |
| 18 | 环境信息数据中心（Environmental Information Data Center, EIDC） | A | A | ABC | ABCD | ABCD |
| 19 | 地球观测数据中心（Collaboration for Earth Observation, EODC） | A | A | ABCD | ABCD | ABCD |
| 20 | 英格兰基因组学数据中心（Genomics England Limited, GEL） | A | A | ABC | ABCD | ABCD |
| 21 | 英国生物样本库（UK Biobank, UKB） | A | A | ABC | ABCD | ABCD |
| 22 | 洛桑样本库（Lausanne Sample Bank, LSB） | A | A | ABC | ABCD | ABCD |
| 23 | 诺丁汉拟南芥储存中心（National Access & Scaffolding Confederation, NASC） | A | A | ABCD | ABCD | ABCD |
| 24 | 国家化学数据库服务中心（The National Chemical Database Service, CDS） | A | A | ABC | ABCD | ABCD |
| 25 | 剑桥晶体学数据中心（Cambridge Crystallographic Data Centre, CCDC） | A | A | ABC | ABCD | ABCD |
| 26 | SASSCAL 开放存取数据中心（Oregon Association of Defense Counsel, SASSCAL OADC） | A | A | ABC | ABCD | ABCD |

## 1.6.3 德国

根据国家科学数据中心遴选指标体系，调研了德国科学数据中心的起源、管理组织模式、资金来源情况及相关指标，共计遴选出 26 个国家级科学数据中心（表1-5）。

表 1-5 德国国家级科学数据中心界定

| 序号 | 科学数据中心名称 | 界定标准 | | | | |
|---|---|---|---|---|---|---|
| | | 组建方式 | 依托机构 | 服务成效 | 研究能力 | 管理模式 |
| 1 | 罗伯特科赫研究所科学数据中心（Forschungsdatenzentrum des Robert Koch-Instituts，FDZ RKI） | ABD | C | AB | ABC | ABCD |
| 2 | 欧洲数据中心（EUROLAS Data Center，EDC） | ABC | AB | AB | ABC | ABCD |
| 3 | 德国国家考古和古代科研科学数据中心（Forschungsdatenzentrum für Archäologie & Altertumswissenschaften，IANUS） | ABD | C | AB | ABC | ABCD |
| 4 | 德国高等教育研究和科学数据中心（The Research Data Centre for Higher Education Research and Science Studies，FDZ-DZHW） | ABD | C | AB | ABC | ABCD |
| 5 | 联邦统计局和国家统计局科研数据中心（Research Data Centres of the Federal Statistical Office and the Statistical Offices of the Länder，RDC） | ABCD | D | AB | ABC | ABCD |
| 6 | 德国微数据实验室（German Microdata Lab，GML） | ABC | A | AB | ABC | ABCD |
| 7 | WSI 数据中心（WSI Datenzentrum） | ABCD | C | AB | ABC | ABCD |
| 8 | 联邦职业安全与健康研究所数据中心［Bundesanstalt für Arbeitsschutz und Arbeitsschutz（BAuA），FDZ BAuA］ | ABCD | C | AB | ABC | ABCD |
| 9 | 德国信息系统与数据中心［International Security and Development Center（Berlin，Germany）］ | ABC | E | AB | ABC | ABCD |

| 序号 | 科学数据中心名称 | 界定标准 | | | | |
|---|---|---|---|---|---|---|
| | | 组建方式 | 依托机构 | 服务成效 | 研究能力 | 管理模式 |
| 10 | 全球基因组生物多样性网络（Global Genome Biodiversity Network，GGBN） | ABC | A | AB | AB | ABCD |
| 11 | 德国生物多样性数据中心（ZFMK Biodiversity Data Center） | ABD | C | AB | AB | ABCD |
| 12 | 德国海洋研究数据门户（DPG-MARINE，DPG-MR） | ABCD | BC | AB | ABC | ABCD |
| 13 | 德国红外空间天文台数据档案（The Infrared Space Observatory Data Archive，ISODA） | AB | C | A | ABC | ABCD |
| 14 | 全球降水气候中心（Global Precipitation Climatology Centre，GPCC） | AB | A | AB | ABC | ABCD |
| 15 | 德国癌症登记数据中心（Zentrum für Krebsregisterdaten，DKFZ） | ABCD | AC | AB | ABC | ABCD |
| 16 | 德国对流层顶再分析数据存储库（Reanalysis Tropopause Data Repository，RTDR） | ABCD | A | AB | AB | ABCD |
| 17 | 德国青年研究所科学数据中心（Deutsches Jugendinstitut-Daten，DJI-Daten） | ABD | C | AB | ABC | ABCD |
| 18 | 德国卡斯卡德宇宙线数据中心（KASCADE Cosmic Ray Data Centre，KASCADE） | ACD | C | AB | ABC | ABCD |
| 19 | PIAAC 科学数据中心（RDC PIAAC） | ABD | A | AB | AB | ABCD |
| 20 | 德国科隆临床试验中心（Zentrum für Klinische Studien Köln，Köln ZKS） | BD | B | AB | AB | ABCD |
| 21 | 德国汉堡语音语料库数字存储中心（Hamburger Zentrum für Sprachkorpora，HZSK） | BD | B | AB | AB | ABCD |
| 22 | 综合气候数据中心（Integrated Climate Data Center，ICDC） | ABCD | A | AB | ABC | ABCD |
| 23 | LMUifo 经济与商业数据中心（Economics & Business Data Center，EBDC） | BCD | BC | AB | ABC | ABCD |

| 序号 | 科学数据中心名称 | 界定标准 | | | | |
|---|---|---|---|---|---|---|
| | | 组建方式 | 依托机构 | 服务成效 | 研究能力 | 管理模式 |
| 24 | 社会学跨学科定性数据研究中心（Inter-disciplinary Center for Qualitative Research Data from the Sociology of Work，eLabour） | BCD | AC | AB | ABC | ABCD |
| 25 | 世界气候数据中心（德国）［World Data Center for Climate（Germany），WDCC］ | ABCD | A | AB | ABC | ABCD |
| 26 | 世界大气遥感数据中心（World Data Center for Remote Sensing of the Atmosphere，WDC-RSAT） | AB | A | AB | ABC | ABCD |

## 1.6.4 法国

根据国家科学数据中心遴选指标体系，调研遴选出法国 7 个国家级科学数据中心（表1-6）。

**表1-6 法国国家级科学数据中心界定**

| 序号 | 科学数据中心名称 | 界定标准 | | | | |
|---|---|---|---|---|---|---|
| | | 组建方式 | 依托机构 | 服务成效 | 研究能力 | 管理模式 |
| 1 | 等离子体物理数据中心（Plasma Physics Data Center/Centre de données de la physique des plasmas，CDPP） | C | C | A | ABCD | ABCD |
| 2 | 法国地震和大地测量网（Résif Seismological Data Portal，RÉSIF） | A | A | AB | AC | ABCD |
| 3 | 国家生物多样性数据中心（Pôle National de Données de Biodiversité，PNDB） | A | C | A | ABD | ABCD |
| 4 | 法国海洋科学信息系统（Systèmes d'informations scientifiques pour la Mer，SISMER） | C | D | AB | ABCD | ABCD |
| 5 | 巴黎天文数据中心（Paris Astronomical Data Center，PADC） | B | C | A | AB | ABCD |

| 序号 | 科学数据中心名称 | 界定标准 | | | | |
|---|---|---|---|---|---|---|
| | | 组建方式 | 依托机构 | 服务成效 | 研究能力 | 管理模式 |
| 6 | IPGP 数据中心（IPGP Data Center） | A | C | A | C | ABCD |
| 7 | 国际农业发展研究合作中心数据空间（International Agricultural Development Research Collaboration Centre Dataverse，CIRAD Dataverse） | C | A | A | C | ABCD |

## 1.6.5　加拿大

根据国家科学数据中心遴选指标体系，调研遴选出加拿大 6 个国家级科学数据中心（表1-7）。

表 1-7　加拿大国家级科学数据中心界定

| 序号 | 科学数据中心名称 | 界定标准 | | | | |
|---|---|---|---|---|---|---|
| | | 组建方式 | 依托机构 | 服务成效 | 研究能力 | 管理模式 |
| 1 | 加拿大天文数据中心（Canadian Astronomy Data Centre，CADC） | A | D | A | ACD | ABDC |
| 2 | 国家地震数据库（The National Earthquake Database，NEDB） | C | A | ABC | ABCD | ABCD |
| 3 | 加拿大历史气候数据库（Historical Climate Data Canada，HCDC） | A | A | AB | ACD | ABCD |
| 4 | 海洋环境数据中心（Marine Environment Data Progran，MEDP） | A | A | ABD | ABCD | ABCD |
| 5 | 国家林业数据库（The National Forestry Database，NFD） | AC | D | ABD | ACD | ABCD |
| 6 | 地球科学数据库（Geoscience Data Repository for Geophysical Data，GDRD） | A | A | A | ACD | ABCD |

## 1.6.6　澳大利亚

根据国家科学数据中心遴选指标体系，本书调研遴选出澳大利亚 14 个国家级科学数据中心（表1-8）。

表1-8 澳大利亚国家级科学数据中心界定

| 序号 | 科学数据中心名称 | 界定标准 | | | | |
|---|---|---|---|---|---|---|
| | | 组建方式 | 依托机构 | 服务成效 | 研究能力 | 管理模式 |
| 1 | 澳大利亚南极数据中心（Australian Antarctic Data Centre，AADC） | AB | C | A | ABC | AB |
| 2 | 澳大利亚遥感研究中心（Remote Sensing Research Centre，RSRC） | AB | C | A | ABC | AB |
| 3 | 澳大利亚海洋和气候数据中心（Australian Ocean Data Network，AODN） | A | E | A | BC | A |
| 4 | 澳大利亚人口健康研究网络（Population Health Research Network，PHRN） | C | B | B | C | C |
| 5 | 澳大利亚健康大数据研究中心（Centre for Big Data Research in Health，CBDRH） | B | B | A | BC | AB |
| 6 | SKA天文望远镜数据平台（Square Kilometre Array，SKA） | A | A | A | ABC | ACD |
| 7 | 墨尔本数据科学中心（Melbourne Centre for Data Science，MCDC） | C | E | AB | A | A |
| 8 | 澳大利亚地球科学局（Geoscience Australia，GA） | C | D | A | AB | A |
| 9 | 澳大利亚化学、生物、放射和核数据中心（Australian Chemical，Biological，Radiological and Nuclear Data Centre，CBRN） | A | D | B | B | A |
| 10 | CSIRO气候科学中心（The CSIRO Climate Science Centre） | A | C | AB | BC | A |
| 11 | 澳大利亚引力波数据中心（Gravitational Wave Data Centre，GWDC） | B | C | A | B | A |
| 12 | 澳大利亚社会科学院（Academy of the Social Sciences in Australia） | A | C | A | AC | AC |
| 13 | 澳大利亚国际农业研究中心（Australian Centre for International Agricultural Research，ACIAR） | B | E | B | AC | AD |
| 14 | 澳大利亚波西超级计算研究中心（Pawsey Supercomputing Research Centre） | A | D | A | AC | CD |

## 1.6.7 俄罗斯

根据国家科学数据中心遴选指标体系，调研遴选出俄罗斯 10 个国家级科学数据中心（表1-9）。

表1-9 俄罗斯国家级科学数据中心界定

| 序号 | 科学数据中心名称 | 界定标准 | | | | |
|---|---|---|---|---|---|---|
| | | 组建方式 | 依托机构 | 服务成效 | 研究能力 | 管理模式 |
| 1 | 俄罗斯联邦核中心（Russian Federal Nuclear Center, RFNC） | A | E | A | ABC | A |
| 2 | 世界气象数据中心（World Data Center for meteorological, WDC for M） | A | A | A | AB | B |
| 3 | 天文数据中心（Centre for Astronomical Data, CAD） | A | C | A | AB | A |
| 4 | 地球物理数据中心（Geophysical Center of the Russian Academy of Sciences, GC RAS） | AC | C | A | C | A |
| 5 | 世界海洋学数据中心（World Data Center for Oceans, WDC for O） | A | A | A | ABC | BD |
| 6 | 全俄水文气象信息研究所（All Russian Research Institute for Hydro-meteorological Information, RIHMI-WDC） | A | B | A | ABC | AB |
| 7 | 极地地球物理研究所（ParticipatingInstitutions, PGI） | A | A | A | ABC | A |
| 8 | 世界辐射数据中心（World Radiation Data Centre, WRDC） | A | B | A | AB | B |
| 9 | 国际地磁指数数据服务（International Service of Geomagnetic Indices, ISGI） | A | B | A | AB | A |
| 10 | 原子和离子光谱特性数据库（SPECTR-W3） | A | A | A | ABC | A |

## 1.6.8 韩国

根据国家科学数据中心遴选指标体系，调研遴选出韩国 7 个国家级科学数据中心（表 1-10）。

表 1-10 韩国国家级科学数据中心界定

| 序号 | 科学数据中心名称 | 界定标准 | | | | |
|---|---|---|---|---|---|---|
| | | 组建方式 | 依托机构 | 服务成效 | 研究能力 | 管理模式 |
| 1 | 韩国社会科学数据中心（Korea Data Center for Social Sciences，KSDC） | A | E | A | ABC | ABCD |
| 2 | 韩国海洋数据中心（Korea Oceanographic Data Center，KODC） | A | C | A | ABC | ABCD |
| 3 | 韩国生物大数据国家专项（The National Project of Bio Big Data） | A | D | ABD | ABCD | ABCD |
| 4 | 韩国极地数据中心（Korea Polar Data Center，KP-DC） | A | D | ACD | ABCD | ABCD |
| 5 | 韩国天文数据中心（Korean Data Center for Solar Dynamics Observatory，KDC for SDO） | C | A | AD | BCD | ABCD |
| 6 | 韩国原子能研究所核数据中心（Nuclear Data Center at KAERI） | A | C | AD | ACD | ABCD |
| 7 | 韩国量子信息研究支持中心（Quantum Information Research Support Center，QCENTER） | A | B | AB | ABC | ABCD |

## 1.6.9 日本

根据国家科学数据中心遴选指标体系，调研遴选出日本 20 个国家级科学数据中心（表 1-11）。

表 1-11 日本国家级科学数据中心界定

| 序号 | 机构名称 | 界定标准 | | | | |
|---|---|---|---|---|---|---|
| | | 组建方式 | 依托机构 | 服务成效 | 数据能力 | 管理模式 |
| 1 | 日本核反应数据中心（The Hokkaido University Nuclear Reaction Data Centre，JCPRG） | A | B | AB | ABCD | ABCD |

| 序号 | 机构名称 | 界定标准 | | | | |
|---|---|---|---|---|---|---|
| | | 组建方式 | 依托机构 | 服务成效 | 数据能力 | 管理模式 |
| 2 | 日本 DNA 数据库（DNA Data Bank of Japan, DDBJ） | A | A | AB | ABC | ABCD |
| 3 | 极地环境科学数据中心（The Polar Environment Data Science Center, PEDSC） | C | C | AB | ABC | ABCD |
| 4 | 地磁数据中心（World Data Center for Geomagnetism, Kyoto） | A | A | AB | ABC | ABCD |
| 5 | 日本国立天文台（National Astronomical Observatory of Japan, NAOJ）天文数据中心 | A | D | AB | ABCD | ABCD |
| 6 | 日本海洋学数据中心（Japan Oceanographic Data Center, JODC） | A | A | AB | ABCD | ABCD |
| 7 | 国家生物多样性数据中心（National Biodiversity Data Centre, NBDC） | A | A | ABC | ABC | ABCD |
| 8 | 世界温室气体数据中心（World Data Centre for Greenhouse Gases , WDCGG） | A | A | ABC | ABC | ABCD |
| 9 | 生命科学综合数据库中心（Database Center for Life Science , DBCLS） | A | A | ABC | ABC | ABCD |
| 10 | 日本基因信息中心（The DNA Data Bank of Japan, DDBJ） | B | E | ABC | ABCD | ABCD |
| 11 | 日本长期生态研究网络（Japan Long Term Ecological Research Network, JaLTER） | B | E | ABC | ABC | ABCD |
| 12 | 有机化合物光谱数据库（Spectral Database for Organic Compounds SDBS） | A | C | AB | ABC | ABCD |
| 13 | 基因组网络数据库（Genome Net） | A | B | AB | ABC | ABCD |
| 14 | 生命科学数据库（Life Science Database Archive, LSDB） | A | A | AB | ABC | ABCD |
| 15 | SIP 医疗保健组共享数据库（SIP Healthcare Group Sharing Database, SHD） | A | A | AB | ABC | ABCD |
| 16 | NITE 生物资源中心（Biological Resource Center, NITE（NBRC）） | A | C | AB | ABC | ABCD |
| 17 | 信息学研究数据存储库（Informatics Research Data Repository, IDR） | A | C | AB | ABC | ABCD |

| 序号 | 机构名称 | 界定标准 | | | | |
|---|---|---|---|---|---|---|
| | | 组建方式 | 依托机构 | 服务成效 | 数据能力 | 管理模式 |
| 18 | 社会研究数据档案（Rikkyo University Data Archive，RUDA） | A | B | AB | ABC | ABCD |
| 19 | 材料数据存储库（MATERIALS DATA REPOSITORY，MDR） | A | C | AB | ABC | ABCD |
| 20 | 日本对地观测中心（Earth Observation Research Center，EORC） | A | A | ABC | ABC | ABCD |

## 1.6.10　南非

根据国家科学数据中心遴选指标体系，调研遴选出南非 20 个国家级科学数据中心（表 1-12）。

表 1-12　南非国家级科学数据中心界定

| 序号 | 机构名称 | 界定标准 | | | | |
|---|---|---|---|---|---|---|
| | | 组建方式 | 依托机构 | 服务成效 | 数据能力 | 管理模式 |
| 1 | 南非国家海洋数据中心（National Oceanographic Data Center，NODC） | A | A | ABC | ABCD | ABCD |
| 2 | 南非开放存取数据中心（Open Access Data Center，OADC） | B | A | AB | ABCD | ABCD |
| 3 | 南非国家公园（South African National Parks，SANParks） | A | A | AB | ABC | ABCD |
| 4 | 南非卫生信息存储库和数据仓库 | A | A | AB | ABC | ABCD |
| 5 | 南非超级大数据库 | A | A | AB | ABC | ABCD |
| 6 | 南非数据密集型研究基础设施（The Data Intensive Research Initiative of South Africa，DIRISA） | A | A | ABC | ABCD | ABCD |
| 7 | 南非数据门户（SOUTH AFRICA DATA PORTAL） | A | A | AB | ABC | ABCD |
| 8 | 南非国家航天局（The South African National Space Agency，SANSA） | A | A | ABC | ABCD | ABCD |

续表

| 序号 | 机构名称 | 界定标准 | | | | |
|---|---|---|---|---|---|---|
| | | 组建方式 | 依托机构 | 服务成效 | 数据能力 | 管理模式 |
| 9 | 南非气象局（South African Weather Service） | A | A | ABC | ABCD | ABCD |
| 10 | 南非极地研究基础设施平台（New South African Polar Research Infrastructure，SAPRI） | D | E | AB | ABC | ABCD |
| 11 | 南非冠状病毒门户网站（Online Resource & News Portal SAcoronavirus. COVID-19） | A | A | AB | ABC | ABCD |
| 12 | 南非数据档案馆（South African Data Archive，SADA） | A | A | AB | ABC | ABCD |
| 13 | 南非国家生物多样性研究所（South African National Biodiversity Institute，SANBI） | A | C | AB | ABC | ABCD |
| 14 | 环境指标数据库（Department Forestry Fisheries and the Environment REPUBLIC OF SOUTH AFRICA，DFFE） | A | A | AB | ABC | ABCD |
| 15 | 南非环境观测网络开放数据平台（SAEON DATA PORTAL，SAEON ODP） | A | A | AB | ABC | ABCD |
| 16 | 南非数字语言资源中心（South African Centre for Digital Language Resources，SADiLaR） | A | A | AB | ABC | ABCD |
| 17 | 西开普大学研究资料库（University of Western Cape research repository，KIKAPU） | A | B | ABC | ABCD | ABCD |
| 18 | 开普敦大学研究资料库（University of Cape Town research repository，ZivaHub） | A | B | ABC | ABCD | ABCD |
| 19 | 开普半岛科技大学研究资料库（Cape Peninsula University of Technology research repository，CPUT） | A | B | ABC | ABCD | ABCD |
| 20 | 罗德大学研究资料库（RHODES UNIVERSITY Wbere Leaders Learn） | A | B | ABC | ABCD | ABCD |

## 1.6.11　印度

根据国家科学数据中心遴选指标体系，调研遴选出印度 15 个国家级科学数据中心（表 1-13）。

表 1-13　印度国家级科学数据中心界定

| 序号 | 机构名称 | 界定标准 | | | | |
|---|---|---|---|---|---|---|
| | | 组建方式 | 依托机构 | 服务成效 | 数据能力 | 管理模式 |
| 1 | 印度空间研究组织（Indian Space Research Organization, ISRO） | A | A | AB | ABCD | ABCD |
| 2 | 国家遥感中心（National Remote Sensing Centre, NRSC） | A | A | ABC | ABCD | ABCD |
| 3 | 印度空间科学数据中心（Indian Space Science Data Center, ISSDC） | A | A | AB | ABCD | ABCD |
| 4 | 印度生物数据中心（Indian Biological Data Centre, IBDC） | A | A | ABC | ABCD | ABCD |
| 5 | 印度国家数据和分析平台（The National Data and Analytics Platform, NDAP） | A | A | AB | ABC | ABCD |
| 6 | 印度地球科学数据门户（MoES Earth System Science Data ESSD portal） | A | A | AB | ABC | ABCD |
| 7 | 印度健康热图（Health Heatmap of India） | D | E | B | ABC | ABCD |
| 8 | 印度国家海洋信息服务中心（ESSO - Indian National Centre for Ocean Information Services） | A | A | AB | ABC | ABCD |
| 9 | 印度生物多样性门户（India Biodiversity Portal） | A | A | AB | ABC | ABCD |
| 10 | 国家数据存储库（National Data Repository, NDR） | A | A | AB | ABC | ABCD |
| 11 | 印度通信和信息技术部（Ministry of Communications and Information Technology India） | A | A | AB | ABCD | ABCD |
| 12 | 国家地震中心（National Center for Seismology, NCS） | A | A | ABC | ABCD | ABCD |
| 13 | 海洋生物资源与生态中心（Center For Marine Living Resources & Ecology, CMLRE） | A | A | ABC | ABCD | ABCD |
| 14 | 国家地球科学研究中心（The National Centre for Earth Science Studies, NCESS） | A | A | ABC | ABC | ABCD |
| 15 | 国家极地和海洋研究中心（National Centre for Polar and Ocean Research, NCPOR） | A | A | ABC | ABC | ABCD |

## 1.6.12　巴西

根据国家科学数据中心遴选指标体系，调研遴选出巴西 17 个国家级科学数据中心（表 1-14）。

表 1-14　巴西国家级科学数据中心界定

| 序号 | 机构名称 | 界定标准 | | | | |
|------|----------|----------|----------|----------|----------|----------|
| | | 组建方式 | 依托机构 | 服务成效 | 数据能力 | 管理模式 |
| 1 | 巴西国家空间研究院（Instituto Nacional de Pesquisas Espaciais，INPE） | A | A | ABC | ABCD | ABCD |
| 2 | 伊皮亚数据（Ipeadata） | A | A | AB | ABC | ABCD |
| 3 | 地理（SOBRE O GeoSGB，SGB） | A | A | AB | ABCD | ABCD |
| 4 | 巴西国家气象数据库（Instituto Brasileiro de Geografia e Estatística，INMET） | A | A | AB | ABC | ABCD |
| 5 | CEDAP 研究数据存储库（Research Data Repository，CEDAP） | A | A | AB | ABC | ABCD |
| 6 | 巴西全国科技人才履历表数据库平台（Lattes Platform） | A | A | ABC | ABC | ABCD |
| 7 | 巴西食品工业协会（Brazilian Food industry Association，ABIA） | D | E | ABC | ABC | ABCD |
| 8 | 巴西地理与统计研究所（Instituto Brasileiro de Geografia e Estatistica，IBGE） | A | C | ABC | ABC | ABCD |
| 9 | 自动恢复系统（Banco de Tabelas Estatisticas，SIDRA） | A | A | AB | ABC | ABCD |
| 10 | 维基-里马大西洋森林信息网络（Wiki da Rede de Informações da Mata Atlântica，wiki-Rima） | A | C | ABC | ABC | ABCD |
| 11 | 开放研究数据 @ PUC-Rio（The Open Research Data @ PUC-Rio） | D | A | ABC | ABC | ABCD |
| 12 | 巴拉那联邦大学科学数据库（Base de Dados Cientificos，BDC/UFPR） | A | B | ABC | ABCD | ABCD |
| 13 | UNESP 机构存储库（Repositório Unesp，UNESP） | A | B | AB | ABC | ABCD |
| 14 | Redape-Embrapa 研究数据存储库（Redape-Repositório de Dados de Pesquisa da Embrapa，Redape） | D | E | AB | ABC | ABCD |
| 15 | Unicamp 研究数据存储库（Repositório de Dados de Pesquisa da Unicamp，REDU） | A | B | AB | ABC | ABCD |
| 16 | Arca Data | A | A | AB | ABC | ABCD |
| 17 | IBICT Dataverse 存储库（IBICT Cariniana Dataverse Network，IBICT） | A | C | AB | ABC | ABCD |

# 2 | 主要国家国家级科学数据中心发展态势

## 2.1 美国国家级科学数据中心发展态势

起源于美国的科学数据中心对于美国国家科技创新发展和社会经济进步具有重要的战略意义。科学数据的有效管理和开放共享，能够提升科学数据的利用率和创新效率，美国的国家级数据中心，在支持数据复用、发挥数据价值方面起到示范和引领作用。

### 2.1.1 概述

美国的国家级科学数据中心概念始于 1989 年 NASA 专家组首次提出的"在国家层面上构建数据共享框架和实现数据共享"计划。同时，美国也是世界上最早介入科学数据共享管理的国家。1990 年 NASA 决定建设分布式活跃数据档案中心群——DAACs (Distributed Active Archive Centers)。DAACs 标志着美国国家科学数据共享时代的开始，正式启动了美国国家级分布式数据中心群的框架建设。美国通过提供政策支持、基础设施保障、灵活的合作机制及专业化和国际化的评价方式，对数据质量及管理过程进行监督和管理，形成了有益开展科技研究活动的数据使用生态环境。美国将大数据研究与生产提高到国家的战略层面，积极建设国家级科学数据中心，使其成为科学大数据的保存与共享基础设施之一。美国国会授权白宫科学与技术政策办公室 (Office of Science and Technology Policy, OSTP)、国家科学基金会 (National Science Foundation, NSF)、国家航天航空局 (National Aeronautics and Space Administration, NASA)、国家海洋与大气管理局 (National Oceanic and Atmospheric Administration, NOAA)、地质调查局 (United States Geological Survey, USGS)、美国国立卫生研究院 (National Institutes of Health, NIH) 等为数据基础设施建设的主导者。美国以国家级科学数据中心为核心，加大政策约束与资金投入，加强数据存储与共享方面的引导与激励，构建美国科学数据基础设施，维护美国在国际科学与工程领域的领先地位（王正兴和刘闯，2002）。

美国作为全球数据中心的第一大拥有者，截至 2021 年 2 月，其数据中心数量达到 2653 个，约占全球数据中心的 35%。其中，国家级科学数据中心有 51 个，如表 2-1 所示。美国国家级数据中心学科分布主要为地球科学、生物医药、航空航天和社会哲学等。例如，美国国家大气科学数据中心、国家大气研究中心、国家地球物理数据中心、国家环境信息中心、国家雪冰数据中心、水资源科学信息中心等 16 个国家级科学数据中心与地球科学有关；位于马里兰州贝塞斯达的国家生物技术信息中心（NCBI），有一个多学科的研究小组，包括计算机科学家、分子生物学家、数学家、生物化学家、实验物理学家和结构生物学家，集中于计算分子生物学基础和应用的研究；在航空航天领域，美国国家航空航天局是美国联邦政府的一个行政性科研机构，负责制订、实施美国的民用太空计划与开展航空科学暨太空科学的研究，隶属美国国家航空航天局的数据中心：国家大气科学数据中心、戈达德地球科学数据和信息服务中心、地壳动力学数据信息系统和阿拉斯加卫星设施分布式活动档案中心等。美国数据中心建设起步早，目前已经占据全球 40% 左右的市场份额，而中国和日本位居其后，分别约占 8% 和 6% 的市场份额。

作为未来数字世界的核心，数据中心的数量和规模一直在快速增长。面对人们对数据不断增长的需求，美国的数据中心发展未来采用云计算，将使数据中心产业的规模扩大一倍。美国认为对数据主权的法律将重绘全球数据中心的位置图，同时气候变化将会改变数据中心的立法和技术。未来数据中心行业的重点是可持续发展和网络创新，通过提高能效、采用清洁能源、供应链脱碳和循环经济等手段来驱动可持续发展。

## 2.1.2　总体布局

美国是世界上科学数据拥有量最多的国家，特别是在地球科学和生命科学领域，其数据拥有量占据世界总量的 80% 以上，各数据中心所在地主要集中在华盛顿、旧金山、芝加哥、西雅图等主要城市。美国将科学数据的持续积累和开放利用能力提高到了国家科技战略的高度进行部署，投入了大量人力、物力和财力，通过多年持续积累，美国无论是在科学数据拥有量，还是在科学数据的管理研究上，都处于世界领先地位，并形成了一大批具有较强影响力的科学数据中心。例如，美国国家国家航空航天局、国家科学基金会、能源部和国立卫生研究院等国家机构支持建立的多个国家数据中心，不仅为美国的科学技术和社会发展提供支持，而且已经是具有全球影响力的科学数据中心（黄铭瑞等，2019）。

在 WOS 数据库中检索美国国家级数据中心发表的科技论文，发现其数量在 2000 年以后逐渐增加，其中隶属于美国国立卫生研究院（NIH）的国家生物技术中心（NCBI）和国家医学图书馆（NLM）有较多的科技论文产出，作为一个国家级科学数据中心，NLM 共发表论文 3727 篇，约占整个美国国家级科学数据中心所发表论文量的 28%（表 2-1）。

表 2-1　美国国家级科学数据中心名称及 WOS 发表论文量

| 序号 | 所属机构 | 国家级科学数据中心名称 | 发文量 | 网址 |
|---|---|---|---|---|
| 1 | | 大气科学数据中心 | 97 | https://asdc.larc.nasa.gov |
| 2 | | 戈达德地球科学数据和信息服务中心 | 18 | https://disc.gsfc.nasa.gov |
| 3 | | 地壳动力学数据信息系统 | 2 | https://cddis.nasa.gov/index.html |
| 4 | | 阿拉斯加卫星设施分布式活动档案中心 | 13 | https://asf.alaska.edu/about-asf/ |
| 5 | | 全球水文气象资源中心 | 1 | https://ghrc.nsstc.nasa.gov/home/ |
| 6 | | 国家雪冰数据中心 | 99 | https://nsidc.org/home |
| 7 | | 海洋生物学处理组 | 38 | https://oceancolor.gsfc.nasa.gov/ |
| 8 | NASA | 美国国家空间科学数据中心 | 15 | https://science.nasa.gov/national-space-science-data-center |
| 9 | | 橡树岭国家实验室生物地球化学动力学分布式活动档案中心 | 410 | https://daac.ornl.gov/ |
| 10 | | 社会经济数据和应用中心 | 3 | https://sedac.ciesin.columbia.edu/# |
| 11 | | 一级大气档案和分发系统分布式活动存档中心 | 0 | https://ladsweb.modaps.eosdis.nasa.gov/ |
| 12 | | 物理海洋学分布式活动档案中心 | 4 | https://podaac.jpl.nasa.gov/ |
| 13 | | 陆地进程分布式活动存档中心 | 39 | https://lpdaac.usgs.gov/ |
| 14 | | 美国国家航空航天局生命科学数据档案 | 0 | https://lsda.Jsc.Nasa.gov/ |
| 15 | | 美国国家大气研究中心 | 1473 | https://ncar.ucar.edu/who-we-are |
| 16 | NCAR | 地球观测实验室 | 47 | https://www.eol.ucar.edu/about-eol |
| 17 | | 高海拔天文台 | 235 | https://www2.hao.ucar.edu/mlso/data-use-acknowledgements |
| 18 | | 国家环境信息中心 | 839 | https://www.ncei.noaa.gov/ |
| 19 | | 国家地球物理数据中心（并入 NCEI） | 344 | https://ngdc.noaa.gov/mgg/mg-gd.html |
| 20 | NOAA | 气候数据中心（并入 NCEI） | 564 | https://www.ncdc.noaa.gov/ |
| 21 | | 国家海洋数据中心（并入 NCEI） | 112 | https://www.nodc.noaa.gov/access/index.html |
| 22 | | 国家环境卫星数据信息服务中心 | 2462 | https://www.nesdis.noaa.gov/ |

| 序号 | 所属机构 | 国家级科学数据中心名称 | 发文量 | 网址 |
|---|---|---|---|---|
| 23 | NIH | 国家生物技术信息中心 | 3353 | https://www.ncbi.nlm.nih.gov/home/about/mission/ |
| 24 | | 利斯特山国家生物医学通信中心 | 198 | https://lhncbc.nlm.nih.gov/LHC-about/about.html |
| 25 | | 国家医学图书馆 | 3727 | https://www.nlm.nih.gov/about/index.html |
| 26 | | 念珠菌基因组数据库 | 123 | https://www.candidagenome.org/ |
| 27 | USGS | 地球资源观测科学中心 | 1041 | https://www.usgs.gov/centers/eros |
| 28 | | 国家地震信息中心 | 5 | https://www.usgs.gov/programs/earthquake-hazards/national-earthquake-information-center-neic |
| 29 | | 水资源（科学）中心 | 203 | https://waterdata.usgs.gov/nwis |
| 30 | NSF | 国家科学基金会数据同化研究部 | 59 | https://www.nsf.gov/ |
| 31 | | 美国协同数据驱动发现开放科学工作区 | 46 | https://cyverse.org/ |
| 32 | 明尼苏达大学 | 水资源科学信息中心 | 2 | https://wrs.umn.edu/ |
| 33 | | 病毒粒子资源管理器数据库 | 0 | http://viperdb.scripps.edu/index.php |
| 34 | | 极地地理空间中心 | 24 | https://www.pgc.umn.edu/ |
| 35 | 哥伦比亚大学 | 哥伦比亚大学国际地球科学信息网络中心 | 145 | http://ciesin.org/ |
| 36 | DOE | 国家能源研究科学计算中心 | 298 | https://www.nersc.gov/research-and-development/archive/big-data-center/ |
| 37 | | 科技信息办公室 | 4 | https://www.osti.gov/dataexplorer/contenttypes.html |
| 38 | 美国农业部 | 国家农业图书馆数据库 | 10 | https://agricola.nal.usda.gov |
| 39 | 美国教育部 | 美国教育部数据服务平台 | 0 | httpss://eddataexpress.ed.gov/?src=ft |
| 40 | HHS | 卫生与公众服务数据委员会 | 6152 | httpss://aspe.hhs.gov/collaborations-committees-advisory-groups/hhs-data |

| 序号 | 所属机构 | 国家级科学数据中心名称 | 发文量 | 网址 |
|---|---|---|---|---|
| 41 | 美国交通部 | 美国交通部数据中心 | 1 | https：//www. bts. dot. gov/ |
| 42 | — | 政府开放数据平台 | 2 | httpss：//data. gov/ |
| 43 | 定量社会科学研究所 | 哈佛-麻省理工学院数据中心 | 8 | https：//www. hmdc. harvard. edu/ |
| 44 | 康奈尔大学 | 康奈尔大学罗珀中心 | 9 | ropercenter. uconn. edu/ |
| 45 | 哈佛大学 | 国家档案和记录管理局数据中心 | 0 | httpss：//dataverse. harvard. edu/<br>dataverse/nara |
| 46 | — | 小鼠肿瘤生物学数据库 | 0 | https：//tumor. informatics. jax. org/<br>mtbwi/index. do |
| 47 | — | COSMIC 数据分析和归档中心 | 214 | httpss：//cdaac-www. cosmic. ucar. edu |
| 48 | 加利福尼亚大学 | 加利福尼亚大学 BIGG 数据中心 | 0 | https：//bigg. ucsd. edu/ |
| 49 | 国家公园管理局 | 联邦土地管理局环境数据库 | 54 | httpss：//views. cira. colostate. edu/fed/ |
| 50 | 加利福尼亚大学圣迭戈分校 | 细胞中心数据中心 | 0 | httpss：//library. ucsd. edu/dc/<br>collection/bb5940732k |
| 51 | — | 美国病原体系统资源整合中心 | 1 | httpss：//ngdc. cncb. ac. cn/<br>databasecommons/database/id/230 |

## 2.1.3　数据管理政策

自 1966 发布《信息自由法》起，美国先后出台了与数据有关的 8 项法案。1993 年，美国提出了建设信息基础设施的框架，用于管理科学数据，包括国家层面、科学界和科研机构等，如表 2-2 所示。随着信息技术的发展及其发展框架的不断实施，美国先后发布的数据政策从不同角度对大数据的存储和使用范畴等进行了部署。

**表 2-2　美国数据中心数据管理政策**

| 政策名称（体系） | 时间 | 针对主题 |
|---|---|---|
| 《信息自由法》 | 1966 年 | 公共机构有公开特定信息的义务，公民享有向公共部门索取和访问公共部门信息的权利 |
| 《隐私法》 | 1974 年 | 《隐私法》建立了公平信息实践准则，用于管理联邦机构在记录系统中维护的有关个人的信息的收集、维护、使用和传播。记录系统是一组由机构控制，通过个人姓名或分配给个人的某个标识符从中检索信息 |
| 《全球变化研究数据管理政策声明》 | 1991 年 | 对 USGCRP（U. S. Global Change Research Program）所产生的科学数据实行完全公开共享。 |
| 《政府管理改革法》 | 1994 年 | 对联邦机构信息资源管理实践以及机构信息技术投资的绩效和结果进行某些评估；进行一定的审查和调查；颁布联邦信息系统标准和准则 |
| 《文书减负法》 | 1995 年 | 尽可能维护国家公共权益，让地方政府或由联邦政府机构制作、收集、储存、利用，共享和传递的信息效能最大化 |
| 《1996 年健康保险携带和责任法案》 | 1996 年 | 确保健康信息的安全性和隐私性，要求 HHS 采用国家标准处理电子健康信息。同时要求 HHs 在 HIPAA 中纳入对个人健康信息的隐私保护条款 |
| 《总统管理议程》 | 2001 年 | 白宫管理与预算办公室（OMB）和科技政策办公室（OSTP）在国家法律框架基础上，制定相应的规章制度，要求联邦研发经费的申请和审核信息、联邦经费资助产生的科学数据、购置的仪器设备等，都须本着服务国家利益的目的，在最大程度上实现公开、开放和共享 |
| 《USGS 信息质量指南》 | 2002 年 | 美国地质调查局的数据收集和研究活动以一致、客观和可复制的方式进行，并通过有力和公开的同行评审过程进行审查，以确保取得最佳结果，确保数据或结论中没有弱点或错误。美国地质勘探局的科学信息在数据和方法上是高度透明的，以方便其他合格的科学家复制这些信息 |
| 《电子政府法》 | 2002 年 | 通过在管理和预算办公室内设立一个新的电子政府办公室的管理员，为联邦政府发展和推广电子政府服务和流程的努力提供有效的领导；促进使用因特网和其他信息技术，为公民参与政府提供更多的机会；促进机构间协作，提供电子政府服务 |
| 《NIH 数据共享政策》 | 2003 年 | 规定接受 50 万美元及以上的项目人员需提交数据共享计划或说明数据不可共享的原因 |

| 政策名称（体系） | 时间 | 针对主题 |
|---|---|---|
| 《探索 21 世纪网络基础设施愿景》 | 2007 年 | 推动信息获取、集成、可视化、大数据分析与存储等的新生代软件与技术的研究开发 |
| 《透明开放政府备忘录》 | 2009 年 | 建立透明、开放、合作政府。5 月，政府数据开放网站 Data. gov 上线，要求各部门在 60 天内公布开放政府计划，并把首批开放数据上传到 Data. gov 网站上 |
| 《开放政府命令》 | 2009 年 | 鼓励政府数据透明和公开，指导机构以"开放格式"在线发布信息 |
| 《美国竞争力再授权法案 2010》 | 2010 年 | 设立"跨机构公众访问委员会"，负责协调联邦科学机构的研究和政策，协调各类数据统一标准的制定或指定，最大限度地提高美国非机密研究数据库与国际数据库和储存库之间的互操作性 |
| 《传播与共享研究成果》 | 2011 年 | 被 NSF 资助的项目需要的有项目数据、样品、实物信息、应用软件、项目资料等资料 |
| 《大数据研究和发展倡议》 | 2012 年 | 对数据管理、可视化、数据分析，包括数字保存和访问提出来新的方法及任务，制定数据引用实践的新政策，使得数据能够有效地重用 |
| 《促进联邦资助科研成果获取备忘录》 | 2013 年 | 政府致力于确保在最大程度上和尽可能少的限制下，并在符合法律和下述目标的情况下，将联邦资助的科学研究的直接成果提供给公众、工业界和科学界，并使其受益 |
| 《政府信息公开和机器可读行政命令》 | 2013 年 | 为促进就业持续增长、提高政府效率以及从向公众开放政府数据中获得的社会利益，政府信息资源的默认状态应当是开放的和机读的，在其整个生存周期中作为资产进行管理，以促进互操作性和公开性 |
| 《开放数据政策—将信息作为资产管理》 | 2013 年 | 对所有机构数据资产进行分类，将其访问级别分为"公开""限制公开"以及"不公开"三种类型，并按照相应的分类确定机构开放清单 |
| 《加强科研成果的可获取性计划》 | 2014 年 | 将范围由原美军国家航空暨太空总署的所有太空任务，拓展至由其赞助以及部分资助的内部与对外合作研究计划，以进一步扩大科学研究成果与数据的可获得性范围，提高科研工作信息管理与保存工作的规范化，并提高了科学研究成果的可验证性和可重复性 |
| 《基因组数据共享政策》 | 2014 年 | 基于所有物种的大规模基因组数据建立了一个两级的数据发布系统——公开访问级别，以及受控访问级别，其数据仅供研究使用 |
| 《PLOS 数据可利用性》 | 2014 年 | 管鼓励作者直接将数据存储在适当的存储库中，并允许广泛传播，最大限度地提高数据的可访问性和可重用性。 |
| 《促进从 NIH 资助的科学研究中获取科学出版物和数字科学数据计划》 | 2015 年 | 完全或部分由联邦资金支持的非机密研究产生的美国国家、国土和经济安全数字格式科学数据应存储并公开可供搜索、检索和分析。通过促进科学数据的共享，增加科学研究的投资回报，从而促进科学的发展 |

| 政策名称（体系） | 时间 | 针对主题 |
|---|---|---|
| 《NOAA 促进公众获取研究成果计划》 | 2015 年 | 计划要求一年内受资助的研究人员使数据"可见和可访问"。研究数据将采用机构数据库存储，全面开发和利用元数据标准，要求数据基于特定 ISO 标准使用结构化元数据。 |
| 《公众获得联邦资助的 USGS 研究成果》 | 2015 年 | 用于支持学术出版物中结论的科学数据将在相关学术出版物发布的同时或之前免费提供给公众，除非该机构确定证明的情况限制了数据的公开，例如，在由于安全、隐私、保密或其他限制而必须限制访问的情况下。科学数据遵循数据管理计划（DMP）的要求，详细说明了获取方法、质量保证、安全性、处置以及限制公众访问的情况 |
| 《关于传播 NIH 资助的临床试验信息的政策》 | 2016 年 | 为了通过 ClinicalTrialsgov 促进 NIH 资助的临床试验信息广泛和负责任的传播。该政策规定全部或部分由 NIH 资助的临床试验的研究者将确保这些试验在 clinicalTrialsgov 上注册，并将这些试验的结果信息提交给 ClinicalTrialsgov |
| 《开放政府数据法案》 | 2018 年 | 政府信息应以机器可读的格式，默认向公众开放，且不损害隐私或安全 |
| 《循证决策基础法案》 | 2019 年 | 该法案要求机构数据可供访问，并要求各机构每年向管理和预算办公室（OMB）和国会提交一份机构战略计，该计划必须包括该机构打算收集、使用或获取的数据 |
| 《科学任务管理局开创性科学数据管理与计算策 2019—2024》 | 2020 年 | 让 NASA 的科研数据向所有人公开，从而为公众提供利益 |
| 《公开共享数据》 | 2022 年 | 要求其每年资助的机构在其资助申请中需要包含数据管理计划，并最终公开他们的数据 |
| 《NEH 公平行动计划》 | 2022 年 | 确保和最大限度地提高由 NEH 传播的信息的质量、客观性、实用性和完整性的指导方针 |
| 《美国数据隐私和保护法案》 | 2022 年 | 促进对隐私增强技术的探索，提高政府现有的数据共享能力，确保共同实现数据共享和隐私保护 |

自 20 世纪中叶起，美国联邦政府就开始设计和建设数据资源开放的相关法

律框架和政策体系，为科学数据开放共享奠定坚实的制度基础①。

**（1） 数据开放的法律基础**

1966 年颁布实施的《信息自由法》（*Freedom of Information Act*，FOIA）开创了美国联邦政府信息公开化的先河，成为联邦政府促进政府数据和信息资源公开的范例。此外，2002 年的《电子政府法》和《联邦信息安全管理法》、1996 年的《信息技术管理改革法》、1994 年的《政府管理改革法》、1993 年的《政府绩效与结果法》、1974 年的《隐私法》以及 1950 年的《联邦档案法》等国家法，均涉及公共资源的管理和使用规定，为科学数据管理体系的建立提供法律基础。

**（2） 科学数据开放的联邦政策体系**

美国早期的联邦科技报告体系是政府科学数据资源开放共享的雏形。第二次世界大战后，美国开始建立联邦政府资助的科研项目报告体系，随后逐步完善，形成完整的国家科研项目资料库，并有条件地向公众开放。2001 年，联邦政府通过"总统管理议程"，促进科技资源开放共享。奥巴马执政期间，高度重视科技创新对经济复苏和社会进步的支撑作用，进一步完善了相关政策和法规。

## 2.1.4　建设现状

科学数据是科技创新活动的重要产出，大数据发展把科学研究带入以数据密集型科学研究为特点的"第四范式"，为发挥科学数据集成性优势，美国积极推进科学数据中心建设，开展科学数据的汇聚、管理、存储、开放与利用（高孟绪等，2019）。

如表 2-3 所示，美国科学数据中心建设发展可分为 4 个阶段。

表 2-3　美国数据中心的发展阶段

| 发展阶段 | 时间 | 规模 | 特点 |
| --- | --- | --- | --- |
| 第一阶段 | 1957～1980 年 | 提出数据管理与共享 | 在 20 世纪七八十年代卫星数据推动下，NASA 启动了"分布式活跃数据档案中心群"（DAACs） |
| 第二阶段 | 1991～2010 年 | 全面建设与政策协调 | 启动了美国国家科学数据快速建设和各部委协调的科学数据中心发展阶段 |

---

① https://www.secrss.com/articles/10550.

| 发展阶段 | 时间 | 规模 | 特点 |
|---|---|---|---|
| 第三阶段 | 2011～2019 年 | 整合优化与调整完善 | 进入国家科学数据中心整合优化和调整完善阶段，总体规模进行了大量缩减 |
| 第四阶段 | 2020 年至今 | 能力建设与资产使用 | 开发基于数据的全新服务与功能，挖掘数据价值，聚焦国家战略资产，着重改进数据资产的管理与使用 |

第一阶段：1957～1980 年，数据管理与共享提出阶段。从 WDS（Wirelss Distribution System）起步，到 20 世纪七八十年代卫星数据推动下，NASA 启动了"分布式活跃数据档案中心群"（DAACs）建设。其后在 USGS、NOAA、NSF 等参与支持下，美国于 1980 开启国家级科学数据中心建设。

第二阶段：1991～2010 年，全面建设与政策协调阶段。美国数据中心快速发展，以总统长期专项"美国全球变化研究"项目（The U. S. Global Change Research Program，USGCRP）的"全球变化数据信息系统"（Global Change Data and Information System，GCDIS）建设为标志，启动了美国国家科学数据快速建设和各部委协调的科学数据中心发展阶段。

第三阶段：2011～2019 年，整合优化与调整完善阶段。2012 年大数据的提出，促使美国数据中心在 2012～2015 年呈现指数式增长。2015 年后，新建数据中心规模占比相对不大，依托相关科研机构整合规模较小并隶属不同机构的科学数据中心，通过出台国家、部门的科学数据政策法规的约束，和在大型科研项目及科学活动的牵引下，推动国家科学数据中心进入整合优化和调整完善阶段。

第四阶段：2020 年至今，能力建设与资产使用阶段。《联邦数据战略和 2020 年行动计划》描述了美国联邦政府未来十年的数据愿景，开发基于数据的全新服务与功能，挖掘数据价值，聚焦国家战略资产，着重改进数据资产的管理与使用。

## 2.1.5 经费投资

美国重视大数据的研究与应用，占领大数据产业和技术制高点，以点带面引导大数据发展，通过资助重大项目研究，破解大数据发展核心技术，引领企业和社会推动大数据发展，从一个点到一个领域引导大数据的发展。2012 年 3 月，美国发布《大数据研究和发展计划》时宣布投资 2 亿美元，联合国家科学基金会、国立卫生研究院、国防部、能源部、国防部高级研究局、地质调查局等 6 个联邦部门和机构，共同提高收集、储存、保留、管理、分析和共享海量数据所需核心技术，并形成合力。

例如，美国地质调查局 2024 年的财政预算中，有 1000 万美元用于开发和维护联邦气候门户网站，以整合和提供可访问的气候数据，并向用户提供应对气候风险和提高气候适应能力的信息。

2021 年 7 月，美国国家科学基金会对人工智能（Artificial Intelligenc，AI）扩大投入，向 11 个国家人工智能研究院（National Artificial Intelligence Research Institutes）投入 2.2 亿美元科研经费[①]。

2020 年 NOAA 气候研究中心投资经费 1.695 亿美元，比 2019 财年增加 1050 万美元，比总统的预算要求增加 8200 万美元。此外，还增加了 1400 万美元，以扩大用于气候和天气研究的超级计算及云计算能力[②]。

## 2.1.6　人员情况

美国不同的科学数据中心人员配置情况也不一样，整体上科学数据中心总部人数较少，大多分布于美国和世界各地。例如，美国国家雪冰数据中心（NSIDC）目前有工作人员 95 人，其中研究人员 22 人。而美国地质调查局，截至 2014 年底共有 8413 名人员，包括联邦雇员、承包商、荣誉科学家、实习生（主要是学生）和志愿者。其员工所在的地理位置比较分散，有约 13% 员工在莱斯顿的总部，弗吉尼亚州和科罗拉多州分别有约 10% 和 5% 的员工，其余人员分布在美国和世界其他各地 340 多个地方。美国地质调查局在各州地质调查机构约有 1 千多人的队伍，每个州人员多数在 30～100 人，但由于各州的情况不同，人员分布极不均衡，最多的有近百人（如加利福尼亚州有 80 多人），最少的只有几人（如夏威夷州只有两人），有的州没有专门队伍（如马萨诸塞州）。

## 2.1.7　提供的数据服务

美国科学数据中心根据职责的不同，提供的数据服务也不同。例如，美国国家雪冰数据中心（NSIDC）是由美国国家航空航天局（NASA）、国家海洋和大气

---

① https：//new. qq. com/rain/a/20210730A0C9KQ00.
② https：//www. sciping. com/33729. html.

管理局（NOAA）、国家科学基金会（NSF）等联合建立的数据中心，提供美国及全世界包括南北极冰川等冰冻圈的相关资料，它们与数据提供者和用户一起开发和发布数据产品、软件工具等相关资源，致力于提高人们对地球冰冻圈领域的理解与认识，确保过去、现在和将来的数据能够持续地用于地球环境与气候相关研究中。美国国家雪冰数据中心收集了包括积雪、冰川、冰盖、海冰、冰架、冻土、土壤水分在内的、与冰冻圈相关的从文本文件到 TB 级的卫星遥感数据的各类数据，其中包括一些经典的数据产品，如 ICESat-1 和 ICESat-2 数据集、AMSR-E/AMSR-2 微波土壤水分和雪水当量数据集、AVHRR 反照率与地表温度数据集、IMS 雪冰数据产品、SMAP 土壤水分数据集等①。在元数据和数据格式标准方面，为了与数据管理最佳实践保持一致，存档必须尽可能完整、一致地保留数据，维护有关上下文和连接的关键信息。

美国地质调查局（USGS）地球资源观测科学中心（EROS）在数据服务方面主要有数据发布、实时数据和所有数据的管理。具体包括数据的获取、数据的处理（验证数据、汇总数据、转换数据、集成数据、子集数据和衍生数据），以及数据的分析、保存、发布、分享和元数据的创建。此外，科普也是 USGS 科学数据中心的一项主要工作。EROS 具体服务内容主要包括：设施服务、基础服务、平台服务、软件服务和桌面服务。设施服务：FaaS（Functions as a Service）为容纳数据中心基础设施提供物理机架空间和地面空间。基础服务：地球资源观测和科学中心提供最基础的服务是由 IaaS（infrastructure as a service）提供具有客户请求的中央处理单元（CPU）、内存（RAM）和存储资源的虚拟机（VM），客户可以在这些资源上部署应用程序和自定义软件配置。使用者不能管理或控制底层云基础结构，但可以控制 VM 上部署应用程序和操作系统。客户可以通过服务提供商请求其他资源，如额外的 CPU 内核、RAM 或 VM 存储。平台服务：由 PaaS 为消费者提供支持编程语言、库、服务和工具创建或获取的应用程序，从而部署到内部或外部云基础结构上的能力。使用者不能管理或控制底层私有云、混合云或有云基础结构（包括网络、服务器、操作系统或存储），但可以控制已部署的应用程序，并能控制应用程序托管环境的配置设置。软件服务：即 SaaS（software as a service）为消费者提供使用在私有云、混合云或公共云基础架构上运行的应用程序功能。这些应用程序可以通过客户端界面（如基于 Web 的电子邮件）或程序接口从各种客户端设备访问。消费者管理或控制底层云基础架构，

---

① http://www.bjb.cas.cn/kjhz_gzjz2016/201907/t20190715_5342170.html.

包括网络、服务器、操作系统、存储，甚至单个应用程序功能，但某些有限的、特定于用户的应用程序配置设置例外。桌面服务：EROS 服务器提供的桌面服务即 DaaS（data as a service），即提供在地球资源观测科学中心的服务器上虚拟机内部运行的桌面操作系统。所有必要的支持基础设施，包括存储和网络资源，也位于地球资源观测科学中心①。

美国国家海洋和大气管理局国家环境信息中心（NCEI）拥有全面的海洋、大气和地球物理数据，每月从 130 多个观测平台存档超过 229TB 的数据。NCEI 环境数据涵盖广泛的学科领域、存档方法、命名约定、文件格式和治理策略。NCEI 开发软件、API、可视化方法和其他服务，以增强数据访问、发现和互操作性。在数据访问方面，NCEI 数据访问应用程序为不断增长的环境数据收集提供了各种各样的下载和子集选项。虽然目前的产品主要限于天气和气候信息，但该应用程序具有与数据无关的其他基础设施，旨在适应来自各个学科的广泛观测格式。在数据访问接口方面：①数据，主要基于 v1 URL 的一组参数访问数据和子集数据；②搜索，分别基于 v1/数据集或 v1/数据 URL 的一组参数来发现数据集和数据；③管理，根据 v3/数据集 URL 的参数发现有关数据集的元数据和属性；④次序，分别根据 v1 或 v1/airs URL 的一组参数检索有关以前订单的信息②。

## 2.1.8　数据相关知识产权保护

随着数字经济在全球范围内蓬勃发展，世界各国对于数据主权和安全保护的需求日益增长，数据安全的有效监管成为一项重要的议题。近几年来，美国陆续出台了数据保护和安全领域的相关规则条例，如《信息自由法》（Freedom of Information Act，FOIA）、《健康信息可携性和责任法案》（Health Insurance Portability and Accountability Act，HIPAA）、《加利福尼亚州消费者隐私法案》（California Consumer Privacy Act，CCPA）等③。

2022 年美国众议院和参议院发布了《美国数据隐私和保护法案》（ADPPA）。ADPPA 就是从美国联邦层面出台的数据隐私和安全法案，之前美国的各州也出台过相应的数据隐私法案。该法案主要内容分为忠诚义务、消费者数据权、企业责任、执行及适用四个部分。在数据安全和数据保护方面，该法案包括要求涵盖

---

① https://eros.usgs.gov/eros-data-center-services/.

② https://www.ncei.noaa.gov/access.

③ https://www.thepaper.cn/newsDetail_forward_20339182.

实体建立、实施和维护合理的管理、技术和物理数据安全实践与程序的条款，以保护数据免受未经授权的访问和获取。

美国对于个人数据保护呈现分散块状模式，健康数据、金融数据等具体场景中的数据保护各自为政。个人数据保护分散于发展的历程之中，也产生了公平信息实践原则、隐私的设计与再设计原则、数据保护影响评估等数据保护基准①。

## 2.1.9 国内国际数据合作

近年来，随着全球开放数据运动的迅猛发展，政府数据的开放共享与合作也日益引起各国政府的重视。政府部门作为最大的数据生产者和收集者，掌握着社会绝大部分（约80%）的数据。这些数据不仅有利于政府制定政策，提供公共服务，而且可以促进公民、企业及其他组织和团体参与公共事务、开发新产品、提供创新服务。欧洲的英国、法国、德国、荷兰和瑞典等国也非常重视数据管理与共享，美国除了与这些国家有紧密的合作之外，与中国、日本、韩国、印度和澳大利亚等国也有紧密合作。在数据合作方面，美国开展了全方位、多层次、多形式的合作模式：国与国合作、政企合作、政民合作等。

**（1）国家之间合作**

随着全球开放数据的不断发展，美国与其他国家之间的合作与交流越来越密切。例如，美国与韩国环境研究所，新西兰气候、淡水和海洋科学研究所（NIWA）、加拿大环境和气候变化部（ECCC）、澳大利亚气象局（BoM）、斐济气象局等开展了大量合作。

**（2）政企合作**

政企合作又称为公私合作模式，即美国政府与私人组织之间的合作模式。加强政企合作，一方面，美国政府不仅可以利用外部资源提升自身的公共服务能力和治理水平，提升社会的运行效率，同时还可以缓解资金紧张的压力，并且合理分担风险；另一方面，企业可以基于美国政府开放的数据资源，开展大数据领域的创新创业，激发大数据产业的活力，促进经济发展与就业。例如，亚马逊公司与美国国家科学基金会合作，拨款千万美金进行 AI 公平性研究②。

**（3）政民合作**

美国政府重视政民合作，让公众参与政府治理，不仅能提高政府数据的利用

① https://www.thepaper.cn/newsDetail_forward_16335967.
② https://www.jiemian.com/article/2985490.html.

价值，促进数据创新，同时还能实现政府对公众服务的精准化和个性化，使政府从单纯的管理角色向多元共同治理方向变革。为加强政府与公民之间的合作，美国各行政部门和机构采取了多种方式和途径促进公众参与。"Data. gov"是美国政府组织建立的全球首个可自由获取数据的、用户与政府互动的应用程序编程接口（Application Programming Interface，API）的开放网络数据共享平台。网站于2009 年 5 月 21 日上线，来自美国的 11 个政府机构提供了最初的 76 项数据集。该平台具有数据量大、主题丰富、一站式的数据整合、数据类型多样、开放程度高等特点，以改善公众对联邦政府相关数据收集、利用能力，提高政府效能为建设目的。网站设置了数据（DATA）、主题（TOPICS）、影响（IMPACT）、应用程序（APPLICATIONS）、程序开发（DEVELOP-ERS）、联系（CONTACT）六个板块。根据网站各个板块的实际内容，将网站面向用户的数据服务分为"数据提供""数据检索""数据利用""与用户的交流与互动"4 个方面[①]。

美国国家雪冰数据中心（NSIDC）的北极观测和当地知识交流计划（ELOKA），与北极及其他地区的当地民众合作，收集、保存和交流当地观察及本地知识，都充分体现了美国政府重视政民合作。ELOKA 与北极社区和原住民组织、学校和研究人员合作，创建并定制了相关数据管理产品。ELOKA 为原住民社区提供开放和量身定制的数据访问、数据管理，以及从数据共享道德和协议提供建议到处理不同数据类型的服务。在数据类型方面，以交互式数字地图集，展示基于社区的社会和环境变化观测及相关的地理空间数据，如位置、地名、土地利用分界线或当地气候信息，包含对伙伴社区具有重要意义的文化、历史和环境信息的定制网站。通常以书面访谈记录、音频或视频文件、照片、艺术品、插图和地图等的形式，提供当地专家收集的环境和野生动物观测数据及当地气象站数据（包括温度、雪和风力等数据)[②]。

## 2.1.10 数据发展战略规划

美国在推进大数据应用上形成了从发展战略、法律框架到行动计划的完整布局。以 2020 年为起始，联邦数据战略描述了美国联邦政府未来十年的数据愿景，并初步确定了各政府机构在 2020 年需要采取的关键行动。联邦数据战略确立了

---

① https://www. sohu. com/a/225498351_99983415.

② https://nsidc. org/data/programs/eloka.

40 项具体数据管理实践，总体可分为三个层面：第一，建立重视数据并促进数据共享使用的文化，如通过数据指导决策、评估公众对联邦政府数据的价值和信任感知、促进各个机构间的数据流通等。第二，治理、管理和保护数据，如保护数据完整性、确保流通数据的真实性、确保数据存储的安全性、允许修改数据、提高透明度等。第三，探索有效使用数据的方案，如增强数据管理分析能力、促进数据访问的多样化路径等[①]。

美国国立卫生研究院（NIH）数据中心在 2018 年制定了《数据科学战略计划》，旨在对生物医药研究产生的海量数据进行存储和管理，并进行标准化建设和数据公开（表2-4）。美国国家航空航天局（NASA）在《地球科学数据系统2020 年亮点及 2021 年计划》[②] 中提到科学数据中心的目标，为有效生产和管理高质量的科学数据建立标准；推进开放科学数据系统，以满足下一代任务、数据源和用户需求；领先的技术研发，用于管理和分析复杂的地球科学数据；利用全球地球科学界的多样性推进开放科学。美国国家海洋与大气管理局（NOAA）在制定的《2020~2026 年研究与发展计划》[③] 中提到，集成和改进统一建模，使其在技能、效率和对涉众服务的适应性方面得到改进；利用和改进大数据和信息技术，加快和转变研发工作，形成新的业务和经济增长点。美国地质调查局（USGS）科学数据中心制定了《美国地质调查局 21 世纪的科学战略（2020~2030)》，提出全面实施地球监测、分析和预测（Earth MAP），构建 USGS 版的数字地球。

表 2-4　美国与科学数据发展有关规划概览

| 发布机构 | 战略规划 | 规划发布时间 | 针对科学数据的事项 |
| --- | --- | --- | --- |
| 白宫办公厅 | 《"信息高速公路"计划》 | 1993 年 | 计划用 20 年时间，建设美国国家信息基础设施（National In-formation Infrastructure, NII），以形成多通道、多端口的海量数字信息传输和接收系统，并作为美国国家发展政策的重心和美国信息产业发展的基础基石 |

---

① https://www. secrss. com/articles/16595.

② https://mp. weixin. qq. com/s? _biz = MzAwMzI3MDQ4OA = = &mid = 2650310930&idx = 1&sn = 12394e6 c2e263079064f3c47e2b89250&chksm = 83319b25b44612331eef1083d9b05f4f2679037cf6ba73c31948d726865f2eaab 292a0ef2cac&scene = 27.

③ http://www. casisd. cn/zkcg/ydkb/kjqykb/2019/kjqykb201910/202001/t20200120_5490233. html.

| 发布机构 | 战略规划 | 规划发布时间 | 针对科学数据的事项 |
|---|---|---|---|
| 白宫科技政策办公室 | 《大数据研究和发展倡议》 | 2012 年 | 要求 DOD、DHS、DOE、HHS 等机构及其下属部门开展多个项目，旨在应对大数据革命带来的挑战，并利用大数据革命提供的机会来推进机构任务，进一步促进科学发现和创新 |
| | 《联邦大数据研发战略计划》 | 2016 年 | 利用新兴的数据基础及技术创造新的数据分析系统；加强数据可信度管理；建立和加强研究网络基础设施；提高数据共享和管理的价值 |
| | 《促进数据共享与分析中的隐私保护国家战略》 | 2023 年 | 支持 PPDSA（Privacy-Preserving Data Sharing and Analytics）技术。平衡数据收集、分析与伦理社会技术问题的解决方案，它利用隐私增强技术进行数据分析、获取数据价值，同时确保用户隐私、秘密的安全 |
| 美国行政管理和预算局 | 《联邦数据战略 2020 行动计划》 | 2019 年 | 首要目标为"将数据做为战略资源开发"，计划提供一种平衡和全面的方法从而能从整个数据资产组合中获取业务价值，同时保护数据安全，保护隐私和机密；并且完成生命周期管理、成熟度模型、风险管理和分层访问及二次数据利用 |
| | 《联邦数据战略 2021 行动计划》 | 2021 年 | 该行动计划侧重于实践社区和共享解决方案行动，以进一步提高跨机构企业数据成熟度和通用数据方法 |
| | 《联邦零信任架构战略》 | 2022 年 | 改善联邦信息基础设施，保护科学数据的安全和隐私，加强对政府的信任度 |
| 美国国立卫生研究院数据中心 | 《数据科学战略计划》 | 2018 年 | 旨在对生物医药研究产生的海量数据进行存储和管理，并进行标准化建设及数据公开 |
| 美国国家航空航天局 | 《地球科学数据系统 2020 年亮点及 2021 年计划》 | 2021 年 | 为有效生产和管理高质量的科学数据建立标准；推进开放科学数据系统，以满足下一代任务、数据源和用户需求；领先的技术研发，用于管理和分析复杂的地球科学数据；利用全球地球科学界的多样性推进开放科学 |

| 发布机构 | 战略规划 | 规划发布时间 | 针对科学数据的事项 |
|---|---|---|---|
| 美国国家海洋与大气管理局 | 《2020～2026年研究与发展计划》 | 2020年 | 集成和改进统一建模，使其在技能、效率和对涉众服务的适应性方面得到改进；利用和改进大数据与信息技术，加快和转变研发工作，形成新的业务及经济增长点 |
| 美国地质调查局科学数据中心 | 《美国地质调查局21世纪的科学战略（2020～2030）》 | 2020年 | 全面实施地球监测、分析和预测（EarthMAP），构建USGS版的数字地球 |

## 2.1.11 前沿研究方向与发展趋势

目前，数据中心前沿发展方向主要包括数据管理、数据科学、人工智能、数据联动挖掘服务等。2021年拜登政府发布的《联邦数据战略2021行动计划》中指出，在指导各机构应对共同的数据挑战的过程中，使用现有的协作渠道帮助实现人工智能研究的大众化并发展联邦劳动力的数据技能[1]。

**（1）数据管理方面**

美国在数据管理上首先十分注重开放共享，其次强调数字化和可读性，再次是推动跨部门合作。除此之外，注重保密也是美国科学数据管理的一个特点。

**（2）数据科学方面**

随着移动互联网和智能终端的普及，信息技术与经济社会的交汇融合，引发了数据迅猛增长。随着大数据往各垂直领域延伸发展，各领域对数据科学、大数据、数据分析、数据挖掘、人工智能等偏软件领域的需求加大。

**（3）人工智能方面**

美国高度重视人工智能发展，近年来发布的人工智能政策数量达到历史最高纪录，如第117届美国国会在2021年共提出了130项人工智能相关的法案。在未来的发展中主要创新政策包括：支持人工智能研发、投资人工智能技术中心、加强人工智能人才培养、促进对人工智能资源的访问、推动政府采用人工智能、制定人工智能技术标准等6个维度[2]。

---

① http://www.hackdig.com/07/hack-706355.htm.
② https://www.secrss.com/articles/46479.

### （4）数据联动挖掘服务方面

随着大数据的兴起，数据挖掘成为大数据应用过程中非常重要的环节。数据挖掘的任务按照目标可以分为四类：①分类，即通过分析训练集的数据，为每一个分类建立分类分析模型，用这个已知的规律对其他数据进行分类；②回归，即建立因变量和自变量之间关系的模型；③聚类，即将对象集合分成由类似的对象组成的多个类的过程；④关联规则，即寻找给定数据集合中各个因子之间的关联关系。数据挖掘技术随着大数据时代的到来已变幻出更强的功能特征，而在大数据服务商的精耕细作下，也必将为各行业带来进步的动力①。

数据中心未来发展的重点是可持续发展和科技的创新：①在组织建设方面，首先是对各数据中心进行合并整合。在过去的十年中，美国各级政府机构（联邦政府、州政府、地方政府）都在推行数据中心整合和优化工作，以削减成本并提高运营效率，如原来的国家地球物理数据中心（NGDC）、气候数据中心（NCDC）和国家海洋数据中心（NODC）均并入到国家环境信息中心（NCEI），美国国家航空航天局对下属各个数据中心进行整合与合并。其次是科学数据中心与商业中心的联合或科学数据中心的商业化。例如，美国国家科学基金会（NSF）与云供应商联合支持数据科学前沿发展，美国国家科学基金会（NSF）联合亚马逊、IBM 和微软支持全美量子计算研究等。②在技术发展趋势方面，现代化数据中心正在经历明显的转型。高度一体化的系统、开源技术、软件定义存储技术，以及可由用户自行配置的大型存储系统得到广泛应用。在比较云存储和传统存储时，云存储技术的优势很明显，云存储帮助用户在任何时间、任何地点获得自己的数据，而不必携带实体存储设备。此外，从所需人员、硬件和实体存储空间等方面来看，软件服务（SaaS）节约了成本，数据中心将会因为新的内存和存储体系而经历一场革命。

## 2.2  英国国家级科学数据中心发展态势

英国作为世界科学研究的领导者，科学数据是其发展的关键性要素之一。英国对科学数据/研究数据（Research data）的定义较早，根据英国《开放数据协议》的定义，科学数据是研究人员在工作过程中通过实验、观察、建模、访谈或其他方法收集的定量信息或定性陈述，或是现有研究结论的信息。科学数据可以

---

① https://zhuanlan.zhihu.com/p/26064953.

包括统计数据、数字图像集、录音、访谈记录、调查数据和带有适当注释的实地观察、艺术品、档案、发现的物品、出版的文本或手稿，其主要目的是为支持或验证一个研究项目的观察、发现或产出提供必要的信息。在欧洲地区重要的数据中心市场中，从数量来说，英国有 456 个数据中心①，排名第二，且大多数据中心都位于伦敦。依据国家级科学数据中心遴选指标，遴选出英国国家级科学数据中心 26 个，主要分布于地球科学、生物医药和航空航天类学科，其中有关地球科学学科的科学数据中心有 7 个。

## 2.2.1　概述

英国政府于 2001 年投资启动为期六年的 "E-Science 核心计划" 开启了科研项目中的数据管理工作，2004 年英国成立了数据保存（监护）中心（DCC），2007 年英国科学与创新办公室（OSI）发布《发展英国科研与创新信息化基础设施》研究报告，提出数据资源数字化长期保存与共享建设规划，重点建立大规模的国家科学数据中心，协调现有国家、地方、科研院所和其他相关者关系。20世纪后期，在倡导 "自由、开放、合作、共享" 的开放科学理念和欧盟 "促进欧洲研究迈向开放科学的培训" 项目的推动下，英国政府开始部署科学数据开放行动与计划，从宏观层面为科研机构制定科学数据管理政策，为科学数据的开放政策提供指导。自 2010 年以来，英国政府数据中心致力于帮助人们查找和使用公开的政府数据，并支持政府发布者维护数据。2012 年，英国内阁办公室明确将数据列为国家基础设施的重要组成部分。英国皇家学会在《科学作为一个开放的企业》报告中倡议，在共享科学数据方面应更加开放，建议建立全英国的科学数据基础设施。2016 年，英国为科研人员以及科学数据使用者提供了更详细可行的政策依据，为英国各研究理事会、高等院校制定科研数据管理政策提供了基础框架。2017 年，英国大学联盟发布《英国研究数据基础设施》报告。2018 年3 月，英国政府数据中心重新设计了网站并启动了开放数据服务，可以在网站上查找到中央政府、地方当局和公共机构发布的数据。2019 年发布的《国家数据战略》中指出科学数据是科学研究的核心。作为英国承载科学数据基础设施，科学数据中心是英国的一项重要的国家资产。多年来，英国在多项文件和倡议中提出了与科学数据相关的基础设施的政策和倡议。总的来说，这些文件和举措反映

---

① https://www.statista.com/statistics/1228433/data-centers-worldwide-by-country/.

了英国对促进科学数据共享和管理的持续承诺。在英国科学数据相关政策的发展中，英国科学数据的主要支持和监管机构通过制定科学数据管理政策及科学数据发展相关计划，在推动英国成为全球科学数据管理和长期保存研究的典范中发挥了巨大的作用。同时各大资助机构对科学数据政策的频繁修订，仅在 2022 半年内英国发布了近十项数据政策，可见英国对数据发展及科学数据管理的重视。

## 2.2.2 总体布局

目前，英国数据中心市场仍然是欧洲最大的市场，其数据中心发展空间比德国（第二大市场）多三分之一，且仍在持续发展。欧洲有两个热门的数据中心，分别在英国伦敦和荷兰阿姆斯特丹①，目前遴选出的 26 个英国国家级科学数据中心集中分布在伦敦、曼彻斯特、爱丁堡等城市。在发文量上，至 2022 年 9 月 30日英国科学数据中心于 WOS 数据库发文量达 20 243 篇（表 2-5），1981 年以前发文量较少，低于 100 篇，1990 年之后发文量增长较快，其中英国极地数据中心（UK PDC）发文量最多，达 9265 篇。

**表 2-5 英国国家级科学数据中心 WOS 发文量**

| 序号 | 国家级科学数据中心名称 | 发文量 | 网址 |
| --- | --- | --- | --- |
| 1 | 英国航天局数据中心 | 2 | https://www.gov.uk/government/organisations/uk-space-agency |
| 2 | 英格兰公共卫生局数据中心 | 1863 | https://www.gov.uk/government/organisations/uk-health-security-agency |
| 3 | 英国大气数据中心 | 22 | https://www.dcc.ac.uk/resources/implementations/badc-british-atmospheric-data-centre |
| 4 | 英国国家遥感中心 | 300 | http://www.nrsc.co.uk/ |
| 5 | 英国国家海洋学研究中心 | 273 | https://noc.ac.uk/ |
| 6 | 英国国际应用生物科学中心 | 1779 | https://www.cabi.org/ |
| 7 | 英国国家地球科学数据中心 | 485 | https://www.bgs.ac.uk/geological-data/national-geoscience-data-centre/ |

---

① https://www.hengxun.cn/news/content/3222.

| 序号 | 国家级科学数据中心名称 | 发文量 | 网址 |
|---|---|---|---|
| 8 | 英国极地数据中心 | 9265 | https://www.bas.ac.uk/data/uk-pdc/ |
| 9 | 英国皇家化学学会数据库 | 554 | https://www.rsc.org/journals-books-databases/ |
| 10 | 英国国家科学数据中心 | 7 | https://www.bgs.ac.uk/geological-data/national-geoscience-data-centre/ |
| 11 | 英国欧洲生物信息学研究所 | 5243 | https://www.ebi.ac.uk/ |
| 12 | 英国 NHS 医院数据库 | 0 | https://www.nhs.uk/about-us/nhs-website-datasets/ |
| 13 | 英国物理学会 | 246 | https://www.iop.org/ |
| 14 | 英国 DNA 数据库 | 3 | https://www.gov.uk/government/statistics/national-dna-database-statistics |
| 15 | 数字保存中心 | 20 | https://www.dcc.ac.uk/news/digital-preservation |
| 16 | 英国数据档案馆 | 0 | https://www.data-archive.ac.uk/ |
| 17 | 英国太阳能系统数据中心 | 0 | https://www.ukssdc.ac.uk/ |
| 18 | 英国环境信息数据中心 | 0 | https://eidc.ac.uk/ |
| 19 | 英国地球观测数据中心 | 0 | https://eodc.eu/ |
| 20 | 英格兰基因组学公司 | 0 | https://www.genomicsengland.co.uk/ |
| 21 | 英国生物样本库 | 84 | https://www.ukbiobank.ac.uk/ |
| 22 | 洛桑样本库 | 0 | https://www.lausanne-tourisme.ch/en/libraries/ |
| 23 | 诺丁汉拟南芥储存中心 | 0 | https://www.liquisearch.com/nottingham_arabidopsis_stock_centre |
| 24 | 国家化学数据库服务中心 | 20 | https://gow.epsrc.ukri.org/NGBOViewGrant.aspx?GrantRef=GR/S70623/01 |
| 25 | 剑桥晶体学数据中心 | 77 | https://www.ccdc.cam.ac.uk/ |
| 26 | SASSCAL 开放存取数据中心 | 0 | https://www.sasscal.org/services/ |

## 2.2.3 数据管理政策

英国是最早实施 e-Science 计划的国家，具有长期保存与传播科研项目产出数据的传统，并有多个自然科学数据发布平台和管理项目，内容涉及地球与环境科学、天文学、生物学、医学等多个领域。在一系列资助机构政策和政府项目投资的推动下，英国科学数据存储与共享的效果比较显著。英国政府数据治理主要包括以下四方面[①]：个人数据保护、信息公开（自由）、政府数据开放、国家信息基础设施。具体涉及的法规政策见表 2-6。

**表 2-6　英国数据中心数据管理政策**

| 政策、法规名称 | 时间 | 针对主题 |
| --- | --- | --- |
| 《数据保护法案》 | 1998 年发布/2020 年修订 | 对与个人有关的信息处理，包括获取、持有、使用或披露此类信息作出新规定的法案 |
| 《信息自由法案》 | 2000 年 | 该法案为个人获取公共部门的信息提供了便利和法律依据。2012 年英国政府对本案进行了修订，新增了数据集的条款，提出了数据权的概念 |
| 《开放获取公共资助研究数据的宣言》 | 2004 年 | 提倡建立共资助的科学数据的开放获取机制 |
| 《研究成果开放获取的立场声明》（修订后为《开放获取政策指南》） | 2005 年发布/2013 年修订 | 要求公共资助研究成果的出版物应当通过开放存储和开放出版尽可能的开放给社会公众。RCUK 成为全球首个实施强制性 OA 政策的科研资助机构 |
| 《研究数据管理最佳实践指南》 | 2011 年发布/2015 年修订 | 提出科学数据管理政策方面的七大原则，2015 年修订版中细化了数据政策通用原则，明确提出公共资助产出的科研数据应当及时、负责、尽可能地开放，并应坚持开放数据的可发现性、可理解性和可获取性 |
| 《研究数据政策框架》 | 2011 年 3 月 | 阐述 EPRSC 对管理和提供资助的研究数据的期望和要求 |
| 《数据政策通用原则》 | 2011 年 4 月 | 为 RUCK 各理事会科研数据政策制定提供总体框架 |

---

① https://www.rccp.pku.edu.cn/mzyt/110802.htm.

续表

| 政策、法规名称 | 时间 | 针对主题 |
|---|---|---|
| 《制定数据管理与共享计划》指南 | 2011 年 | 概述了制定数据管理与共享计划的过程与基本方法 |
| 《研究资助指南》 | 2011 年 | 研究数据政策及管理计划指南包含在研究资助指南中 |
| 《自由保护法》 | 2012 年 | 旨在维护公民自由、减少政府对个人生活的侵扰。提出没有被豁免的任何数据如果被申请，公共权力机构都必须将其作为一种开放数据供申请者获取和再利用 |
| 《开放数据白皮书：释放潜能》 | 2012 年 | 要求政府部门必须以机器可读的形式来发布数据，并要求促进受资助项目科研数据的开放获取 |
| 《通过拨款资助支持研究数据管理成本》 | 2013 年 | 对如何在项目经费中支出研究数据管理费用做了明确规定 |
| 《制定科研数据政策五步法》 | 2014 年 | 明确了政策的适用范围与主体，对之后科研数据政策的制定提供借鉴 |
| 《公共部门信息再利用条例2015》 | 2015 年 | 依据欧盟发布的《公共部门信息再利用条例》，由英国政府修订本国的条例，其对公共机构持有、生产、收集及保存的各类型数据的再利用进行了规定 |
| 《科学数据政策》 | 2016 年 | 希望通过机构存储库管理数据，最大限度地提高所汇总相关数据中获得的科学价值 |
| 《研究数据政策和指南》 | 2016 年 | 要求所有 NERC 资助的项目都必须与相对应的 NERC 数据中心合作，以实施数据管理计划，确保具有长期价值的数据保存。规定以商定的格式提交给数据中心，并附有所有必要的元数据 |
| 《开放数据协议》 | 2016 年 | 约定了开放数据采集、生成、管理和使用的十项原则，确保收集和产生的科学数据尽可能以符合相关法律、道德、监管框架以及学科规范的方式开放共享 |
| 《2016 年至 2018 年英国开放政府国家行动计划》 | 2016 年 | 该计划涉及教育、金融、交通、住房、医疗等众多领域，并且对公民参与、信息访问、技术与创新和政府账目提出了新承诺 |
| 《研究数据共享政策》 | 2017 年 | 建议申请人基于数据收集和管理标准尽可能提供科学数据，并希望研究产生的科学数据能以尽可能少的限制、及时且负责任的方式提供给科学界用于后续研究 |

续表

| 政策、法规名称 | 时间 | 针对主题 |
|---|---|---|
| 《数据、软件和材料管理与共享政策》 | 2017 年 | 该政策规定研究人员应如何管理和共享由惠康资助的研究和产出管理计划产生的数据、软件和材料 |
| 《研究数据政策》 | 2018 年 | 定义了 ESRC、研究数据服务提供商以及研究人员的角色和责任。其中研究数据被定义为与研究人员有关或感兴趣的信息 |
| 《通用数据保护条例》 | 2018 年 | 取代了欧盟在 1995 年推出的个人数据《数据保护指令》，推动数字经济发展。是处理个人数据和在转移这些数据方面保护自然人的法规 |
| 《英国通用数据保护条例》（UK GDPR） | 2021 年 | 规定了英国大多数个人数据处理的主要原则、权利和义务，执法机构和情报机构除外 |
| 《数据：新方向——政府回应咨询》 | 2021 年 | 旨在推动数据保护制度改革，其将帮助英国实现更多个人数据使用的好处 |
| 《数据保护和数字信息法案》 | 2022 年 | 标志英国脱欧后数据保护框架计划改革的重要一步，增加了与科学研究领域有关的同意必须符合与研究领域相关的公认道德标准 |
| 《数据共享治理框架》 | 2022 年 | 阐述了对积极主动、更简单和更快的数据共享的集体承诺。其中，对科研数据从业者提供了数据项目的一般指南和资源，并提出在制定数据政策时要注重数据标准和数据质量 |
| 《研究数据战略》 | 2022 年 | 促进不同模式的数据整合并将大数据的洞察力转化为更好的为受癌症影响的人带来更好的结果 |
| 《战略 2022—2027，共同改变明天》 | 2022 年 | 提出四项变革原则和六项战略目标，规划建立一个高质量的科研和创新体系，以此推动英国经济、社会、环境和文化的发展 |

**（1）个人数据（隐私）保护领域**

20 世纪 80 年代，在欧盟数据保护的法律框架下，英国逐步通过立法对个人数据和隐私进行保护。1984 年，英国议会通过首部《数据保护法》（Data Protection Act，DPA）提出了个人数据保护的基础性原则，禁止数据主体未经注册持有个人数据。1998 年修订的《数据保护法》中，明确了数据控制者在个人数据处理中的权利、义务及责任，提出公民拥有获取与自身相关数据的权利。2018 年修订的新版《数据保护法》中，对个人和组织数据保护的权利和责任做出明确规定，加强公民个人隐私保护，积极帮助组织正确地保护和管理数据，健全数据保护的规则和机制。

**（2）信息公开（自由）领域**

英国信息公开领域的基础性法律包括 2000 年颁布的《信息自由法》（Freedom of Information Act，FOIA）和 2012 年颁布的《自由保护法》（Protection of Freedom Act，PFA）。《信息自由法》明确规定，公共机构有公开特定信息的义务，公民享有向公共部门索取和访问公共部门信息的权利，并且延伸和修订了《数据保护法》和《公共记录法》（Public Records Act，PRA）的相关内容。《自由保护法》则从"数据权"出发，扩大信息自由范围，明确政府部门和其他公共机构主动发布可重复使用数据集的义务，改变信息专员的任用和问责安排，以加强其在数据保护权力行使过程中的独立性。

**（3）政府数据开放领域**

自 2009 年以来，英国各届政府都大力推进数据开放，各有特点。政府数字服务局（Government Digital Service，GDS）作为领导机构，负责协调所有政府部门及民间组织、私营部门、工作小组和多边机构，以推进政府数据开放。由内阁办公室牵头成立公共部门透明委员会（Public Sector Transparency Board，PSTB）作为监督政府透明议程的核心部门，负责协同公共部门数据专员和数据专家制定公共部门数据开放的标准，确保所有政府部门在规定期限内发布关键公共数据集。

**（4）国家信息基础设施领域**

2011 年，英国内阁办公室颁布《国家信息基础设施：第一次迭代》，明确提出要建设英国政府数据治理基础设施，目标是建设一个动态更新、重点明确的数据清单。2013 年，内阁办公室提出"国家信息基础设施（NII）计划"。2015 年颁布的《国家信息基础设施：第二次迭代》明确 NII 是政府持有的、最具战略重要性的数据管理框架。所有政府部门都被鼓励使用开放数据研究所开发的"开放数据认证流程"，将现有数据集置于开放政府许可（Open Government Licence，OGL）之中，确定优先发布秩序。

# 2.2.4　建设现状

Data Centre Pricing 研究了 17 个欧洲国家数据中心建设状况，2019 年 12 月发布的研究结果显示，英国是欧洲最大的第三方数据中心市场，其数据中心面积为 85.8 万平方米。根据英国大学联盟 2017 年发布《英国研究数据基础设施》的报告，英国目前有近 250 个研究数据库。

**（1） 地球与环境科学领域科学数据中心**

地球与环境科学领域科学数据中心主要有环境研究理事会建设的 5 个数据中心，分别为：英国海洋资料中心、环境数据分析中心（其中包括英国大气数据中心、自然环境研究理事会地球观测数据中心、英国太阳能系统数据中心）、环境信息数据中心（陆地和淡水）、国家地球科学数据中心和极地数据中心（极地和冰冻圈）。

**（2） 生物、医学和农学领域科学数据中心**

生物、医学和农学领域科学数据中心主要由生物技术与生物科学研究理事会、医学研究理事会、卫生部、维康基金会等支持建设，包括欧洲生物信息学研究所、英格兰基因组学公司、英国生物样本库、洛桑样本库、诺丁汉拟南芥储存中心。

**（3） 物质科学领域数据中心**

物质科学领域数据中心主要有工程与物理科学研究理事会资助的国家化学数据库服务中心和剑桥晶体学数据中心。

## 2.2.5 经费投资

英国从 2011 年开始不断对大数据领域进行持续的专项资金投入。2011 年英国商务、创新和技能部（BIS）宣布，注资 6 亿英镑发展 8 类高新技术，其中 1.89 亿英镑用来发展大数据技术。2013 年 1 月，英国财政部明确将投入 1.89 亿英镑用于大数据和节能计算技术研发，包括直接投资 1000 万英镑建立"开放数据研究所"。2014 年，英国政府投入 7300 万英镑进行大数据技术开发，包括在 55 个政府数据分析项目中开展大数据技术应用。2017 年，大数据技术为英国提供 5.8 万个新的工作岗位，并直接或间接带来 2160 亿英镑的经济增长。2021 年英国研究与创新局（UKRI）宣布为英国量子工业项目提供 5000 万英镑的资金资助。英国政府还通过数据门户，设立高额奖金，通过"开放竞赛""创意竞赛"等方式鼓励公民创新性使用数据，为数据中心的建设提供支持。

## 2.2.6 人员情况

英国一些高校通过开设与科学数据相关的专业，培养了大批专门从事 AI 行业的专业人才。例如，英国工程和物理科学研究委员会（EPSRC）联合剑桥大学、爱丁堡大学、牛津大学、华威大学与伦敦大学学院，出资 4200 万美元成立了阿兰·图灵研究所（Alan Turing Instiute），研究 AI 在国防安全、健康、计算技术、数据中心工程，以及金融和智能城市等领域的应用，并帮助培训新一代数据科学家。英国地质调查局的总人数一般维持在 800 人左右，2007 年为 780 人，其中科学家约占人员总数的 60%，包括地质学家、矿物学家、工程地质学家、古生物学家、化学家、水生物地质学家、数学家、生物学家、计算机专家和信息技术专家等。2016 年英国极地数据中心有教授 299 人，博士后/研究助理 734 人。

## 2.2.7　提供的数据服务

英国拥有欧洲最大的数据市场（data market），一直处于世界范围数据创新（data innovation）的前沿。英国的数据中心向全球用户提供多种方式进行数据浏览、在线分析和数据下载服务模式，并着重协调英国各个政府机构的政府数据的开放共享，政府在推进数据共享中发挥着主导作用。此外，英国非常重视政府数据的作用，一直积极推动政府数据的共享开放与应用。为实现高质量的政府数字服务，需要政府机构间的数据共享，因此 2009 年以来，英国各届政府都大力推进数据开放。

英国极地数据中心（UK PDC）是英国北极和南极环境数据管理的中心，作为自然环境研究委员会（NERC）环境数据服务的一部分，协调英国资助研究的极地数据的管理。其职能主要为：①探索极地数据，包括数据集、标本集、地图、出版物和图像；②开发元数据系统，用于发现由英国资助的科学家收集的极地数据集；③支持数据引用和发布，以及运营数据管理。

英国国家地球科学数据中心（NGDC）是一个数据丰富的组织，隶属于英国国家地质调查局（BGS），拥有 400 多个数据集。地球科学数据中心主要数据包括出版物、扫描记录及由国家地质调查局（BGS）收集并由外部组织提供的其他数据，数据科学和数据基础设施是未来国家地质调查局（BGS）研究的基础。

## 2.2.8　数据相关知识产权保护

英国的科学数据保密与安全管理相关制度主要包括《信息自由法》《数据保护法》等，各研究理事会的数据政策需符合这些法律，科研机构和研究人员也要了解并遵从这些法律。英国《信息公开法》于 2000 年 11 月通过，2005 年生效，该法规定了 20 多种信息公开的例外情况，主要包括 3 个方面的信息：一是涉及情报安全机构的信息；二是涉及公众利益的信息；三是涉及个人的信息。

英国 2017 年发布新的《数据保护法》，于 2018 年 5 月生效，主要特点是对不法行为实施更为严厉的处罚[①]。例如，将未经数据拥有者同意，故意或过失使"已去识别化"的个人数据被重新识别出来的行为，增加为刑事犯罪；赋予负责《数据保护法》监管和执行的信息专员更多权力，对数据进行控制和处理人员的严重违法行为，可处以高达 1700 万英镑或全球营业额 4% 的行政处罚；针对数据控制和处理人员非法更改记录的行为，信息官员可对其提起刑事诉讼。此外，该法对一般性数据保护设立了新的标准，赋予公民对个人数据更多的掌控权。英国内阁办公室制定的《政府安全分类》于 2014 年 4 月生效，描述了政府对信息和数据的分类，适用于政府收集、存储、处理、生成或共享以提供服务和开展业务的所有信息，包括从外部合作伙伴处收到或与之交换的信息。

## 2.2.9　国内国际合作

2021 年，英国政府公布了其在脱欧后的新全球数据计划，将与美国、澳大利亚、韩国、新加坡、阿联酋和哥伦比亚等国家建立涉及数十亿英镑服务出口的全球数据合作伙伴关系，接受高数据保护标准评估，推动数据交换和共享。例如，美国司法部和英国内政部签署了一项数据访问协议，该协议将允许两国的执法机构向对方索取用户互联网数据。2021 年，英国和美国签署了一个协议，以加强在人工智能和数据流监管等领域的合作，并于 2022 年发起了一次"技术和数据全面对话"。2022 年 7 月与印度、巴西、肯尼亚和印度尼西亚拓展此类伙伴关系[②]。

## 2.2.10　数据发展战略规划

2020 年 9 月 9 日，英国政府数字文化、媒体和体育部（DCMS）发布《国家数据战略》，支持英国对数据的使用，帮助英国经济从疫情中复苏，并在 2020 年

---

① https://www.gov.uk/government/collections/dataprotection-act-2018.

② http://news.10jqka.com.cn/20210902/c632385650.shtml.

12月之前面向社会进行公开咨询。《国家数据战略》设定五项"优先任务"，研究英国如何利用现有优势来促进企业、政府和公民社会对数据的使用。政府必须充分利用这些任务来发挥数据带来的机会，创建一个蓬勃发展、快速增长的数字行业，以促进经济发展。五项任务分别为：①释放经济中的数据价值；②确保促进增长和可信的数据体制；③转变政府对数据的使用以提高效率并改善公共服务；④确保数据所依赖的基础架构的安全性和韧性；⑤倡导国际数据流动。

2020年，英国地质调查局发布其历史上首个数字化战略《打造数字化引领的地质调查机构英国地质调查局数字化战略（2020—2025年)》，并创建一个数字优先的地球科学组织，将人员、数据、设备和技术联系起来，对世界数字发展做出新的推断。

2022年7月4日，英国科技和数字经济部对2020年6月13日发布的《英国数字战略》（UK Digital Strategy）进行了更新，新增加了"数字雇主的签证路线"。该战略旨在通过数字化转型建立更具包容性、竞争力和创新性的数字经济，使英国成为世界上开展和发展科技业务的最佳地点，提升英国在数字标准治理领域的全球领导地位。为此，英国将重点关注数字基础、创意和知识产权、数字技能和人才、为数字增长畅通融资渠道、高效应用和扩大影响力、提升英国的国际地位6个关键领域的发展，其主要科学发展战略规划见表2-7。

表2-7 英国主要科学数据发展战略规划

| 战略规划 | 规划年 | 针对科学数据的事项 |
| --- | --- | --- |
| "E-Science"核心计划 | 2001年 | 重点开展项目数据管理工作 |
| 《制定数据管理与共享计划》 | 2011年 | 由DCC发布的关于制定数据管理与共享计划的意义与基本方法 |
| 《抓住数据机遇：英国数据能力策略》 | 2013年 | 强调政府须改变责任的承担方式，从"技术""基础设施、软件和协作""安全与恰当地共享和链接数据"三方面提高数据处理能力 |
| 《2013年至2015年英国开放政府伙伴关系行动计划》 | 2013年 | 从开放数据等五个方面规划了2013～2015年的行动计划，从宏观层面为科研机构制定科学数据管理政策提供指导 |
| 《我们的增长计划：科学和创新（2014—2020)》 | 2014年 | 提出数据驱动经济的愿景，并呼吁发展全英国的数据基础设施以支持科学研究和创新 |
| 《2015—2020年政府社会研究战略》 | 2015年 | 提及需要发展数据科学技能 |

| 战略规划 | 规划年 | 针对科学数据的事项 |
|---|---|---|
| 《英国科学和技术设施委员会（STFC）研究数据管理计划》 | 2017 年 | 该计划旨在促进研究数据管理和共享最佳实践，确保研究数据的可持续性和可访问性。该计划为英国科学和技术设施委员会的研究项目提供了研究数据管理框架 |
| 《产业战略》 | 2018 年 | 承诺投资包括支持科学研究与创新在内的数据基础设施 |
| 《国家数据战略》 | 2019 年发布/2022 年更新 | 阐明通过数据的使用推动创新，为处理和投资数据以促进经济发展建立了框架。该战略提出要确保数据基础设施的安全性和弹性 |
| 《英国研发路线图》 | 2020 年发布/2021 年更新 | 该路线图阐明了英国在科学、研究和创新方面的愿景和雄心，通过加强科研基础设施和机构，提升科学影响力 |
| 《英国数字战略》 | 2020 年发布/2022 年更新 | 该战略旨在提升英国数字治理与数字标准制定的全球领导地位，提出数据基础、数据技能、数据可用性、数据责任四项核心能力以及在数据领域的五个优先任务 |
| 《英国研究数据共享战略计划》 | 2021 年 | 该计划旨在促进研究数据的开放共享和再利用，并支持英国研究机构的数据管理实践。该计划为英国研究数据服务机构提供更多的资源和资金支持，更好地支持研究数据的管理和共享 |
| 《英国数据和分析研究环境计划》 | 2021 年 | 作为 UKRI 数字研究基础设施计划的一部分，旨在设计和提供协调一致且值得信赖的国家数据研究基础设施 |
| 《为数字化未来转型：2022 年至 2025 年数字和数据路线图》 | 2022 年 | 该路线图设定了英国到 2025 年数字和数据的跨政府共同愿景，提出了六大策略，其中任务三是做出更好的数据助力决策 |
| 《英国研究与创新（UKRI）2022 年至 2027 年战略》 | 2023 年 | 提出未来五年重点发展的六个战略目标，在目标二中提出要建立"世界级的地方"，即确保英国作为全球领先的研究和创新国家的地位，并且提出为世界一流的研究和创新提供安全的尖端基础设施，未来将重点开发和维护尖端的研究和创新基础设施，包括数据基础设施。其中 UKRI 的优先事项包括开放研究出版物，并使科学数据尽可能地开放，但在必要时又能保证科学数据的安全性 |

## 2.2.11　前沿研究方向与发展趋势

大数据发展初期，英国在借鉴美国经验和做法的基础上，充分结合本国特点和需求，加大了大数据研发投入、强化顶层设计，聚焦部分应用领域进行重点突破。大数据战略已经成为英国政府目前大力发展的战略领域之一。通过研究和分析可知，英国大数据战略的主要措施有加大投资技术研发、建设强大的基础数据库、重视数据的开放性等，其特点是政府积极引导大数据战略，并通过大数据战略树立透明的政府、智慧的政府和责任的政府形象。数据中心前沿发展方向主要包括数据管理、数据科学、人工智能、数据联动服务等。

**（1）数据管理方面**

英国科学数据管理的最初建议者是英国联合信息系统委员会（Joint Information Systems Committee，JISC）。对科学数据创建、收集与管理的主要推动者是英国财政部、贸易工业部和教育技能部、英国研究理事委员会（UK Research Councils，RCUK）、英国基金委员会及其下属单位等。为促进公共部门信息通信技术服务的集约化和高效能，建设统一的绿色数据中心，为公共部门信息通信技术服务提供更安全可信的公共基础设施，英国政府启动了数据中心整合项目。数据中心的整合，首先从拥有多个数据中心的服务提供商开始，这些数据提供商通常为多个公共部门服务①。英国的一些研究机构正在规划更优的科学数据管理计划，以便更好地管理和共享科学数据，包括规范数据管理和共享的流程与标准，确保科学数据被妥善管理、保存及共享，并为研究人员提供更好的数据管理和共享服务。

**（2）数据科学方面**

数据科学（data science）和人工智能（AI），以及与社会科学及地理信息科学等学科的融合发展是数据科学发展的研究的主要方向。2019年起，英国政府和大学投入了大量专项资金，以推动这些学科与数据科学和AI的跨学科融合及发展②。英国政府一直在推进开放科学政策，旨在促进科学数据的开放共享和科学合作，包括通过建立更加开放的数据平台和政策框架，鼓励研究机构和研究人员将其数据公开共享，为研究人员提供更多的开放共享平台和资源，以便更好地管理和共享科学数据。随着人工智能技术的发展，越来越多的研究机构开始尝试使用数据智能与人工智能技术来分析和利用科学数据，未来将会有更多的研究机构开始应用这些技术，以提高科学数据的价值和效率。

**（3）数据联动服务方面**

数据联动服务中的数据挖掘是今后主要的前沿研究方向，也是英国数据中心

---

① http://www.ciotimes.com/bigdata/87970.html.

② https://zhuanlan.zhihu.com/p/386532708.

未来发展趋势。在 2022 年 5 月，英国政府发起了一项征求意见的活动，寻求帮助以加强英国的数据基础设施建设。英国数字、文化、媒体和体育部（DCMS）表示，随着网络威胁和网络中断的风险不断上升，增强数据中心和在线云平台的安全性与弹性比以往任何时候都更加紧迫①。英国政府和研究机构正在投资建设更加完善的开放科学数据基础设施，包括提供更高性能的数据存储、分析和共享平台，以便更好地支持科学数据的共享和利用，为研究人员提供更便捷的数据共享和利用平台。

# 2.3 德国国家级科学数据中心发展态势

## 2.3.1 概述

德国作为全球重要科研力量，是开放科学重要的发起国与参与国之一。1991年，欧洲卫星激光测距站与德国慕尼黑工业大学，为保障彼此之间数据资源等流动畅通无阻签署协议，建立了欧洲数据中心。从 2012 年起，德国大量高校与科研机构开展科研数据管理服务，并建立各机构的科研数据知识库与存储库。同时，一些由德国国家科研数据基础设施项目资助以及国际联盟等形式构建的科学数据中心也逐步出现。Re3data 数据存储库作为一个研究数据库的全球注册系统，于 2012 年秋由德国科学基金会（Deutsche Forschungsgemeinschaft，DFG）资助，德国科研机构、高校及其图书馆联合建立并注册投入使用，积极参与德国网络信息计划和研究数据管理活动。德国科学数据中心主要是由国家科研数据基础设施与机构、高校系统联合建设。截至 2021 年 10 月 17 日，检索全球研究数据存储库（Re3data 数据库）得出德国已经注册和实际建设的数据中心有 460 个（包括与国际合作和其他国家联合建立、自建两类）。

## 2.3.2 总体布局

德国政府通过政策支持、基础设施保障、科研机构的学科研究发展计划，以及德国科学基金会与理事会等机构通过项目资助、实施、监管审核等措施，相继

---

① https://baijiahao.baidu.com/s? id=1734322603190336456&wfr=spider&for=pc.

建立符合国家级科学数据中心遴选指标的国家级科学数据中心 26 个，如德国罗伯特科赫研究科学数据中心、综合气候数据中心、世界大气遥感数据中心等（周雷等，2020），这些科学数据中心无论在规模、国际合作、技术力量、研究领域等都是德国重要的公共科研数据保障机构。据估计，德国数据中心市场规模在 2023 年为 61.9 亿美元①，是欧洲数据中心市场的重要组成部分。

检索 WOS 数据库，截至 2023 年 11 月，德国国家级科学数据中心发表的科技论文中（表 2-8），德国海洋研究数据门户发文量最多，有 30 332 篇，位居科学数据中心发文榜首；其次是罗伯特科赫研究所科学数据中心，发文 9843 篇。

表 2-8　德国国家级科学数据中心名称及 WOS 发文量

| 序号 | 所属机构 | 数据中心名称 | 发文量 | 网址 |
|---|---|---|---|---|
| 1 | 德国海洋研究联盟（DAM） | 德国海洋研究数据门户（DPG-MR） | 30332 | https://marine-data.de/ |
| 2 | 罗伯特科赫研究所（RKI） | 德国罗伯特科赫研究科学数据中心（FDZRKI） | 9843 | https://www.rki.de/DE/Content/Forsch/FDZ/FDZ_node.html |
| 3 | 德国尤里希研究中心（FZI） | 德国对流层顶再分析数据存储库（RTDR） | 812 | https://datapub.fz-juelich.de/slcs/tropopause |
| 4 | 德国科学基金会（DFG） | 德国国家考古和古代科研科学数据中心（IANUS） | 27 | https://ianus-fdz.de/ |
| 5 | 沃尔特肖特基研究所（WSI） | WSI 数据中心（WSIDatenzentrum） | 478 | https://www.wsi.de/de/index.htm |
| 6 | 德国研究中心（FDZ） | 联邦统计局和国家科学数据中心（RDC） | 220 | https://www.forschungsdatenzentrum.de/en |
| 7 | 亥姆霍兹波茨坦中心，德国地学中心（GFZ） | 德国信息系统与数据中心（ISDC） | 693 | https://isdc.gfz-potsdam.de/homepage/ |
| 8 | 波恩亚历山大·柯尼希动物研究博物馆（ZFMK） | 德国生物多样性数据中心（ZFMKBiodiversityDataCenter） | 2035 | https://www.zfmk.de/en/research/research-centres-and-groups/datacenter |
| 9 | 罗伯特科赫研究所（RKI） | 德国癌症登记数据中心（ZfKD） | 176 | https://www.krebsdaten.de/Krebs/EN/Content/ZfKD/zfkd_node.html |

---

① https://www.mordorintelligence.com/zh-CN/industry-reports/germany-data-center-market

续表

| 序号 | 所属机构 | 数据中心名称 | 发文量 | 网址 |
|------|----------|--------------|--------|------|
| 10 | 德国青年研究所（DJI） | 德国青年研究所研究数据中心（DJI-Daten） | 107 | https://surveys.dji.de/ |
| 11 | 世界气候数据中心（WDC） | 德国气候数据中心（GCCC） | 106 | http://www.wdc-climate.de |
| 12 | 红外空间天文台（ISO） | 德国红外空间天文台数据档案（ISODA） | 44 | https://www.cosmos.esa.int/web/iso/access-the-archive |
| 13 | EUROLAS | 欧洲数据中心（EDC） | 0 | https://edc.dgfi.tum.de/en/ |
| 14 | 德国卡斯卡德宇宙线数据中心（KCDC） | 德国卡斯卡德宇宙线数据中心（KASCADE Cosmic Ray Data Centre） | 13 | https://kcdc.iap.kit.edu/ |
| 15 | 德国高等教育研究（DZHW） | 德国高等教育研究和科学数据中心（FDZ-DZHW） | 272 | https://fdz.dzhw.eu/en/ |
| 16 | 德国研究中心（FDZ） | 德国微数据实验室（GML） | 1057 | https://www.gesis.org/en/institute/research-data-centers/rdc-german-microdata-lab/ |
| 17 | 世界气候数据中心（WDC） | 世界大气遥感数据中心（WDC-RSAT） | 9 | http://wdc.dlr.de |
| 18 | 克隆大学（UNIVERSITY OF COLOGNE） | 德国科隆临床试验中心（KölnZKS） | 8 | http://zks.uni-koeln.de/index.php?s=studien&c=studien_klinische-studien |
| 19 | 路德维希–马克西米利安大学金融与银行研究所（LMU IFO） | LMUifo经济与商业数据中心（EBDC） | 3 | https://www.ifo.de/ebdc |
| 20 | 全球生物多样性信息机构（GBIF） | 全球基因组生物多样性网络（GGBN） | 2 | http://data.ggbn.org/ggbn_portal/ |
| 21 | 世界气象组织（WMO） | 全球降水气候中心（GPCC） | 2 | https://www.dwd.de/EN/ourservices/gpcc/gpcc.html |
| 22 | 德国研究中心（FDZ） | 联邦职业安全与健康研究中心（BAuA） | 347 | https://www.baua.de/DE/Angebote/Forschungsdaten/Forschungsdaten_node.html |
| 23 | 汉堡大学（Universität Hamburg） | 德国汉堡语音语料库数字存储中心（HZSK） | 1 | https://corpora.uni-hamburg.de/hzsk/ |

| 序号 | 所属机构 | 数据中心名称 | 发文量 | 网址 |
|------|----------|--------------|--------|------|
| 24 | 汉堡大学（Universität Hamburg） | 综合气候数据中心（ICDC） | 16 | http://icdc.cen.uni-hamburg.de/daten/all-data.html |
| 25 | 国际成人能力评估计划（PIAAC） | PIAAC 研究数据中心（Forschungsdatenzentrum PIAACbeiGESIS） | 1 | https://www.gesis.org/en/piaac/rdc |
| 26 | 德国研究中心（FDZ） | 社会学跨学科定性数据研究中心（eLabour） | 0 | http://elabour.de/ |

总体上看，德国科学数据中心主要布局在柏林、汉堡、法兰克福和福尔肯斯坦市。主要涉及生命科学、医学、公共卫生、天体物理学和天文学、大气科学、地球物理学和大地测量物理学、海洋科学等多学科领域，分布于数字化教育、医疗保健、网络安全、农业综合企业、公共安全、工业等部门。

## 2.3.3 数据管理政策

德国是位于中欧的联邦议会共和制国家，作为欧洲最大的国家经济体，是欧盟重要成员，具有推动本地和欧洲资源需求的经济能量。因此，德国在科技创新、高端制造、数据保护方面始终保持世界领先地位。同时，德国作为世界上最主要的发达国家之一，是联合国及其他国际组织的重要缔约国，遵守国际组织和欧盟制定的一系列政策法规，具体见表2-9。

表2-9　世界及欧盟科学数据政策与法规

| 政策、法规名称 | 发布时间 | 发布机构 | 内容简介 |
|----------------|----------|----------|----------|
| 《生物多样性公约》 | 1992 年 | 联合国环境和发展大会 | 依据该公约，数据中心制定了关于获取遗传资源和公平分享利用遗传资源所产生惠益守则 |
| 《名古屋议定书》 | 2010 年 | 联合国 | 该议定书对未来生态系统保护世界目标和生物遗传资源利用及其利益分配规则作了约定，数据中心以此制定并通过了数据中心获取和利益分享行为守则 |
| 《数据保护行为准则》 | 2014 年 | 欧盟委员会 | 该准则适用于欧盟/欧洲经济区和具有充分数据保护的国家/地区的服务提供商 |

续表

| 政策、法规名称 | 发布时间 | 发布机构 | 内容简介 |
| --- | --- | --- | --- |
| 《全球基因组生物多样性网络行为规范指南》 | 2015 年 | 全球基因组生物多样性网络（GGBN） | 遵守事先知情同意、相互商定的条款及与提供国和该国内供应商签订的其他协议 |
| 《通用数据保护条例》（GDPR） | 2018 年 | 欧盟委员会 | 主要在许可、数据保护员、电子邮件营销、加密、罚款/处罚、个人数据、设计隐私、隐私影响评估、处理、处理活动记录、访问权、遗忘权、知情权、第三国等作了规定，取代了关于个人在数据处理方面的个人保护和此类数据自由流动的欧盟指令 |

德国政府在遵守国际组织和欧盟发布的各种科学数据政策基础之上，制定了一系列符合本国国情的数据政策法规。1976 年，德国联邦议会通过关于联邦个人信息保护的法案《防止个人信息处理滥用法》，该法是大陆法系国家较早且有代表性的一部个人信息保护专法，采取统一立法模式，对个人信息保护进行统一规范、统一保护。德国的数据管理政策基于《德国联邦数据保护法》《数据保护行为准则》《欧盟通用数据保护条例》等一系列法律法规，形成了全方位的数据保护法律体系。

**（1）科学数据开放的法律基础**

20 世纪 60 年代初，德国开始考虑全面数据保护，并随着计算机技术进步及其隐私风险暴露的加剧而进一步发展。1970 年，德国黑森州通过了第一部数据保护法，这也是世界上第一部数据保护法。1976 年，德国联邦议会通过《防止个人信息处理滥用法》，该法为德国最有代表性的一部个人信息保护专法。1977 年，德国联邦议会颁布实施的《联邦数据保护法》（BDSG），该法自出台至今的几十年间经历了多次修正，于 2019 年 11 月进行了最新一次修订。作为德国数据保护法律体系中最重要的一部法律，《联邦数据保护法》对个人数据的合法获取、处理和使用情况做出明确规定，成为德国个人数据信息处理的主要指导性法律，该法创设了独立运行的联邦数据保护专员制度，成为世界维护个人信息安全方面的成功典范。2014 年，作为欧盟主要成员的德国执行适用欧盟/欧洲经济区的《数据保护行为准则》，2018 年执行欧盟《通用数据保护条例》（GDPR），核心问题主要为许可权限、加密、罚款/处罚、隐私保护、访问权、知情权、第三国等，取代了关于个人在数据处理方面的个人保护和此类数据自由流动的欧盟指令。随着技术发展、全球化及欧盟数据保护基本权利的宪法化，GDPR 旨在协调数字单一市场的框架，让个人控制其数据，并制定现代数据保护与治理规则（王融，2016）。表 2-10 列举了部分德国科学数据管理政策与法规。

表 2-10　德国科学数据管理政策与法规

| 政策、法规名称 | 发布时间 | 发布机构 | 内容简介 |
|---|---|---|---|
| 《防止个人信息处理滥用法》 | 1976 年 | 德国联邦议会 | 最有代表性的一部个人信息保护专法 |
| 《联邦数据保护法（BDSG）》 | 1977 年 | 德国联邦议会 | 德国数据保护法律体系中最重要的一部法律，对个人数据的合法获取、处理和使用情况做出明确规定，是德国个人数据信息处理的主要指导性法。该法创设了独立运行的联邦数据保护专员制度，成为维护个人信息安全方面的成功典范 |
| 《联邦统计法》 | 1987 年 | 德国联邦议会 | 该法对有关主要对象的数据进行收集、编辑、处理、出版和分析作了规定 |
| 《多媒体法》（IUKDG） | 1997 年 | 德国联邦议会 | 世界上第一部规范互联网的法律，由三个联邦法令组成，分别为《远程服务法》（The Tele-Service Act）、《数据保护法》（The Data Protection Act）和《数字签名法》（The Digital Signature Act） |
| 《数据保护行为准则》 | 2014 年 | 德国联邦议会 | 开始实施，该准则适用于欧盟/欧洲经济区和具有充分数据保护的国家/地区的服务提供商 |
| 《国家幼儿教育和护理质量发展法》 | 2019 年 | 德国联邦议会 | 定义的十个改进领域框架制定，数据集的样本规模在德国是前所未有的 |
| 《IGB 环境场数据政策》 | 2018 年 | 柏林淡水生态和内陆渔业研究所（IGB） | 对 IGB"长期生态研究"项目数据和来自综合环境场观测或大型场实验项目的相关数据作了规定 |
| 《PANGAEA 信息系统数据政策》 | 2019 年 | PANGAEA-地球与环境科学数据发布者 | 对通过科研和教学群体开放获取其内容；向用户提供科学界广泛、易用的数据集，提供数据存档，建议用户正确引用数据集或相关参考文献等方面作了规定 |
| 《IT 安全法》 | 2021 年 | 德国联邦议会 | 该法旨在保护重要基础设施数据安全，通过弥补法律漏洞并扩大监管框架，以提高德国 IT 系统的安全性，并加强国家安全 |

**（2）联邦政府数据政策体系**

德国联邦政府及州政府一直重视数据管理的立法保护，从中央立法到地方立法、从一般立法到专门领域立法，德国建立了一套全方位且较为完善的数据保护法律体系与框架，这个体系在世界范围内同样具有领先性，如经过多次修订后的《联邦数据保护法》。同时，德国在数据保护领域长期致力于欧洲法律一体化的协调发展，深刻影响了欧洲乃至全球的数据立法进程，如欧盟《通用数据保护条例》（GDPR），这是一项欧洲范围内有效的数据保护法，该法优先于德国国内法（炼石，2022）。

《联邦数据保护法》中，总则详述了公共机构和私法主体概念，并对收集、处理和使用数据时所要获取的同意进行了规定。针对"公共机构对数据的处理"，主要对做处理的法律依据、数据主体的权利、联邦数据专员三个方面的定义和具体实施办法进行了详细规定。针对"私法主体和参与竞争的公法企业对数据的处理"，重点明确了企业机构作为主体的权利与义务、法律依据、监管部门及数据保护官的任命、职责及其行为规则。针对"特殊条款"，说明了"特殊秘密"条件下的使用限制条件的内容，包括作为专业和官方特殊秘密的个人数据的限制使用，研究机构和媒体对于个人数据的收集处理与使用。该法的"最后条款"和"过渡条款"，规定了罚款与犯罪规定及过渡时期的安排。

在国家层面，设立联邦数据保护专员，规定了联邦数据保护专员具有公法官员地位，独立行使职权，只服从于法律，受联邦政府法律监督，最大限度保障数据保护专员不受限于其他机关，保证其公正性。同时在内务部设立负责监督联邦政府的专员办公室，接收公民的申请、投诉、建议、意见等，作为保障数据保护工作的底线。内务部单独规划专员工作预算，以确保其独立性（刘悦心等，2021）。在联邦政策体系下，对于科学数据中心的隐私数据保护方法、跨国范围内的数据处理、潜在风险的法律监管等具有显著的司法效力。政策层面，德国主要采取政府、行业机构和领域数据中心为主体的数据政策体系；共享实践层面，既包括政府、科研机构，也涵盖企业社会力量，正是由于这种相伴而生的共享实践，形成共建共享的发展规划与模式。

例如，基于德国 Re3data 的全球研究数据存储库，可以将管理政策类型分为：获取政策、收集政策、数据政策、元数据政策、保存政策、提交政策、使用政策和质量政策等。在调研的对象中，一般会明确标注数据中心相关政策，数据的质量、安全、获取与可用性是数据中心数据政策体系中的基本的问题。政策中一般要求采用数据提供者与机构数据管理员的协作模式严格把控，以便于数据的存储、管理、传播与复用。此外，政策中也会标明数据范围、使用途径和元数据信息等内容，以规范数据提供者上传数据及数据复用者使用数据等相关工作（刘敬仪等，2019）。

德国科学数据中心在明确自身性质及支撑机构职责定位的基础上，使用了恰当的数据测量、分析技术，维护数据管理系统，以及相关法律条文与规范；在各组织流程中，设置有专业人员与数据专员，对数据质量进行分工把控；制定了适合自身发展的政策及各项规范。在行政管理与保障政策方面，德国支撑科学数据中心运行的各个机构分工明确，每个中心皆有支撑其运行的机构，各司其职。其职责可分为一般职责、技术职责、资助职责和数据安全职责。同一机构在支撑相同中心运行时会担负多个职责，如汉堡大学综合气候数据中心在支撑运行时同时担负一般职责、技术职责和资助职责。同一机构在支撑不同中心运行时，职责也会存在不同，如亥姆霍兹波茨坦中心、德国地学研究中心，在支撑 GNSS-ISDC时担负一般职责和技术职责，在支撑 GEOFON 时担负资助职责、技术职责和一般职责。处理个人数据时，其权限范围受严格约束，如罗伯特科赫研究数据中心非常关注个人数据的保护，因受《欧盟一般数据保护条例》（GDPR）和《联邦数据保护法》（BDSG）的规定约束，使用其网站时原则上可以不披露任何个人数据。当使用联系表格、时事通讯、内部区域，以及与中心电话联系时，需处理个人数据且注意相关的数据隐私声明等。再如，全球基因组生物多样性网络是一个管理良好的全球网络，收集了来自整个生命之树的基因组质量组织样本和DNA，通过生物多样性研究和长期保存档案材料，使社会受益。该网络中心根据《名古屋议定书》第 20 条，制定并通过了获取和利益分享行为守则，尊重《生物多样性公约》《名古屋议定书》和其他有关国际协定，并于 2018 年制定了《全球基因组生物多样性网络行为规范指南》①。

## 2.3.4 建设现状

德国作为欧洲数据中心市场的重点国家，对数据处理的需求不断增长，为保障中央基础设施的安全，实现数字自主和数据自主，创建了一系列自主数据基础设施。德国科学数据中心主要以国家科研数据基础设施为项目提供资助，并加强与机构及高校系统联合建设。德国国家科研数据基础设施（NFDI），发端于 2018年联邦政府与各州政府达成的一致协议，是面向数据生产者和用户的分布式的、联网的基础设施，通过可靠且可持续的服务满足德国科研数据管理的通用和特定主题需求。2018 年底，德国科学联席会议（Gemeinsame Wissenschaftskonferenz，GEK）推出国家科研数据基础设施计划（National Research Data Infrastructure Pro-

---

① http://data.ggbn.org/ggbn_portal/.

gramme，NFDI），决定未来十年内建设 30 家科学数据中心，每年为其提供 8500 万欧元的资助，并由德国科学基金会负责科学数据中心的遴选、评审和经费评估（张娟等，2021）。2020 年 6 月，德国科学联席会议根据德国科学基金会的评估已决定 9 家 NFDI 资助对象，其中 4 家生命科学领域、2 家自然科学领域、2 家人文/社科领域、1 家工程科学领域。这些科学数据中心对海量的项目研究数据、临时性研究数据进行汇集和价值提取，开展跨学科交流，提供更好的数据访问及研究结果分享。

例如，欧洲数据中心由欧盟、国际激光测距服务数据中心、慕尼黑技术大学、德国大地测量研究所、巴伐利亚科学与人文学院、欧洲数据运营中心等合作建立。该数据中心的数据保护是慕尼黑工业大学的一个重要问题。该数据中心明确规定何时存储哪些数据以及如何使用这些数据；个人数据仅在技术必要的范围内收集在大学的中央网络服务器上；数据处理遵守适用的数据保护法规，尤其是《通用数据保护法规》《巴伐利亚数据保护法》《远程媒体法》。该中心计划未来与更多的参与者展开合作，如奥地利科学院、北京航空航天控制中心、法国国家空间中心、欧洲轨道中心（代码），伯尔尼大学天文研究所、德国慕尼黑大学技术研究所、德国航空航天中心、欧空局欧洲空间行动中心、俄罗斯 MCC 任务控制中心和美国海军研究实验室等。2019 年 10 月，德国宣布与法国共同打造自主云基础设施"盖亚-X"（Gaia-X），汇集欧洲的 IT 供应商，通过"联合多云技术"为欧洲建立一个"性能强大、安全可信、竞争力强、符合欧洲价值观"的数据基础设施，以满足欧洲对数据安全的需求。Gaia-X 可提供德国和欧洲发展人工智能所必需的数据源，使其能基于开放、互通、透明和信任的原则推进新的人工智能文化（张娟等，2021）。2020 年 6 月，德法两国最终确定 Gaia-X 的发展路线图，两国的 22 家企业将共建一家组织，为 Gaia-X 生态系统创建框架，并致力于保护数据主权、数据可用性、互操作性和可移植性，促进透明度和公平参与。

## 2.3.5 经费投资

德国国家科学数据中心的建设经费主要由联邦/州政府资助提供，并纳入"国家研究数据基础设施"计划中。根据德国联邦/州国家研究数据基础设施协议性文件及联邦/州两级政府主管机构组成的科学联席会议（GWK），批准通过联合体模式进行德国国家科研数据基础设施的构建，并由德国研究理事组织

（DFG）实施。2018 年，德国联邦政府与各州政府达成的一致协议，建设"国家研究数据基础设施"并计划未来十年由德国研究联合会（DFG）遴选 30 家科学数据中心，研究数据是未来创新德国的"资产"，最大程度使用这些科学数据才能保持德国的竞争力，确保技术主权。为此，德国两级政府按 90∶10 的比例，到 2028 年提供总计 7.5 亿欧元的资助①。

另外，为推动德国工业的数字化、智能化及绿色转型，德国政府做了一系列投资。2016 年《数字战略 2025》提到，扩建数字基础设施是实现数字化转型的十大步骤之一，预计该项的投资将高达 1000 亿欧元。2017 年 6 月，德国"工业 4.0"应用平台、法国未来工业联盟和意大利国家"工业 4.0"计划三家机构就生产数字化开展三方合作行动方案达成一致，德国教研部为国际合作投入超过 8.5 亿欧元。2019 年 3 月 22 日，德国政府发布指南，支持德国高校、科研机构和企业设立国际人工智能实验室，并给予每个获批项目为期三年不超过 500 万欧元的资助。2020 年 6 月，德国联邦政府公布"未来一揽子计划"，计划以"绿色"和"数字"为两大支柱，共计投入 500 亿欧元。2023 年 8 月，德国政府批准了 2024 年价值 630 亿美元（576 亿欧元）的绿色能源投资，在 2024 年至 2027 年期间，德国政府对气候与转型基金的投资增加到 2330 亿美元（2120 亿欧元）。

2018 年 11 月 26 日，DFG 依据《联邦州协议》列出的资助标准包括：计划措施的主题相关性和质量；开发跨学科元数据标准和在联合体中创建可靠的长期服务的预期附加值；在各自的科学界建立联合体，并让相关合作伙伴参与；NFDI 和科学体系的结构重要性；效率和可持续性；国际兼容性；基于公平原则，对数据的使用和访问以及数据的可查找性和可重用性采取一致的方法；满足用户和供应商需求的运营模式（包括适当的合理用户费用）。DFG 资金的类型和范围：德国联邦和州政府计划资助多达 30 个项目资助。在最终开发阶段，每年可为集团提供高达 8500 万欧元的资金，这一数额包括间接项目费用 22% 的方案津贴。因此，每年可用于直接项目成本的资金总额约为 7000 万欧元。通常，单个集团可获得 200 万~500 万欧元，其中包括间接项目成本的计划津贴和 160 万~390 万欧元的直接项目成本津贴。

例如，在德国跨区域合作研究中心的 228 个数据库中，有关"未来创造和社会生态转型"的项目数据库中的"未来非洲农村"，是由德国研究委员会资助的跨学科合作研究计划来管理、汇聚来自波恩大学和科隆大学的地理学家、人类学家、政

---

① https∶//byteclicks.com/21325.html.

治学家、农业经济学家、土壤科学家、生态学家及外部合作伙伴，参与解决东非、南非南北经济发展走廊沿线，大规模土地利用变化和相关社会生态转型问题的相关研究数据集，以及科学家的成果数据等。

## 2.3.6　人员情况

德国国家科学数据中心的人员配置与结构因研究领域、机构类型的不同而不同。人员构成与组织分工是科学数据中心建设的重要部分，在机构与用户之间发挥桥梁作用，在维护数据中心正常运转的同时，根据用户反馈和需求完善中心建设。国家科学数据中心领域咨询与管理主要由咨询委员会、科学指导委员会和协调委员会担任：①咨询委员会，由外部合作伙伴和独立专家组成国际小组；②科学指导委员会，由有关研究中心的代表组成，主要任务是确定中心的基本结构；③协调委员会，管理数据中心日常工作，与前两个部门合作，制定并执行活动计划。科学数据中心的组织实施阶段需配备对应的专业人才开展工作，恰当运用其良好的专业素养与知识储备解决流程中可能出现的问题。与此同时，科学数据中心在整体运营过程中分外部循环和内部循环两部分。其中，外部循环注重中心整体运营，主要包含：①管理层人员设置，主要负责中心各项工作的宏观把控、具体数据项目的管理、组织与决策，发挥主导作用；②支撑层人员，主要任务为维护并及时更新相关数据测量、分析技术与管理系统，保证技术与系统的与时俱进和适用性；③实操层人员，负责运用相关技术与软件、审核用户提交数据、了解用户需求并反馈，发挥根基作用并配合其他层面的组织部门。内部循环人员主要负责数据产生、数据处理、数据存储、数据再用，规范数据引用标准格式。

## 2.3.7　提供的数据服务

德国国家科学数据中心的早期服务可分为纯数据、纯服务、混合型 3 种类型：①纯数据主要提供地质、环境、气象领域的参考数据，标准化大气测量存储数据，观测数据，导航数据，气象数据和有限空间覆盖的优质数据，不同地质环境的数据样等，元数据包括纬度和经度的地理位置等数据信息等。②纯服务主要为德国气候共同体的共同倡议，提供统一访问异构数据和分布式数据处理而开发的基础设施；通过开放地理空间信息联盟 Web 服务将各个天文台收集和发布的数据汇集在一起，并向用户提供数据访问。③混合型数据服务提供主要提供对地理数据进行集中搜索与可视化，通过电子网络建立对地理数据的访问；允许用户访问来自现场测量和卫星遥感的气候相关数据，以及在观测数据基础上建模的再分析数据；提供各种地球科学地理数据、相应元数据、科学文档和软件工具的获取点等（刘敬仪等，2019）。

例如，罗伯特科赫研究所的研究数据中心是德国政府在生物医学领域的中心科学机构，是德国最重要的公共卫生保障机构之一。其以公共使用文件的形式，发布具有代表性的人口健康调查数据，最大限度地提供关于德国居民健康状况和健康相关行为的信息。根据《联邦癌症登记数据法案》的要求，各州的癌症登记处将其数据传输至德国癌症登记中心，德国癌症登记中心对这些数据进行合并、质量检查、分析和评估，并与各州公共卫生机构合作公布结果，依据新的法律框架，来自德国各州癌症登记处的临床和流行病学数据在罗伯特科赫研究所癌症登记数据中合并，主要目的是为癌症研究提供更全面的数据库。德国信息系统与数据中心汇聚了各种地球科学地理数据及其相应元数据、原始数据衍生的信息产品和软件工具的接入点与访问点等，向公众提供了大部分全球地质、地貌的监测数据产品，如卫星轨道和地球重力场数据及用于勘探的地磁和大气数据。

## 2.3.8　数据相关知识产权保护

德国科学数据中心的知识产权以司法为主、行政为辅，在数据保护、数据权利保护、隐私保护、数据存储、跨国范围内的数据处理等方面主要依据《联邦个人信息保护法》《联邦数据保护法》《多媒体法》《通用数据保护条例》《德国 IT 安全法》等法律法规。德国的科学数据中心重视保护个人数据知识产权，并采取了相关的技术和组织措施，确保遵守数据保护规则。

例如，欧洲数据中心的数据保护明确规定何时存储哪些数据及如何使用这些数据，个人数据仅在技术必要的范围内收集在大学的中央网络服务器上，数据处理应遵守适用的数据保护法规，尤其是《通用数据保护法规》《巴伐利亚数据保护法》《远程媒体法》等。

## 2.3.9　国内国际合作

德国国家科学数据中心在数据管理政策、论文发表、建设现状、经费投资、数据服务、知识产权保护等方面，充分体现了其国际、国内合作情况。国内的合作主要体现在：①联邦政府与州政府的合作；②政府与高等院校、科研机构及企业的合作；③高等院校、科研机构与企业的合作。国外的合作方面，从 Re3data 数据存储库中揭示的各科学数据中心的国际合作可以看到，自 20 世纪 80 年代开始，随着各国科学数据中心的兴起，德国与欧盟、法国、美国、英国、中国等国家和组织建立了合作关系。德国借助国家科研数据基础设施项目及国际联盟等形式共同构建了诸多科学数据中心。而 Re3data 数据存储库本身就是一个供全球使用的数据共享平台。

德国的国际合作倡议简化了未来科学数据的获取。2016 年欧盟委员会欧洲开放科学云（EOSC）启动，其目的是创建一个由不同国家参与的云基础设施①。德国国家科研数据基础设施将代表德国成为欧洲开放科学云协会的法定成员，并确保 EOSC 与国际发展无缝联系起来。欧洲层面的另一项数据基础设施计划是德国和法国提出关于经济和社会领域的 Gaia-X 科学合作，由 22 家法国和德国公司建立一个非营利性基金会来运营 Gaia-X，其目标是建立一个可以连接来自数十家公司云服务的平台②。2021 年 5 月，德国国家科研数据基础设施和 Gaia-X 合并了公平数据项目 Spaces，由德国联邦教育和研究部（BMBF）支持启动，共同考虑基于云数据空间的公平性。

此外，个别科学数据中心与国际组织展开合作。例如，GHGA 联盟（德国人类基因组档案馆）、欧洲基因组档案馆（EGA）和全球基因组学与健康联盟（GA4GH）共享基因组数据，以助于建立罕见遗传病数据库。德国对流层顶再分析数据存储库提供了对通过气象再分析估算的对流层顶参数的访问。该网站上提供的对流层顶数据集是使用欧洲中期天气预报中心（ECMWF）、美国国家航空航天局（NASA）、美国国家大气研究中心（NCAR）和美国国家环境预报中心（NCEP）发布的气象再分析创建的。德国世界大气遥感数据中心（WDC-RSAT）是为科学家和公众提供免费访问与大气相关的卫星数据集（从原始数据到增值数据）、信息产品和服务的不断增长的集合，该中心就是由德国航天中心、地球观测中心、德国遥感数据中心、德国汉莎航空公司、国际科学理事会、世界数据系统、世界气象组织等多家机构合作组成③。

---

① https：//zhuanlan. zhihu. com/p/51673151.

② https：//www. sohu. com/a/399872568_114877？ _trans_=000014_bdss_dkwhfy.

③ https：//www. re3data. org/repository/r3d100010156.

## 2.3.10 数据发展战略规划

数据是社会经济和科技发展的重要战略资源和竞争要素，全球众多国家将数据作为国家重要战略资源进行管理和使用，致力维护数据主权，发展数字经济和数字社会，围绕数据安全和隐私保护改进数据治理以应对重大风险挑战，同时通过高效的国际数据共享共同应对全球公共危机，以最终赢得话语权和竞争优势。德国注重数据经济的发展，制定了一系列的数据经济发展战略规划，从国家和数据中心两个层面进行介绍。

**（1）国家层面宏观战略规划**

国家层面宏观战略规划如表 2-11 所示。

表 2-11　德国国家层面主要的数据发展战略规划

| 战略规划名称 | 颁布时间 | 颁布机构 | 主要内容 |
| --- | --- | --- | --- |
| 《高技术战略 2006~2009》 | 2006 年 | 德国联邦政府 | 安全与健康生活、通信与移动技术、跨领域技术等 17 个尖端技术创新发展领域 |
| 《高科技战略 2020》 | 2010 年 7 月 | 德国联邦政府 | 气候/能源、健康/营养、交通、安全、通信等 5 大需求领域 |
| "工业 4.0 平台"① | 2013 年 4 月 | 德国机械及制造商协会等机构设立 | 推动工业的智能化、网络化发展，成为《高科技战略 2020 行动计划》中的一部分。2015 年发布《平台工业 4.0 发展报告》，提出了未来 20 年的发展战略，明确了下一代创新增长政策的重点和发展方向，强调了安全性和安全的自动化应被视为到 2035 年的挑战 |
| 《新高技术战略》 | 2014 年 8 月 | 德国联邦政府 | 信息通信技术、医学等 6 类领域计划，中小企业研发、科技人才等 5 类引导计划，工业 4.0、个性化医疗等 10 个专项计划 |
| 《数字议程（2014-2017）》 | 2014 年 8 月 | 德国联邦政府 | 提出"推动网络普及、网络安全以及数字经济发展"三个重要议程，使德国成为数字强国 |

---

① https：//zhuanlan.zhihu.com/p/645725528？ utm_ id＝0.

| 战略规划名称 | 颁布时间 | 颁布机构 | 主要内容 |
|---|---|---|---|
| 《2025 年数字战略》 | 2016 年 3 月 | 德国经济部 | 建设德国区位4.0，以广泛全面的促进措施帮助企业实现"工业4.0" |
| 《数字化行动计划》 | 2016 年 9 月 | 德国联邦政府 | 利用"工业4.0论坛"展示示范性项目，结合实践提出行动建议，对中小型工业企业的数字化给予特别支持；建设高速宽带网络，支持"工业4.0"和智能联网发展 |
| "数字平台"白皮书 | 2017 年 3 月 | 德国联邦经济与能源部 | 核心目标是实现公平竞争的基础上的投资创新增长，同时保障个人的基本权利和数据主权 |
| 《高技术战略2025》 | 2018 年 9 月 | 德国联邦政府 | 解决社会面临的挑战、构建德国未来的能力、营造开放的创新和风险文化等3大行动领域、12个优先发展主题 |
| 《人工智能战略》 | 2018 年 11 月 | 联邦经济部、教育部、劳动和社会部 | 该战略旨在发展和扩大德国和欧洲的人工智能生态系统，以加强对人工智能的全面应用。到2025年，联邦政府希望为该战略实施提供总计约50亿欧元资金 |
| 《国家工业战略2030》 | 2019 年 2 月 | 德国联邦政府 | 扩大政府产业扶持范围，重点向高端制造业和前瞻性高新技术行业倾斜 |
| 《区块链战略》 | 2019 年 9 月 | 德国联邦经济部、财政部 | 战略明确五大领域的行动措施，包括在金融领域确保稳定并刺激创新；支持技术创新项目与应用实验；制定清晰可靠的投资框架；加强数字行政服务领域的技术应用；传播普及区块链相关信息与知识，加强有关教育培训及合作等 |
| "Gaia-X" | 2019 年 10 月 | 德国联邦政府 | 宣布了针对泛欧洲市场的云计划—"Gaia-X"，旨在建立一个安全的数据基础架构，以减少欧洲对Amazon、阿里云等外国云厂商的依赖。目标是为欧洲，为欧洲各国政府、企业和公民开发新一代的欧洲数据基础设施，并创建一个"强大、有竞争力、安全和可信赖"的基础架构 |

续表

| 战略规划名称 | 颁布时间 | 颁布机构 | 主要内容 |
|---|---|---|---|
| "未来一揽子计划" | 2020 年 6 月 | 德国联邦政府 | "绿色"和"数字"成为该计划的两大支柱,共计投入 500 亿欧元 |
| 《数字化实施战略》V5.0 | 2020 年 9 月 | 德国联邦政府 | 分为"数字能力"、"数字基础设施与设备"、"创新与数字化转型"、"数字化变革中的社会"和"现代化国家"五个部分,覆盖数字化相关项目 145 个,包括步骤节点 663 个 |
| 《联邦政府数据战略》 | 2021 年 1 月 | 德国联邦政府 | 确立了四大行动领域,分别是构建高效且可持续的数据基础设施、促进数据创新并负责任地使用数据、提高数字能力并打造数字文化、加强国家数字治理。把德国科学数据中心纳入联邦政府数据战略的一部分。计划未来十年对海量研究数据、临时性研究数据进行汇集和价值提取,以便开展跨学科交流和提供更好的数据访问、研究结果分享,以此增加商业、科学、社会和行政管理领域中数据的收集和使用,打造数据文化 |
| "6G 技术" | 2021 年 4 月 | 德国联邦政府 | 德国联邦教研部启动德国首个 6G 技术研究倡议,发布相应的资助准则,推动 6G 技术作为 5G 替代应当在 2030 年左右进入通信网络。为此,德国政府计划至 2025 年前投入 7 亿欧元用于技术研发,首次研究倡议资助金额达到 2 亿欧元,用于奠定新通信技术创新体系的基石 |
| "开放数据" | 2021 年 6 月 | 德国联邦政府 | 德国政府通过第二版《开放数据法案和数据使用法案》,要求几乎所有联邦行政机关提供开放数据,开放研究数据。旨在为公共部门的数据创建统一、非歧视性的使用条件,并由此替换此前的《信息继续使用法案》 |

**（2）国家科学数据中心层面战略规划**

以几个典型的德国国家科技数据中心为代表,介绍德国国家科学数据中心层面的战略规划（表 2-12）。

表 2-12　德国科学数据中心发展规划

| 科学数据中心名称 | 战略规划 | 规划年 | 针对科学数据的事项 | 其他 |
|---|---|---|---|---|
| 德国癌症登记数据中心（ZfKD） | 《德国癌症登记数据中心发展规划（2023～2024）》 | 2023～2024 年 | 合并德国联邦州癌症登记处的临床和流行病学数据与癌症登记数据中心数据，建立全面数据库。癌症登记处每年向癌症登记数据中心传输的数据集将补充各种临床数据，创建一个数据池平台 | 每两年发布一次《德国的癌症》报告；每五年发布一份总结报告，详细介绍德国在癌症预防、早期发现、治疗和后期护理方面的发展及国际比较；罗伯特科赫研究所通过癌症登记数据中心为科学家提供选择的数据集进行二次评估 |
| 德国联邦职业安全与健康研究中心（FDZ BAuA） | 《德国联邦职业安全与健康研究中心发展规划（2022～2025）》 | 2022～2025 年 | 计划的结构框架由四个战略行动领域构成，每个领域都有具体的目标、重点和实施措施 | |
| 德国高等教育研究和科学数据中心（FDZ-DZHW） | 《德国高等教育研究和科学数据中心规划》 | 2019 年至今 | 建立高等教育研究和科学研究领域研究数据基础设施的可持续发展模式；建立研究领域的多元化数据组合，在数据摄取和数据提供方面提供高质量的服务；通过各种有质量保证的数据访问和英文文档，实现数据在国内和国际上的共享 | 与其他研究数据基础设施机构建立联系、交流与合作，以改善对研究数据的访问 |
| 考古与古典科研科学数据中心（IANUS） | 《考古与古典科研科学数据中心发展规划》 | 2017 年 | 它将科学数据中心确立为一个集中的、特定于学科的中心 | 为长期数字归档提供了完整的技术基础设施 |

1）德国癌症登记数据中心。根据《联邦癌症登记数据法案》的要求，德国各州的癌症登记处将数据传输至德国癌症登记数据中心，由该中心对这些数据进行合并、质量检查、分析和评估，并与各州公共卫生机构合作公布结果。其战略规划首先在 2023～2026 年，将德国各州癌症登记处的临床和流行病学数据与癌症登记数

据中心数据合并，为癌症研究提供更全面的数据库。分两个阶段进行：第一，在 2023 年初，癌症登记处每年向癌症登记数据中心传输的数据集将补充各种临床数据，特别是将添加有关治疗和疾病过程的最重要信息。此外，传输数据的期限将从两年缩短至一年，数据集也可以在申请时提供给第三方进行科学研究。同时将成立一个新的科学委员会，与癌症登记数据中心一起评估申请。第二，将创建一个数据池平台，以允许访问登记处中的更多更新数据，并将癌症登记数据与登记处不可用的其他科学研究数据联系起来，癌症登记数据中心将作为应用程序和数据使用注册的中心联络点。其次，到 2024 年底，癌症登记处、癌症登记数据中心和来自医疗保健及研究领域的其他利益相关者，将共同为平台制定相关规则①。

2）联邦职业安全与健康研究所的研究数据中心。该中心提供了机构研究中选定的数据、公众使用的文件既可供科学家使用，也可供感兴趣的公众使用。该中心确定了 2022～2025 年的研发、监管、政策建议和实际转移领域的主要活动计划。该计划的结构框架由四个战略行动领域构成，每个领域都有具体的目标、工作重点和实施措施②。

3）德国国家考古与古典科研科学数据中心。该中心作为 DFG 资助的一个项目，其发展规划是将科学数据中心建设为一个集中的、特定学科的中心，它将研究数据管理和研究相关信息的生命周期的问题和答案捆绑在一起。此外，IANUS 为长期数字归档提供了完整的技术基础设施。目前，该中心正与来自国家考古机构、大学和博物馆的伙伴合作，将 IANUS 项目转换为古典研究社区服务的永久性运营形式，正在讨论通过 NFDI 倡议继续为社区服务。研究数据管理问题越来越多地影响着经典研究，IANUS 解决了使用数字数据和方法带来的机遇和挑战。IANUS 为此提供数据和服务基础设施，在联邦各州、机构和项目期限内定期提供（信息技术）信息和数据处理，以及为此需要的硬件和软件的通用术语、IT 的缩写、英语的发音等服务，并实施经过专业调整的技术解决方案。IANUS 还设置了现场检查，除了检查之外，还委托专家评论 IANUS 的技术基础设施，以及法律形式和法律框架，并提出建议③。

4）德国高等教育研究和科学科学数据中心。该中心由联邦教育和研究部资助建设成立。2017 年 12 月，该中心获得德国数据论坛的认可，并按照德国数据

---

① https://www.krebsdaten.de/Krebs/EN/Home/homepage_node.html; jsessionid = 7A69710246F316125 357FAB8ED1949F2.internet071.

② https://www.baua.de/DE/Angebote/Forschungsdaten/Forschungsdaten_node.html.

③ https://ianus-fdz.de/.

论坛的标准运行。自 2019 年起，该中心成为德国教育研究数据网络的合作伙伴。目前该中心建立了高等教育研究和科学研究领域研究数据基础设施的可持续发展模式；建立了研究领域的多元化数据组合，在数据获取和数据提供方面提供高质量的服务；通过各种有质量保证的数据访问和英文文档，实现数据在国内和国际上的共享；与其他研究数据基础设施机构建立联系、交流与合作，以改善对研究数据的访问；为科研提供数据服务；提供搜索门户及详细的元数据搜索服务；提供数据文档的方法报告、数据集报告服务，为数据用户和数据提供者提供咨询等①。

## 2.3.11　前沿研究方向与发展趋势

### （1）国家科学数据中心前沿研究方向

德国国家科学数据中心的前沿研究方向主要集中在数据管理、数据科学、人工智能和联动挖掘服务四个方面。科学数据中心与联邦/州政府、高等教育机构、非大学研究机构、商业机构联合，制定数据处理标准、程序和指南以及跨学科元数据标准的发展；开发可靠且可互操作的数据管理措施和服务，以满足感兴趣部门的需求；超越主题界限，提高现有数据的可重用性；改善与德国学术研究系统以外具有研究数据管理专业知识的合作伙伴的连接与协作；与其他科学数据中心一起参与开发和建立通用的、跨数据中心的研究数据管理服务和标准。在资格要求方面，国家资助和国家认可的高等教育机构、非大学研究机构、专业研究机构、学术机构和公共资助的信息基础设施有资格获得资助，要获得资助的机构或设施必须是德国法人实体或由德国法人实体运营，两者都必须符合非营利/公共利益要求。科学数据中心旨在确保获取和使用与其利益群体及可持续性相关的研究数据。为此，科学数据中心必须制定健全的数据管理战略，现有的结构和服务应有助于 NFDI 的资助与运营，并纳入数据中心。

### （2）国家科学数据中心发展趋势

1）德国的科学数据中心的组织建设趋势为跨区域、跨领域的国际合作。例如，德国癌症登记数据中心合并了德国联邦州癌症登记处的临床和流行病学数据，并对这些数据进行合并、质量检查、分析和评估，使癌症登记与当前科学研究状态保持同步。在此数据集的基础上，该中心必须为数据收集和处理制定额外

---

① https://fdz.dzhw.eu/en/.

的规范，以确保技术、语义、句法和组织互操作性。癌症登记数据中心为此成立一个科学委员会和科学顾问委员会，为癌症登记数据中心提供战略指导。

2）德国的科学数据中心的技术发展趋势有外包商业机构、与商业机构联合开发、联邦/州政府项目资助研发等多种形式。科学数据中心本质上是一个拥有一组网络连接的计算机，这些计算机承载信息技术服务及任何支持性基础设施。科学数据中心是一个结构或一组结构，位于一个单独的站点上，专门用于提供数据存储、处理和传输服务的信息技术和网络电信设备的集中、互连和操作。例如，德国和法国合作建立的 Gaia-X 和德国推广的科学数据基础设施建设，借助合作技术的发展，创建了数据生态系统框架，保护数据主权、数据可用性、互操作性和可移植性，同时为科学数据中心的技术发展提供更加广阔的技术发展与合作的空间。

# 2.4　法国国家级科学数据中心发展态势

## 2.4.1　概述

法国是传统的工业大国和经济强国，科研实力强大，拥有悠久的科技传统和卓越的科研体系，是世界科技强国之一。在信息化战略的推动下，法国大数据产业也逐步发展起来，已经渗透到社会经济生活的多个领域，影响着人们的生活和工作，甚至于城市管理、公共管理等国家功能的实现都开始受到大数据的影响。数据中心可以说是我们今天使用的所有数字服务的基础，逐步成为一个国家主权性问题，因此，法国和各个省级城市的数据中心的数量逐年增加，2023 年法国数据中心总量达到 314 个[①]，根据 MonitorIntelligence 的数据，"数据中心服务"市场正在蓬勃发展，到 2020 年价值已近 490 亿美元，预计到 2026 年将增长到 1050亿美元以上[②]。

## 2.4.2　总体布局

从科学数据具有的特征和数据中心指标体系来进行界定，法国国家级科学数

---

[①]　https://www.statista.com/statistics/1228433/data-centers-worldwide-by-country/.

[②]　https://www.atera.com/fr/blog/data-centers-et-infrastructures-informatiques-en-france/.

据中心有 7 个，如表 2-13 所示，包括等离子体物理数据中心、法国地震和大地测量网、国家生物多样性数据中心、海洋科学信息系统、巴黎天文数据中心、IPGP 数据中心和 CIRAD 数据空间。检索 WOS 数据库，截至 2023 年 11 月，法国国家级科学数据中心发表的科技论文中（表 2-13），法国国际农业发展研究合作中心（CIRAD）数据空间发文量最多，有 26589 篇，位居科学数据中心发文榜首；其次是 IPGP 数据中心，发文 667 篇。

表 2-13　法国国家级科学数据中心名称及 WOS 发文量

| 序号 | 所属机构 | 国家级科学数据中心名称 | 发文量 | 网址 |
|---|---|---|---|---|
| 1 | 法国国家太空研究中心（CNES） | 等离子体物理数据中心（CDPP） | 9 | http://www.cdpp.eu/ |
| 2 | 国家环境研究联盟（AllEnvi） | 法国地震和大地测量网（RÉSIF） | 10 | https://seismology.resif.fr/ |
| 3 | 国家自然历史博物馆（MNHN） | 国家生物多样性数据中心（PNDB） | 1 | https://data.pndb.fr/ |
| 4 | 法国海洋开发研究院（IFREMER） | 法国海洋科学信息系统（SIS-MER） | 1 | http://data.ifremer.fr/ |
| 5 | 巴黎天文台（Observatoire de Paris） | 巴黎天文数据中心（PADC） | — | https://padc.obspm.fr/ |
| 6 | 巴黎地球物理研究所（IPGP） | IPGP 数据中心 | 667 | http://datacenter.ipgp.fr/data.php |
| 7 | 法国国际农业发展研究合作中心（CIRAD） | CIRAD 数据空间 | 26589 | https://dataverse.cirad.fr/ |

法国科学数据中心主要分布在巴黎。但也有例外，如法国地震和大地测量网位于格勒诺布尔，海洋科学信息系统在布雷斯特。

法国科学数据中心研究领域广泛，涉及的学科领域主要有自然科学、物理学、量子光学、天体物理学、天文学、地球物理学、大地测量学、生物学、生命科学、海洋学、大气科学等。

具体来讲，等离子体物理数据中心主要研究方向为自然科学、物理学、量子光学、天体物理学和天文学；法国地震和大地测量网主要研究地球物理学、大地测量学、地理学和自然科学；国家生物多样性数据中心主要研究生物学和生命科学；海洋科学信息系统主要研究海洋学、大气科学、地理学和自然科学；巴黎天文数据中心主要研究天体物理学、天文学、光学和自然科学；IPGP 数据中心主要研究地球物理和自然科学；CIRAD 数据空间主要研究人文社会科学、生命科学和自然科学。法国国家级科学数据中心在持续不断地进步。例如，等离子体物理数据中心（CDPP）不断提高其能力，以促进对这些数据的科学利用与有效共享。为此，CDPP 开发了有助于数据提取、处理和分析的工具和服务。此外，CDPP 还参与了互操作性和虚拟天文台的开发。

## 2.4.3 数据管理政策

法国数据管理历史较早，自 20 世纪初以来，法国政府一直寻求保护其公民的隐私。1978 年法国政府颁布《法国数据保护法》，也称为《信息与自由法》，旨在保护个人数据和确保法国公民隐私，保护个人的基本权利和自由，例如在处理个人数据方面的隐私权，确保个人对其个人数据拥有控制权，并确保收集、处理和存储个人数据的企业和组织以透明、公平和合法的方式进行。在 1978 年法案中，法国是第一个为收集、处理和使用个人数据引入广泛隐私法的欧洲国家。该法案于 2004 年进行了修订，以符合欧盟（EU）数据保护指令并加强个人权利。2016 年，该法案进一步修订以实施 GDPR。

另外，法国政府设立了专门的科学数据有关机构来支持与监管科学数据及其相关的发展。例如法国国家信息自由委员会（CNIL）是独立的法国行政机构，它是欧盟第 29 条数据保护工作组（G29）重要组成结构之一。其主要任务包括确保信息科技不侵犯人权、隐私及个人和公民自由，负责决定数据收集和使用的条款，实现欧洲数据保护规则标准化等。此外，法国政府发布了多项数据管理政策来规范科学数据中心行为，促进科学数据中心发展。

表 2-14 列举了部分法国政府颁布的关于数据的管理政策与相关法规。

**表 2-14　法国数据相关管理政策**

| 政策名称（体系） | 时间 | 针对主题 |
| --- | --- | --- |
| 法国《数据保护法》（FDPA） | 1978 年 | 该法案的目的是保护个人的基本权利和自由，该法案适用于在法国处理个人数据的所有企业和组织，无论它们是否位于法国。它涵盖了个人数据的自动和手动处理，包括存储在计算机上的数据、纸质文件或任何其他格式的数据 |
| 法国《信息社会法案》 | 2006 年 | 加强对互联网的"共同调控"，充分保护网民的隐私权、著作权以及国家和个人的安全 |
| 法国《开放数据发布指南》 | 2014 年 | 规范政府开放数据的发放，从标题、描述、数据集涵盖的地理范围及颗粒度、数据集时间范围和频率、开放协议、关键词、可视度、资源、数据发布部门、联系方式和主题 11 项内容进行了明确规范 |

| 政策名称（体系） | 时间 | 针对主题 |
|---|---|---|
| 法国海洋科学信息系统数据管理政策 | 2014 年 | ifremer 被授权管理海洋信息和数据，其创建法令规定（第 1 章第 4 条第 6 款），该平台负责"收集、传播和利用国家和国际信息"。其职责是建立程序和 IT 系统来接收数据，格式化和控制数据，引用数据，确保数据的长期可持续性，确保其可用性并允许其在互联网上的在线门户上或按需传播① |
| 法国《第 2016-1321 号法，数字共和国》 | 2016 年 | 对《知识产权法典》立法部分第 L. 122-5 和 L. 342-3 条进行了修订。修订规定的版权例外包括：①为非商业性科学研究目的进行的文本和数据挖掘，允许公众和研究人员分析其合法获取的科学数据；②全景自由，仅限于非商业用途，涉及复制和展示永久置于公共场所的自然人创作的建筑作品和雕塑 |
| 法国《个人数据保护法》 | 2018 年 | 该法的主要特点为：一是扩大责任主体范围，明确监管对象除了包括法国境内的数据控制者和运营商，也包括需要使用法国民众个人数据的境外单位和个人；二是扩展法律义务范围，加入特殊文件备案登记、高风险活动事前审查、重要数据加密处理等审查义务；三是明确管理部门职能，进一步强调 CNIL 对个人信息数据的使用和控制行为具有管理和监督的职责与权力，并规定了其职权范围和权力行使程序（李卉等，2022）② |
| 国际海洋学数据交换政策 | 2019 年 | 在 2019 年 6 ~ 7 月第 30 届会议期间，国际奥委会大会对国际奥委会海洋数据交换政策（2003 年）（第 5 条）进行了修订。该政策表明及时、自由和不受限制地进行海洋学数据的国际交流，对于有效获取、综合和利用世界各国为各种目的收集的海洋观测资料至关重要。该政策的目的包括预测天气和气候、海洋环境的业务预报、保护生命、减缓人类引起的海洋和沿海环境变化，以及使科学进步成为可能③ |

**（1）数据中心管理目标**

法国国家科学研究中心（CNRS）下的所有研究所都以可持续发展为目标。2015 年 9 月 25 日在纽约举行的峰会上，193 个国家通过了 2030 年可持续发展议程，阐述了 17 个目标和 169 个具体目标，旨在全球变化的背景下，消除一切形式的贫困和不平等。可持续发展目标旨在改变我们的社会，使其在尊重地球的同时更加公正、和平和繁荣。这个目标的实现需要所有人的参与，并且必须以科学知识为基础。

**（2）数据中心管理趋势**

法国数据中心管理趋势为从控制到共享。为了确保系统的整体正常运行，从而产生可靠和标准化的信息，数据受到数据管理者和科学团队的控制和处理。运用强大的计算手段，整合来自不同来源的数据，考虑到不同的时间和空间尺度、可视化、制图、地质统计处理、模型。所有数据都存储在数据库中，以便在互联网按需接收、格式化、描述、分类，确保可用性和可传播性。此类科学数据的传播与共享是在与收集信息的科学团队达成协议并遵守国家和国际指令［如奥胡斯公约、欧洲空间信息基础设施（INSPIRE）指令］的规则框架内进行的。数据管理和相关处理旨在根据每个学科的质量标准，保证所管理信息的完整性和持久性及其与科学技术水平的充分性。

**（3）数据中心管理政策**

法国发布过很多关于信息数据保护的条例和法规（表2-14），如法国《信息与自由法》、法国《个人数据保护法》等。法国科学数据中心设有专门管理人员对数据进行管理。一些科学数据中心每个极点都有一个指导委员会、一个科学委员会、一个执行委员会、一个管理和项目团队。法国国家卫星图像集中供应体制机制（DINAMIS）等跨学科系统有一个指导委员会和一个执行秘书处。上述机构协同进行数据管理。

## 2.4.4 建设现状

近年来，法国政府日益意识到创新工程的重要意义，加大了信息系统基础设施的建设，加大了对数字创新领域的投资。在法国，智慧城市建设集中体现了大数据产业的发展水平和现状。智慧城市建设以大数据技术的研究和利用为主要内容，这些知名企业纷纷设立专门的工作室和实验室从事智慧城市设计和研发。法国工业的先锋施耐德作为"能效专家"，利用大数据有望成为大数据时代的绿色IT引领者，实现绿色节能。

法国政府重视信息系统基础设施建设，大力建设数据中心。2006年以来法国政府投资部支持了16个重大的数据中心项目，这些项目和其他数据公司联结起来可以覆盖法国主要的互联网交换点，是法国信息系统基础设施中重要的一部分。法国重要的运营商在法国和其他国家都在经营数据中心，如美国IBM公司就在法国建立了面积为10000平方米的数据中心。

随着法国大数据产业的发展，法国科学数据中心发展形势蓬勃有力。法国科学数据中心的学科布局重点为跨学科，通过跨学科汇集学科数据来推动科学发展。这种情况可能发生在既定的学科领域内，也可能发生在相差较远的学科（如物理学和哲学）之间。新的概念、方法和创新的解决方案是这种跨学科合作的结果。

法国科学数据中心研发了具有特色的数据产品及工具，如地球系统数据和服务中心（Data Terra）开发了涉及社会、农业、生态等领域的数据产品，设立了科学工作组，根据每个方向主题（大气、海洋、大陆表面或固体地球）设置了自己的科学战略，并依靠科学委员会来确定产品和服务发展的战略方向；但是，许多科学问题需要访问多个主题的数据和服务才能回答跨领域问题。科学工作组的作用是帮助 Data Terra 的管理人员根据每个方向的战略主题定义和实施研究基础设施（RI）的科学战略。自 2020 年以来，科学工作组一直在制定一份文件，该文件定义了专题方向（陆海连续统筹和关键区的综合方法、城市动态、气候和水循环、粮食安全、环境危害的综合方法）的几个优先横向挑战以及对社会、生物多样性动态、农业生态学、能源等的影响。为了应对这些科学挑战，能够从多个来源提取和组合数据至关重要。IR Data Terra 提供的新集成服务必须调整规模以克服科学和技术障碍，以开发高质量的合成数据产品①。法国数据中心的技术设备不断完善，法国国家科学研究中心（CNRS）与法国、欧洲及其他国际合作伙伴一起设计和实施超大型基础研究设施（TGIR）和基础研究设施（IR），以造福整个科学界。各个领域研究前沿的国际团队，受益于最高端的设备（望远镜、高能物理加速器、中子和同步辐射源、激光和强磁场、高性能计算手段等），致力于各个领域研究前沿的国际团队都因此受益。这些设备在法国国家科学研究中心下属的数据中心都可使用。

## 2.4.5 经费投资

法国政府为实现"通过发展创新型解决方案，并将其用于实践，来促进法国在大数据领域的发展"目标，于 2013 年 4 月投入 1150 万欧元支持 7 个未来投资项目。2013 年 7 月，法国政府公布了"未来十年投资计划"，其中 22 亿欧元投向重点关注的科研、数字经济等领域。接着，法国的中央和地方政府均采取行动为数据发展各领域提供财政支持。在 2020 年启动的法国复兴计划中，中央政府拨款 17 亿欧元用于国家数字化转型。与此同时，这项计划还包含由国家信息安全社牵头负责的网络安全板块，于 2021～2022 年期间在该领域投入 1.36 亿欧元。在 2017 年至 2020 年间，为促进公共服务转型，公共转型部际局调动公共行动转型基金 7 亿欧元、创新和数字化转型基金 2.92 亿欧元以及地方当局转型基

---

① https://www.cnrs.fr/en/cnrs.

金 8800 万欧元，分别用于提高向民众和企业所提供服务的质量，促进国家的数字化转型和创新，支持地方数字化转型和创新。在地方政府层面，为提升数据容量和治理能力，巴黎市政府在 2014 年至 2020 年间计划投入 10 亿欧元用于智慧城市技术（马晓悦等，2022）。另外，法国中小企业、创新和数字经济部推出大数据规划，计划 2013 年至 2018 年在巴黎等地创建大数据孵化器，通过公共私营合作方式投资 3 亿欧元。

法国数据中心的发展除了国家大力支持外，还有有关部门的资金支持，支持机构主要涉及欧盟、科研院所和第三方机构（类似以利润获得为目的的公司）。还有一些科学数据中心由基金设立。例如，等离子体物理数据中心（CDPP）的项目欧特星球 H2020 研究基础设施，是由欧盟的地平线 2020 研究和创新计划根据第 654208 号赠款协议提供资金①。

地球系统数据和服务中心对一些项目进行投资。地球系统数据和服务中心（Data Terra）的未来投资计划：盖亚数据项目（GAIA）得到了国家数字研究所的支持。2021 年，该项目在 PIA3 EquipEx+活动征集框架内，经负责遴选项目的国际评审团评选并获得 A+评分（最佳评分），其目标是开发和实施一个综合和分布式的服务和数据平台，用于对地球系统、生物多样性和环境的观察、建模和理解，这些服务面向科学界和社会经济参与者。数据服务来源于卫星、船舶、飞机、无人机、潜水器、气球、原位设备、库存、天文台和实验获得的数据以及参考模拟获取的多源数据。

## 2.4.6　人员情况

科学数据中心的发展和科研人员息息相关。法国科学数据中心的科研人员很多，由专门管理人员管理，同时接受公民监督。有些科学数据中心设有管理委员会，管理委员会由管理团队和数据与服务中心的部门组成，如地球系统数据和服务中心（Data Terra）有 400 名科学家、工程师、技术人员，并拥有超过 15 000 名用户。

法国数据中心注重对人才的实践性和创新性进行培养。实践和创新对科研来说不可或缺，是非常重要组成部分。法国科学数据中心还对成员进行培训，并奖励对其影响力和研究进步做出重大贡献的人，促进形成良性竞争，从而共同进步。

---

① http://www.cdpp.eu/.

## 2.4.7 提供的数据服务

不同的科学数据中心提供不同数据服务，重点开展可交互性数据服务和开放共享数据服务。公民可以通过网页了解数据中心。科学数据中心通过组织协会活动，出版一些出版物来推介科学数据。例如，巴黎天文数据中心每年都会有相关出版物出版。法国科学数据中心的服务模式可以归结为以下几点。

**（1）提供数据的二次加工数据（再处理数据）**

当测量数据到达数据库时，由于传感器问题、解码数据时出现问题或其他原因，可能导致数据存在缺陷。根据主要国际计划，为满足国际标准，法国海洋数据库（SISMER）进行了数据质量控制，包括客观控制和主观控制，使交付给用户的数据更加可靠，允许在欧洲和国际层面进行一致和可比较的数据交换。对于实时观测，时间序列的每个数据集都经过一系列自动控制，为数据文件的每个数值分配一个指标结果。

科学数据中心有几个检查级别，根据处理的数据类型，检查级别会有所不同。从最初级到最高级，有不同级别的检查控制，其具体取决于数据类型。如船舶数据，由 GENAVIR 提供数据控制，仅限于检查所提供数据的时间（采集日期）和空间（位置）参考的一致性。如物理和化学数据，自动和直观地检查数据，并为每个数据和元数据分配一个质量指标。如海洋学数据，对数据集进行客观分析，重新检查数据，对数据进行校正。如卫星数据，提供最高处理水平，对数据集进行再处理①。

**（2）提供数据分析的工具软件**

为了促进科学数据中心及其法国、欧洲和国际合作伙伴管理的数据集的统一，法国海洋开发研究所提供了一些用于管理和处理海洋环境数据的软件。根据"公开获取"类型的许可，可以免费获取软件，但不支持访问源代码。以下是选取的一些可用的软件：① Nemo，用于垂直剖面图和时间序列的格式转换软件。② 3D Viewer，用于查看三维数字地形模型的软件。③ Globe，用于操作和显示 3D 海洋数据的处理软件。

**（3）数据服务取得了较好的成效**

法国科学数据中心取得了不少关于数据方面的成就。例如，地球系统数据和

---

① http://data. ifremer. fr/.

服务中心（Data Terra）的 ODATIS 集群的数据和产品目录，是专门针对海洋观测的数据集，并提供多种数据访问服务工具，如带有选择过滤器的搜索服务、数据描述服务（通过两个选项卡："预览"和"完成"）、可视化服务和直接下载服务。

THEIA 集群的数据目录，可访问和下载获得连续和定期生产的地表观测产品，并提供按日期、位置、传感器或主题的搜索功能。

## 2.4.8 数据相关知识产权保护

法国数据相关的政策体现在数据知识产权方面的重点是数据引用相关制度和数据管理的相关措施。在遵守相关法规下，法国在大力推动科学数据开放的同时，其对数据的一些明确限制和设立的诚信和伦理委员会，对数据的保护发挥了重要的作用。

**（1）数据引用方面**

法国数据中心公开的数据，公民在遵守相关法律法规下可以公开使用这些数据。例如，等离子体物理数据中心 CDPP 在 STAF 中存档数据，用户可以通过浏览数据目录快速查找、搜索数据。法国大多数可用数据及相关文档都是可以公开浏览的。订购公共数据只需要一个有效的电子邮件地址，而订购私人数据需要完整注册和 CDPP 团队的同意[①]。

海洋科学信息系统除非另有说明外，其网站上的数据和信息对进行非商业活动应用是免费的，包括对公共政策的研究、教育和科学的支持。但是，根据现行法律框架，数据的访问受以下监管和附加规定的约束：

1）在以下情况（Inspire 指令提到的例外情况）下传播受到限制：①涉及敏感环境区域或生态系统的轮换；②涉及保护法国的经济利益（矿产，生物资源等）或战略利益；③在合同框架内获得未带传播条款的数据等。

2）未经 Ifremer 明确同意，不得将访问的数据重新分发给第三方。在非免费服务的背景下使用数据，包括提供非免费分发的衍生产品，需建立用户合同。在这种情况下，需联系 SISMER，该服务将与相关的 Ifremer 服务起草商业提案。访问无法在线发布的大量数据，提取或编译数据的请求将根据 Ifremer 的现行费率按时间开具发票。

---

① http://www.cdpp.eu/.

### （2）数据管理方面

法国对其数据中心进行保护。NRS 下的所有数据中心都应遵守科学诚信，它设置了涉及科学诚信、伦理等委员会。科学诚信是指管理科学活动并保证其真实的一套规则和价值观。它对于科学的可信度和社会对科学的信任至关重要。科学不端行为通常被称为"FFP 欺诈三部曲"（数据捏造、数据伪造、剽窃），并辅以一个大的"灰色区域"，其中包括与出版物有关的可疑行为，甚至是通过隐藏链接制作的专业知识。

法国数据中心的管理政策十分严格，设有科学诚信顾问（RIS）领导科学诚信团队（MIS）。该团队一方面干预不当行为指控的处理，另一方面与道德顾问合作，培训和提高员工对科学诚信和伦理的认识。

## 2.4.9 国内国际合作

随着科技发展速度的加快，科研合作的重要性逐渐被接受，从国家层面到科学家个人，都特别强调科研合作。法国科学数据中心的发展也离不开合作，下面分别是法国与国际、法国与欧洲和法国国内的合作项目。

### （1）国际合作

地球观测组织（Group on Earth Observations，GEO）是一个政府间组织，由109 个成员国政府和 136 个参与组织组成，GEO 是为了响应 2002 年可持续发展世界首脑会议和八国集团的呼吁而发起的。它致力于以一种易于理解、开放、协调与可持续的方式，促进和发展对地球观测数据的访问，以实现全人类的可持续发展。GEO 是政府和国际组织的志愿伙伴关系，它提供了一个框架，这些合作伙伴可以在其中开发新项目并协调他们的战略和投资。GEO 提议和支持的地球观测数据，包括来自原位平台和公民天文台的卫星与航空数据，这些数据也为国际科学界研究地球系统和可持续发展提供服务。数据涵盖陆地、海洋和大气环境，对于预测地球系统未来演变的模型至关重要，支持全社会在面对全球变化时能够减轻风险。

ODIP2 是一个海洋数据互操作性平台，旨在促进通用标准、原型的开发，为评估和测试互操作性提供解决方案，并通过发展国际合作促进传播和技术转让（欧洲、美国和澳大利亚）。该项目旨在改善在欧洲、北美和澳大利亚建立的主要海洋观测或数据管理基础设施的互操作性。在该项目中，Ifremer 特别参与了基于国际标准传感器网络支持在海上活动（海洋船舶）期间获得的数据的描述和交换，以及自主天文台的描述，这使得在互联网上，从传感器到用户的数据和相关元数据的交换成为可能①。

**（2）欧洲合作**

获取海洋数据对海洋研究至关重要，也是从气候变化预测海上工程等各种研究的关键所在。由 Ifremer 协调的欧洲项目——"泛欧海洋和海洋数据管理基础设施"（Sea Data Net/Sea Data Cloud）于 2006 年 4 月 1 日启动。该项目汇集了来自欧洲和地中海国家的 49 个合作伙伴，以及来自欧洲、美国和加拿大的科学顾问。Sea Data Net 的原则是将 40 个现有的国家数据中心连接在一起，开发一个虚拟数据中心，以标准化、集成的形式，通过单一门户提供这些"互操作"平台的数据、元数据、产品和服务。这是通过采用基于 ISO 地理目录标准的通用通信标准，使用通用程序和兼容性的数据质量控制以及使用最合适的通信技术来实现的②。

为了推进欧洲开放科学云（EOSC）的实现，德国和荷兰设立了国际办公室来支持 GOFAIR。GOFAIR 是一项倡议，旨在开发一个数据丰富的国际研究环境。法国于 2017 年加入，并为国际支持与协调办公室（GOFAIR International Support and Coordination Office，GFISCO）做出贡献。GOFAIR 倡议提供了一种开放和合作的方法，所有成员国、研究机构、数字基础设施社区和可能的行业都可以支持或做出贡献。所使用的共享研究数据和数字服务符合 FAIR 的四个原则：易于查找（F）、可访问（A）、可互操作（I）和可重复使用（R）。FAIR 数据和服务可以使得不同学科和不同国家重复使用研究数据，从而有助于产生新知识。

**（3）国内合作**

法国科学数据中心在国内的合作注重跨学科发展，通过跨学科汇集学科数据来推动技术进步和科学发展。例如，在数据中心重点布局领域高能物理与地球系统的跨学科合作来实现地球物理学科学数据快速高质汇聚，甚至学科跨度较大的领域，如人文社会科学、生命科学和自然科学之间也进行合作。

另外，学科数据与行业进行紧密合作，如物理学科与船舶行业结合，开展的 OPTIROUTE 项目是 OPTNAV 项目的延续，该项目使用工具以优化正在建造或改装的船舶的水动力性能。它的目的是通过在路由软件中集成精确考虑船舶对其操

---

① http://data.ifremer.fr/SISMER/Cooperations/Internationales/ODIP2.
② http://data.ifremer.fr/SISMER/Cooperations/Europeennes/SeaDataCloud.

作环境（海况、风等）的响应，减少船舶的能源消耗，提高船舶的安全性并延长船舶的寿命。为此，该项目包括建立一个能够考虑船舶水动力、空气动力的路由工具。对于 Ifremer 来说，这主要是为了证明波浪和电流模型数据的相关性，以帮助优化船舶航线。模型的结果将与实际航行的测量结果进行比较，这些测量结果记录了连续的参数（销售、波浪、能源消耗、航向、位置等）。该项目将使 LPO/LOS 能够资助一项海况测量运动，以便更好地校准模型①。

## 2.4.10　数据发展战略规划

在信息化战略的推动下，法国大数据产业逐步发展起来，影响着人们的方方面面。法国政府从战略规划层面也对大数据的发展做了部署。

2013 年 12 月，法国政府发布《数字化路线图》，明确了大数据是未来要大力支持的战略性高新技术。法国政府以新兴企业、软件制造商、工程师、信息系统设计师等为目标，开展一系列的投资计划，旨在通过发展创新性解决方案并应用于实践，来促进法国在大数据领域的发展。2018 年发布了《人工智能国家战略》。该战略旨在推动法国在人工智能领域的发展，以及在人工智能的伦理和法律方面进行探索和研究。该战略的主要目标是：通过投资和创新，将法国打造成为人工智能领域的全球领导者。通过培养人才和加强合作，推动法国在人工智能领域的发展。通过制定法律和伦理准则，确保人工智能的安全和可靠性。此外，法国政府还发布了《数字共和国战略》、《创新 2025 规划》和《新工业法国规划》等战略规划，积极支持大数据产业发展。

另外，法国中小企业、创新和数字经济部推出大数据规划，在 2013 年至 2018 年在法国巴黎等地创建大数据孵化器，通过公私合作方式投资 3 亿欧元，向数百家大数据初创企业发放启动资金。与此同时，一些法国科学数据中心也发布了中心的战略规划，表 2-15 展示了部分法国科学数据中心发展规划。

**（1）长期规划**

欧洲行星 H2020（The Europlanet H2020）由欧盟委员会的 Horizon 2020 计划资助，从 2020 年 2 月到 2024 年 1 月运行四年。Europlanet 2024 RI 联盟由英国肯特大学牵头，拥有来自欧洲及周边 25 个国家的 57 个受益机构，还有 44 个附属合作伙伴。该项目利用欧洲行星协会的资源来传播活动和成果，并发展一个更加

---

① http://data.ifremer.fr/SISMER/Cooperations/Nationales/OptiRoute.

多样化的用户社区。

表 2-15    法国科学数据中心的一些规划

| 科学数据中心名称 | 战略规划 | 规划年 | 针对科学数据的事项 | 主要目标 |
|---|---|---|---|---|
| 等离子体物理数据中心 | Europlanet H2020 | 2020～2024 年 | Europlanet H2020 利用欧洲行星协会的资源来传播活动和成果，并发展用户群体 | 提供对特征良好的陆地现场站点和一组独特的实验室设施的访问，这些设施能够模拟行星体上遇到的各种环境 |
| 等离子体物理数据中心 | Europlanet 2024 RI | 2020～2024 年 | Europlanet 2024 RI 将提供跨国访问（TA）到世界领先的现场和实验室设施，虚拟访问（VA）连接到欧洲开放科学云（EOSC）的最先进的数据服务和工具与网络活动（NA） | 发展和巩固世界各地的网络和合作，特别关注中国、韩国、非洲和南美洲；通过扩大代表性不足国家（URS）用户的参与来扩大欧洲研究区（ERA）的能力 |

欧洲行星 2024 研究基础设施（Europlanet 2024 RI）将为泛欧盟提供基础设施，以应对现代行星科学面临的重大科技挑战，并加强欧洲在太空探索前沿的地位。Europlanet 2024 RI 建立在一系列欧盟资助项目的基础之上，这些项目创建了领先的行星数据虚拟观测站，以及当今世界上最大、最多样化的能够模拟和分析行星环境的现场和实验室设施集合。Europlanet 2024 RI 将提供跨国访问（TA）世界领先的现场和实验室设施，虚拟访问（VA）连接到欧洲开放科学云（EOSC）的最先进的数据服务、工具和网络活动（NA），以扩大用户群并吸引来自代表性不足的国家（URS）、非欧盟国家、行业和跨学科领域的新合作伙伴，并培训下一代 RI 领导者和用户①。此项目目标是：①提供广泛分布的研究基础设施的范例。②提供对特征良好的陆地现场站点和一组独特的实验室设施的访问，这些设施能够模拟行星体上遇到的各种环境。③扩展 Europlanet 的行星科学虚拟天文台（VESPA），以促进和利用对来自太空任务、观测活动、建模项目和实验室实验的数据的分析。④整合先前和当前 H2020 项目的工具和服务，以建立在线行星测绘门户（GMAP），以允许制作地质图和对行星表面进行虚拟探索。⑤利用机器学习（ML）的进步在 Europlanet 2024 RI VA 中进行数据挖掘。⑥将各种

---

① http://www.cdpp.eu/.

行星设施的供应商与用户群联系起来。⑦通过扩大代表性不足国家（URS）用户的参与来扩大欧洲研究区（ERA）的能力。⑧发展和巩固世界各地的网络和合作，特别关注中国、韩国、非洲和南美洲。

France Relance 由法国总理于 2020 年 9 月 3 日发起，是一项特殊计划，旨在支持因 COVID-19 危机而削弱的法国经济。它旨在围绕生态、竞争力和凝聚力三个主要杠杆，对国家进行快速和可持续的经济重建。个人、公司、地方当局和行政部门可以从这些措施中受益。其作用一是用于高等教育和研究，二是关注海事部门。

**（2）实施保障**

法国科学数据中心的发展离不开技术和人才支持。例如，INSU 实验室设计研究人员工作所需的工具。根据其前瞻性工作，鉴于未来的科学和技术挑战，该研究所引导对其至关重要的仪器研究和创新。数据中心所有创新参与者（科学家、技术人员、业务开发人员和机构）都为在目标领域产生创新或双重应用创造了沃土，从而产生了新的方法。该战略旨在围绕 INSU 的中心研究领域在产业界和研究所之间建立长期研究平台。这些平台作为产业界和研究所之间的桥梁，共同开展具有强大经济和社会影响的主题的科学行动，为学术界和产业界之间的研究人员交流建立联系。

## 2.4.11　前沿研究方向与发展趋势

法国科学数据中心研究方向最重要的是数据科学，数据科学有很多好处，它可以提高信息安全、简化数据获取步骤及提高数据准确性。法国数据中心的技术聚焦数据可视化和数据交互性发展。

**（1）数据科学**

法国科学数据中心涉及学科跨了很多领域，包括统计学、计算机科学等。数据中心拥有的可用数据，采用分析管理，这些数据根据处理的数据类型不同，控制级别会有所不同。从最初级到最高级，有不同级别的控制，具体取决于数据类型。

**（2）技术发展趋势**

法国科学数据中心有很多新技术的运用，总的技术向为数据可视化与自动化发展①。

---

① http://www.cdpp.eu/.

Rmda 是一个多功能的空间物理网络工具。它的功能包括多数据集可视化和下载、可视化和自动化的事件搜索和数据挖掘、目录生成与开发，以及通过 VO 工具和标准远程访问数据模型和图像中心。

Propagation Tool 是一种新的交互式工具。可供太阳、日球层和行星科学界使用，用于跟踪日球层中的太阳风暴、太阳流和高能粒子。

Space Weather Tool 是一套空间天气工具，是为了改进空间天气预报技术而开发的。它由不同的磁通量绳（HELIO-XM）演化模型、背景太阳风和太阳高能粒子组成。

3D View 是一种科学工具，提供航天器位置和形态、行星星历及科学数据表示（观测和模型）的即时 3D 可视化信息。

SIPRD 是一个由 CNES 开发的用于保存、存档和访问数据的通用软件。SIPAD 提供对 CDDP 数据文件快速浏览和与数据相关的文档的访问。

TREPS 是一个可以转换矢量时间序列（磁场、速度、位置等）在日球层（太阳和太阳风影响的区域）参照系选择的软件。输入数据可以是本地文件（ASCII、CDF、NetCDF、VOTABLE）或 URL 等。该工具还可以处理不同的常用时间格式，转换基于在 3D View 中启用的 NAIF 中的 Spice 内核。

# 2.5 加拿大国家级科学数据中心发展态势

## 2.5.1 概述

加拿大的国家级科学数据中心约有 6 个，分别为加拿大天文数据中心、国家地震数据库、加拿大历史气候数据库、海洋环境数据中心、国家林业数据库和地球科学数据库。

加拿大开放政府工作组（Census Outputs Geography Working Group，COGWG）是一个由联邦政府、省、地区和国家市政的代表组成的跨辖区的信息共享和开放政府倡议合作的论坛。该工作组的职责范围是：促进其管辖范围内实施开放数据、开放信息和公众参与，并支持泛加拿大开放政府制定战略方向；分享、加强和发展共同的工具、平台、实践和政策，以帮助加拿大政府提高其数据和信息对加拿大人的可用性；为加拿大参与开放政府做出贡献，并支持国内开放政府论坛，以促进分享最佳实践和提高开放政府的影响。加拿大政府开放数据项目

（Government of Canada-Open Data）包括经济、健康、教育等各方面的政府公开数据，用户可以搜索与加拿大相关的超过 80 000 个开放的数据和信息资产，了解如何使用数据集、浏览信息摘要并使用 ATIP（Access to Information and Privacy）在线工具发出数据请求、查看加拿大全国范围内对开放数据所做的工作。用户可以通过开放数据门户网站（open. canada. ca）检索，也可以按主题浏览加拿大政府多个部门的数据。

## 2.5.2　总体布局

　　加拿大位于美国北部，占北美洲北部的大部分地区。由于国家坐落于北半球上部，属于寒冷地区，环境优势适合建立数据中心。在加拿大全国共有 269 个数据中心，作为加拿大最大的城市，多伦多拥有约有 100 个数据中心，加拿大其他都市如蒙特利尔，大约拥有 50 个数据中心。加拿大国家级科学数据库的分布涉及多个地区，如国家林业数据库，其在纽芬兰、拉布拉多、新苏格兰、魁北克、阿尔伯塔、西北地区等均有分布。

　　基于 Web of Science 全库，检索加拿大地区数据相关的文献，共检索到 2407 篇文献，具体如图 2-1 所示，发文量整体呈现先增后减再增的趋势，2021 年共 270 篇，2022 年有持续上升的趋势，截至 2022 年 9 月 30 日，发文量已达到 217

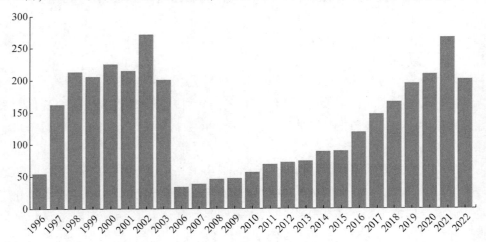

图 2-1　加拿大科学数据相关发文量年代分布

注：2022 年的数据为截至 2022 年 9 月 30 日的数据，非全年数据

篇。6个国家级科学数据中心中，目前只有4个中心有发文（表2-16）。其中，加拿大天文数据中心发文最多37篇；其次为海洋环境数据中心，共30篇；国家林业数据库最少，仅有3篇；国家地震数据库和地球科学数据库暂未发文。

表2-16　加拿大各数据中心发文量统计

| 机构 | 发文量（篇） | 网址 |
| --- | --- | --- |
| 加拿大天文数据中心（Canadian Astronomy Data Centre，CADC） | 37 | https：//www.cadc-ccda.hia-iha.nrc-cnrc.gc.ca/en/ |
| 国家地震数据库（National Earthquake DataBase，NEDB） | 0 | https：//www.earthquakescanada.nrcan.gc.ca/stndon/NEDB-BNDS/index-en.php/ |
| 加拿大历史气候数据库（Historical Climate Data Canada，HCDC） | 14 | https：//climate.weather.gc.ca/ |
| 海洋环境数据中心（Marine Environmental Data Section，MEDS） | 30 | https：//www.meds-sdmm.dfo-mpo.gc.ca/isdm-gdsi/program/index-eng.html/ |
| 国家林业数据库（National Forestry Database，NFD） | 3 | http：//nfdp.ccfm.org/en/index.php/ |
| 地球物理数据的地球科学数据库（Geophysical Data，GDRG） | 0 | https：//geophysical-data.canada.ca/Portal/Search |

　　如表2-17所示，加拿大的科学数据中心数据主要分布在地质学、地球物理学和地球化学、天文学、海洋学、地震学、气候学、水文学、自然与环境等领域。各数据中心的学科领域分布相同，如加拿大天文数据中心数据主要分布天体物理学、天文学、物理学，关于自然科学领域的数据与国家地震数据库、加拿大历史气候数据库、海洋环境数据中心有所重叠，但各自的侧重点不同。同样的，国家地震数据库关于大地测量学的数据与海洋环境数据中心及地球物理数据的地球数据库也是不同的。国家林业数据库主要为木材供应、森林火灾、森林产品、造林、管辖收入状况、森林昆虫和害虫防治提供相关数据；海洋环境数据中心的数据则主要与位置、温度、盐度、溶解氧和营养物质等相关。

表2-17　主要学科领域分布

| 机构 | 学科领域分布 |
| --- | --- |
| 加拿大天文数据中心 | 天体物理学、物理学、自然科学、天文学 |
| 国家地震数据库 | 自然科学、地理学、地球物理学、大地测量学 |
| 加拿大历史气候数据库 | 大气科学、海洋学、地理学、自然科学 |

| 机构 | 学科领域分布 |
| --- | --- |
| 海洋环境数据中心 | 动物生态学、生物多样性与生态系统研究、海洋学、地球物理学、动物学、生物学、生命科学、自然科学、大气科学、大地测量学 |
| 国家林业数据库 | 农业、林业、园艺、动物学、生物学、生命科学、植物科学 |
| 地球科学数据库 | 自然科学、地理学、海洋学、大地测量学、地理信息学 |

## 2.5.3 数据管理政策

加拿大各数据中心遵循为国家甚至国际服务的共享宗旨、可持续发展的原则，确保科学数据持有的安全性，并通过互连、可访问性和标准化，来最大限度地提高数据的使用价值。例如，加拿大天文数据中心（CADC）通过与加拿大共享服务公司、加拿大计算公司、CANARIE 和大学社区（由加拿大创新基金会资助）合作，提供云计算、用户管理的存储、群组管理和数据发布服务，以及为主要数据收集保存提供永久存储。

**（1）行政管理与保障政策**

国家数据库为国家服务，归属各部门，行政管理制度是不可或缺的。加拿大政府的开放数据政策和 DFO 理念是尽可能促进对数据的全面开放访问，并遵守特定部门、国家和国际规定的有关敏感性和保密性的义务。例如，加拿大的水生环境受到全球范围内水和大气耦合的系统的影响，仅靠一个国家无法有效保障。因此，有关水生环境的科学数据汇集和与国际社会共享会更加有价值。为了获取与加拿大相关的所有数据和信息，加拿大必须能够与世界其他数据中心交换数据，同时遵守部门、国家和国际有关敏感性和保密性的义务。

**（2）数据管理政策**

加拿大政府开放政策是建立在政府透明度和问责制的基础之上，表 2-18 列举了加拿大科学数据中心的部分数据管理政策。其中，1982 年颁布的《信息获取法》是最早规定政府有公开信息、提供信息义务的法律，2006 年《联邦责任法》引入"主动披露"制度，2007 年又颁布了《公共资助科学数据开放获取的原则和指南》，确定了共享数据的范围和指导原则。加拿大于 2014 年颁布了《加拿大开放政府行动计划 2.0》，强调政府将最大限度地开放联邦资助的科学研究产生的数据，以鼓励科学界与私营部门和公众进行更多的合作与互动，继续支持前沿研究，推动科技创新和发现。

表 2-18　加拿大科学数据中心主要数据管理政策

| 政策名称（体系） | 时间 | 针对主题 |
| --- | --- | --- |
| 《信息获取法》 | 1982 年 | 从法律层面上规定了政府公开信息、提供信息的义务 |
| 《获取公共资助研发数据的声明》 | 2004 年 | 提出应该建立一套共同的准则和指南来帮助获取公共财政资金资助支持下的数字化研发数据 |
| 《联邦责任法》 | 2006 年 | 引入主动披露制度 |
| 《公共资助科学数据开放获取的原则和指南》 | 2007 年 | 确定了共享数据的范围和指导原则 |
| 《加拿大政府数据开放许可》 | 2012 年 | 该许可指明用户在使用这些数据时只需标明数据的来源，对不清楚来源或多来源的数据只需标注来自"政府数据开放许可"。该许可授予公众一个全球性、永久性、非独占性、免费的数据使用权，包括用于商业用途。只要用于合法目的，公众可以自由复制、修改、发布、翻译、改编、散播或以其他方式使用任何格式的数据 |
| 《政府数据开放指导》 | 2014 年 | 将政府数据和信息进行开放，确保公众能够找到并加以利用，以支持问责制，促进增值分析，通过信息复用最大限度地推动社会经济利益 |
| 《加拿大开放政府行动计划 2.0》 | 2014 年 | 强调加拿大政府将最大限度地开放联邦资助的科学研究产生的数据，以鼓励科学界与私营部门和公众进行更多的合作和互动，继续支持前沿研究，推动科技创新和发展 |
| 《三大资助机构关于数字化数据管理原则》 | 2016 年 | 阐述了各机构管理研究数字数据的总目标，明确了研究人员、研究团体、有关机构和资助者在完成这些目标方面的责任 |
| 《三部门研究数据管理政策咨询草案》 | 2018 年 | 旨在通过促进完善的数据管理和实践，从而支持加拿大开展卓越的科学研究活动 |

2004 年，经济合作与发展组织倡导由公共资金资助的科学研究所产生的数据资源应对社会大众公开。在同年召开的科技部长会上，30 个经济合作与发展组织成员国及中国、以色列、俄罗斯、南非共同发布了《获取公共资助研发数据的声明》，提出应建立一套共同的准则和指南来帮助获取公共财政资金资助支持下的数字化研发数据。其后于 2013 年与其他七国集团国家签署了《开放数据宪章》。

为保障数据开放的顺利进行，加拿大政府成立了专门的管理和监督机构，同时在各政府部门内部建立专门管理部门，也积极加入全球开放数据机构，并在国内成立其分支机构，为加拿大和全球政府数据开放做出了贡献。

## 2.5.4 建设现状

加拿大的科学数据中心由共享服务局经营，为数字服务的应用程序和数据提供主机服务。这些数据中心主要负责运营和管理电信网络数据处理系统中央数据存储数据中心设备，如服务器、网络交换机和主机。

其主要运营两种类型的数据中心：企业数据中心和传统数据中心。企业数据中心为整个政府提供服务的现代化、可靠和安全的设施，旨在消除对计划内维护停机的需求，支持加拿大政府为加拿大人提供数字服务。传统数据中心为单个部门或部门集群提供服务的旧设施。这些老旧数据中心不是为当今的数字现实而构建的，而是存储全国范围内大部分数据和应用程序而建。

数据中心整合是实现加拿大政府信息技术基础设施现代化工作的重要组成部分。共享服务局通过与其他政府部门合作，以减少传统数据中心的数量，将其内容迁移到满足其需求的现代托管解决方案中，并为其应用程序和数据提供安全可靠的环境。具体包括：关闭老旧的数据中心，将应用程序和数据迁移到云或企业数据中心；通过减少数据中心空间和建立具有内置绿色技术和能源效率的最先进的数据中心，减少加拿大政府的碳排放；利用更快、更好、更安全的技术来抵御物理和网络威胁。

以加拿大天文数据中心（CADC）为例，这个基于网络的虚拟天文台已经发展到可容纳世界上最重要的天文数据，收集的数据包括来自加拿大—法国—夏威夷望远镜（CFHT）、双子座望远镜和詹姆斯克拉克麦克斯韦望远镜。CADC 在不列颠哥伦比亚省维多利亚附近天体物理天文台（DAO）运作，成为一个用于数据密集型天文学的科学平台，其建设包括大规模的科学计算基础设施，如三十米望远镜（TMT）和平方公里阵列（SKA）将在未来几年上线，这些基础设施对高性能计算需求将呈指数级增长。

## 2.5.5 经费投资

加拿大国立卫生研究院（CIHR）、加拿大自然科学与工程研究理事会

（NSERC）和加拿大社会科学与人文研究理事会（SSHRC）是加拿大政府支持科研单位开展科技创新与技术研发的三大拨款机构。2016 年，三大拨款机构共同出台《三机构数字数据管理原则声明》，阐述了各机构管理研究数字数据的总目标，明确了研究人员、研究团体、有关机构和资助者在完成这些目标方面需承担的责任。2018 年，又出台了《三部门研究数据管理政策咨询草案》，旨在通过促进完善的数据管理和实践，从而支持加拿大开展卓越的科学研究活动。

作为加拿大政府的健康研究投资机构，加拿大卫生研究院（CIHR）支持健康研究的所有四大支柱的卓越表现：生物医学、临床、卫生系统服务和人口健康。CIHR 每年投资约 10 亿美元来支持健康研究，接受属于其职责范围内的资金支持申请，但须遵守机构政策和适用资助机会的具体要求。CIHR 致力于确保其项目、资助机会和评估系统能够公平对待所有参与者。

加拿大自然科学和工程研究委员会（NSERC）为广泛的计划和项目提供研究经费，涵盖自然科学和工程的每一个学科，资助有利于加拿大的科学和技术突破的探索者和创新者；与大学、学院、企业和非营利组织合作，消除障碍，开发机会，吸引新的专业知识，使加拿大的研究界蓬勃发展。NSERC 帮助各种规模的组织利用加拿大大学和学院的人才与技术，为加拿大科学家和工程师提供了走得更远的途径。当前，已有 76% 的加拿大自然科学和工程领域的世界级研究人员得到了 NSERC 的支持；每年有 8800 项资助奖助金、奖学金和研究金授予从纳米科学到天文学、从史前到未来主义的各类研究。

## 2.5.6 人员情况

在建设科学数据中心过程中，涉及多个专业性强的领域，要建立稳定高效的科学数据收集与管理体系和高质量的科学数据分析应用平台，人才队伍建设尤为重要。加拿大各个机构十分重视数据人才的引进，加拿大科学数据中心的工作团队普遍总体规模不大，但科研人员一般具有高水平及专业性的普遍特点。

以加拿大遥感中心（CCRS）为例，其下分别设置了应用部（Application Division）、数据接收部（Data Acquisition Division）、数据服务部（Geo Acess Division）和大地测量部（Geodetic Survey Division）等部门。而应用部又主要分为：地球观测应用和指导分部、环境监测分部、原始环境应用分部和自然资源与灾害分布四个部门。CCRS 有 100 名工作人员，自设 14 个工作组，其中应用组有 10 个（包括农业、大气科学和摄影测量学、林学野生生物和荒地、地理学、广义地学、水文学、冰川侦察和冰川学、湖沼学、海洋学）技术组 4 个（包括数据处理和卫星技术、资料转发、照片复制和市场出售，传感器）。

## 2.5.7　提供的数据服务

加拿大共享服务局（Shared Services Canada，SSC）向加拿大政府组织提供现代、安全和可靠的 IT 服务，满足加拿大需求的数字计划和服务。

**（1）研发有助于开放应用的工具**

政府的数字服务交付是复杂的，专业的数字从业者需向公众提供现代的数字服务，以满足使用数据服务的人员的需求。因此，建立和维持内部能力，更好地利用资金和合同，提出变革的理由，研发工具供数据中心使用，使数据中心提供的服务更具现代化，来降低采购成本并提供良好的用户体验。数据开放不仅是法律上的开放，更是一项技术上的开放。开放的数据应是一个机器可读的标准格式，这意味着它可以被计算机检索和处理。因此，加拿大很多法规政策中就开放数据的格式标准给出了明确要求。数据资源作为一种战略资源可以被捕捉、描述、检索、获取、分享、利用及复用，真实、可靠、完整的数据资源可以帮助政府制定有效的方案和服务，促进决策的制定和作为问责制监督的依据。

加拿大天文数据中心（CADC）提供的数据服务：提供云计算、数据管理存储、数据发布服务，此外还持续地为主要数据收集提供永久存储。

国家地震数据库（NEDB）提供的数据服务：支持加拿大地震局在加拿大进行地震活动监测、全球地震监测、全面核禁试条约验证和国际数据交换。它还支持核爆炸监测项目。

加拿大历史气候数据库提供的数据服务：从该网站，用户可以访问加拿大所有位置和日期的历史气候数据，查看气候平均值和平均值及气候摘要。该网站还提供加拿大航空站列表及其气象报告和活动，以及加拿大 500 多个地点的降雨统计数据。

海洋环境数据中心提供的数据服务：维护加拿大收集的海洋数据类型的集中存储库，并与公认的政府间组织之间进行数据交换，酌情提供实时、近实时或历史数据。

国家林业数据库提供的数据服务：国家林业数据库用于收集和汇编国家森林数据和森林管理统计数据。大部分数据由省或地区资源管理机构提供，并负责传播国家林业统计数据。促进从事林业数据收集工作的组织的联络和对话，以提高林业统计数据的准确性和效率；公开信息，全面客观地反映林业部门面临的问题和选择。

地球物理数据的地球科学数据库提供的数据服务：地球科学数据库是地球科学部门地球科学数据集合，致力于为全加拿大人提供信息。

**（2）构建供机器可读的规则**

为了更好地推进数据开放，加拿大政府数据开放原则中就其存储提出了两项基本要求：首先是机器可读性，机器的输入信息处理能力比其他方式更强，因此由政府发布的数据集应采取广泛使用的文件格式存储，如 CSV、XML 等，方便用户通过机器读取和加工，同时文件中应附有文件的格式和使用说明；其次是使用通行的标准格式。政府发布的数据集应尽可能采取通行标准格式，使得数据可以提供给更多的潜在用户群。根据前述原则的要求，加拿大政府制定了《元数据标准》，元数据定义和描述了数据资源的结构、含义、内容及其存在的系统。统一创建、收割和使用元数据有利于数据资源的高效管理。该标准将元数据分为以下三种类型，并给出每种元数据的适用范围、详细的著录内容和格式，也就是深层次数据服务：

1）记录元数据。采取 ISO 23081 的通用元数据格式记录该元数据。支持记录作为一种管理功能，持续将部门存储的信息资源进行元数据的创建、获取、收割和管理，以此来实现资源的商业价值和决策支持价值。

2）网页资源元数据。采取都柏林核心元数据倡议（DCMI）格式来定义该种元数据，Web 资源发现元数据支持导航、搜索、显示和共享网络信息资源。

3）网页内容管理系统元数据。采取都柏林核心元数据倡议（DCMI）格式来定义该种元数据，Web 内容管理系统（WCMS）元数据支持在 Web 内容管理系统中对 Web 内容进行编写、管理和发布的业务和技术流程。

**（3）优化数据获取路径**

数据咨询服务要进一步优化数据的获取途径。易访问性意味着数据的易获取性，为达到由加拿大政府发布的数据集尽可能便于访问这一目的，加拿大就其数据的接口也给出了相应的规定。电子访问的障碍是指数据只能通过系统表单获取，这需要 Flash、Javascript、Cookie 等面向浏览器的技术支持。相比之下，只需为用户提供一个接口，无须插件，无须浏览器支持，通过应用程序接口（API）可以直接获取所需后台数据的方式使数据获取更加容易，分离了接口和实现，提高了复用性、扩展性和耦合性。

## 2.5.8　数据相关知识产权保护

加拿大自 1983 年至今不断完善其政府数据公开的相关法规，从法律层面上保障了公民有获取政府机构信息的权利，明确哪些信息可以被访问，政府要保证不能公开的必要例外信息是特殊有限的，同时政府信息的公开要独立于政府审查工作，不能替代审查。

**（1）默认开放的数据**

原则上说，除所有权、隐私权、安全和保密信息等由部门确定的有效例外信息之外，所有具有商业价值的数据和信息都应开放，因此财政局秘书处支持部门制定一个信息开放清单或指导，确保在法规和政策的规定下开放其数据和信息。其中，默认开放的信息至少要包括所有的强制性报告文件，如议会报告、主动披露报告；所有在网上发布或计划通过部门网站发布的信息；出版的印刷物，包括统计报表、教育视频、活动照片、机构组织结构图等。据《信息获取法》的规定，公开的信息包括一般性政府机构工作信息、管理信息，以及由该机构支付的如酒店、住宿等差旅费信息。

**（2）不予公开的数据**

政府数据默认公开要除去特定信息，加拿大政策法规既要确保最大程度的政府数据公开，也要保护其他法律法规明确规定的保密信息。因此，《加拿大数据管理保护法案》第十三至二十六条明确规定了可以不予公开的信息范围，主要分为：政府安全信息、个人隐私信息和第三方信息等。

**（3）开放的数据要求**

加拿大政府基于阳光基金会的"十项开放政府信息原则"设立了数据公开原则。原则中就所开放的数据给出了一定的要求：首先，要求具备完整性，数据集应尽可能地完整，所包含的记录应整体反映有关的特定主题。除了有关隐私的问题和资料，所有来源于数据集的原始信息应向公众发布。元数据应包括原始数据定义和解释，同时解释数据是如何计算的。其次是原始性，数据应尽量来源于第一手资料。该原则要求政府机构在提供原始资料的同时也要告知公众数据是如何采集的，确保用户在数据传播中，可以随时验证数据的准确性和数据采集的合理性。再次是及时性，加拿大政府应及时向公众提供数据。考虑到数据有极强的时效性，在条件允许的情况下，政府应第一时间发布其收集和组织的数据。最后是永久性，指数据的可用性不会随着时间推移而消失，而可以被永久利用。同时，加拿大政府发布在政府网站上的数据是免费开放的。

总体而言，加拿大的数据保护措施有以下特点：第一，政策覆盖面广。截至2016年11月，加拿大政府数据开放网站上已发布来自加拿大自然资源、统计局、财政部等54个主要领域的200多家机构提供的121 853个数据集，开放数据来源广泛、格式多样，与加拿大相关政策法规要求的数据默认开放息息相关。第二，政策法规相互关联并不断修订完善。如前文所述，《信息获取政策》和《信息获取法管理指导》是在《信息获取法》的基础上制定颁布以作补充的。同时在调查中发现，政府数据开放多项政策法规都进行过多次完善修订，如《信息获取法》和《信息获取法管理指导》等法案均在2016年进行了再版，以适应现状需求与发展趋势。第三，重视用户参与。以《加拿大政府数据开放许可》为例，该许可在颁布之初，曾邀请社会各界对其进行讨论，通过反馈信息以求完善。该举措引起国内外积极反响，收到了来自加拿大国内和多个国际开放存取组织的反馈。通过这些积极的有建设性的意见，加拿大政府最终删除原先许可协议中针对政府开放数据复用的相关限制性条款。第四，重视开放数据的复用。数据开放的最终目的是数据复用，再现数据价值。加拿大政府为保障数据的再利用，从政府和个人两个层面作出努力：建立加拿大开放数据交换中心，作为数据拥有者和使用者的接口；颁布《政府数据开放许可》鼓励并规范公众对数据的复用。第五，建立多层式机构管理架构。加拿大建立了多层级的政府开放数据管理机构，从全国性的信息专员办公室，到各机构内部的数据开放管理部门。

## 2.5.9　国内国际合作

2014年，加拿大发布了开放政府行动计划2014-16（Action Plan on Open Government 2014-16），鼓励科学界、私营部门和公共部门加强合作与参与，最大限度地实现联邦资助研究成果的开放获取。

**（1）与其他国家的合作**

科学本身是国际性的，科学家参与全球联盟和项目，旨在鼓励他们与世界各地的同事分享他们的科学信息，在面临获取研究数据的挑战时，一个可行的办法是与各国代表开展全球合作，以获取并交换数据。加拿大天文数据中心（CADC）服务于国内和国际用户。2021年，该存储库向加拿大和其他80多个国家的数千名天文学家提供了超过2.4亿个数据（超过1.3亿个单独的文件），云处理系统在2021年完成了超过600万个工作（超过1100个核心件），这些数据有助于安全地引导航天器与冥王星的首次近距离相遇，并使揭示宇宙起源秘密的超大质量黑洞的发现成为可能。CADC 的数据收集及其世界领先的天文学云基础设施为数据密集型天体物理学研究提供了独特的资源。

**（2）政企合作**

加拿大天文数据中心（CADC）由加拿大国家研究委员会（NRC）通过加拿大航天局（CSA）提供的赠款于 1986 年建立。CADC 与加拿大共享服务公司、加拿大计算公司、CANARIE 和大学社区（由加拿大创新基金会资助）合作，提供云计算、用户管理的存储、群组管理和数据发布服务，以及为主要数据收集提供永久存储的持续使命。

加拿大 1995 年发射了民用雷达成像卫星 Radar Sat-1；1998 年，加拿大政府与加拿大麦克唐纳·德特维尔宇航公司（MDA）通过公私合作伙伴方式启动 Radar Sat-2 卫星项目，将其视为实现遥感商业化的阶段性尝试，由社会资本负责卫星遥感数据分发和销售，以保持雷达卫星数据连续服务，解决市场销售问题并与政府签订数据采购合同。在该合作模式下，加拿大航天局和 MDA 分别投资 4 亿美元和 0.9 亿美元，加拿大航天局承担了约 80% 的投入，主要负责卫星研制和发射，MDA 公司出资约 20%，主要负责卫星管理运行和服务。

## 2.5.10 数据发展战略规划

根据 Research And Markets 最新报告，加拿大数据中心市场规模正在扩展，预计 2025 年市场规模将超过 35 亿加元，折合 178 亿元人民币，意味在 2020 年至 2025 年期间以至少 3% 复合年增长率增长。2021 年 12 月 16 日，加拿大总理贾斯汀·特鲁多（Justin Trudeau）公布了给创新、科学和工业部长弗朗索瓦（François-Philippe Champagne）的任务信，为该部明确未来一年的目标。在数字领域的安排如下：一是，成立数字政策特别工作组，以整合政府各部门的力量，保护权利和竞争力，并使加拿大成为数字经济和新兴技术全球治理的领导者；二是，推出立法以促进《数字宪章》，加强隐私保护，并提供一套清晰的规则以确保在线市场的公平竞争；三是，与司法、国防、公共安全及外交部门部长合作，继续推进国家网络安全行动计划，确保加拿大有能力适应并打击网络风险，保证关键系统的安全性和完整性；四是，与公共安全、外交、国防及其他相关部门的部长合作，制定和实施新的国家网络安全战略，保护国家安全和经济发展，对抗网络威胁，并促进网络空间中基于规范的国际行为；五是，推进泛加拿大人工智能战略和其他措施，如：标准制定，领导国际层面的协调，以支持加拿大的人工智能创新和研究；六是，启动国家量子战略，发展量子技术、公司和人才，扩大加拿大在量子研究方面的实力。

为实现数字时代的安全和繁荣，加拿大正在加快构建数字领域规则体系，主要有三个方面：第一，高度重视网络安全。2018 年，加拿大发布《国家网络安全战略》，确定三个战略目标：①安全和有弹性的加拿大系统；通过加强能力和与合作伙伴的合作，更好地保护加拿大公民免受网络犯罪的侵害。应对不断变化的威胁，保护政府和私营部门的关键系统。②创新和适应性强的网络生态系统。支持先进的研究，促进数字创新，并发展网络技能和知识，使加拿大成为网络安全领域的全球领导者。③有效的领导、治理和合作。联邦政府将与各省、地区和私营部门合作，发挥领导作用，推进加拿大的网络安全，并将与盟友协调，努力塑造有利于加拿大的国际网络安全环境。随后，加拿大于 2019 年发布了《国家网络安全行动计划 2019–2024》。在战略指导下，加拿大网络安全中心（Canadian Centre for Cyber Security）和国家网络犯罪协调专组（National Cybercrime Coordination Unit）成立。2021 年 2 月，美国–加拿大联合发布《更新美加伙伴关系发展路线图》，在数字空间领域，双方一是加强合作，打击恐怖分子、暴力极端主义者和仇恨团体的社交媒体和互联网行为；二是通过重建跨境犯罪论坛来加强执法合作；三是合作增强网络安全，应对外国干涉和虚假信息。第二，持续加强隐私保护。1983 年的《隐私法》（Private Act）对政府部门和机构规定了在收集、使用和披露个人信息时进行限制以尊重公民隐私权的义务，并赋予公民获得联邦政府机构持有的有关他们的个人信息并予以更正的权利。2001 年的《个人信息保护与电子文件》（Personal Information Protection and Electronic Documents Act）对私营部门在商业活动中如何收集、使用或披露个人信息规定了明确的原则。但这两部法律并不能满足数字时代保护公民隐私的新需求。2020 年，加拿大提出《数字宪章实施法》（Digital Charter Implementation Act）草案（Bill C-11），将以严厉的罚款，加强对网络平台的监管，更好地保护公民隐私和在线权益。如果法案被通过，还将具体制定《消费者隐私保护法》（CPPA）和《个人信息和数据保护法庭法》（PIDPTA）。但是，C-11 法案并未得以通过，加拿大十多年来首次对隐私框架变革的尝试宣告失败。争议的焦点是尽管法案是为了赋予消费者更多的控制权而设计，但从实施效果的预测来看，法案的实施可能在一定层面上给企业组织更多的灵活性，对商业目标的实现更为有利，这并没有充分实现法案的初衷。第三，率先抢滩布局新兴技术。2017 年的《泛加拿大人工智能战略》（Pan-

Canadian Artificial Intelligence Strategy）使加拿大成为全球首个发布人工智能国家战略的国家。战略包含四个目标：①增加 AI 研究者、毕业生数量；②创建三个卓越的科学团体；③培养理解 AI 经济、道德、政策和法律含义的思想领袖；④支持专注于 AI 的国家研究团体。2007 年，加拿大科技公司 D-Wave 声称已开发出全球第一台量子电脑。2021 年，加拿大宣布将在七年内投资 3.6 亿加元，以启动国家量子战略。

## 2.5.11 前沿研究方向与发展趋势

### （1）政府牵头综合化建设与多元化管理

在建设上，加拿大部分国家科学数据中心由国家重点布局，为政府服务。加拿大国家级科学数据中心主要依赖政府和国家机构（国家地震局、国家气象局等）的支持。加拿大国家数据中心大而全，且综合化，有些数据库在发展过程中，合并了众多小数据中心，吸引了其他组织机构，进而成为国家级科学数据中心。

在管理上以加拿大国家林业数据库为例，除了受数据中心内部人员的管理运行，还受政府和相应国家机构监管，还包含理事会（加拿大森林部长理事会等）指导监督。

### （2）数据开放保障数据的实时性及便利性

在技术上加拿大的数据中心是开放的，符合规定的情况下数据可以共享。这样便于用最短的时间获得所需数据，以便继续研究，达到共建的目的，所以共享数据的技术是至关重要的。

加拿大天文数据中心（CADC）在近期添加到 Starcat 的一个重要功能——数据预览功能，它允许用户在请求副本之前检查归档数据，通过 Starcat 软件提供对 HST 和 CFHT 档案的访问。Starcat 最初是由 ST-ECF 和 STscI 开发的，作为临时 HST 档案系统的接口。在 STscI 决定开发 StarView 访问永久档案系统 DADS，ST-ECF 时，ESO 决定继续开发 Starcat。最初的 Starcat 本质上是一个基于 ASCII 终端的界面，但目前的 Starcat 已经发展成为一个更多人使用的 Windows 应用程序。Starcat 的核心部分仍然是基于终端的，但许多新特性都是作为 Windows 应用程序产生的。基于 Starcat 客户机服务器的模式工作，用户可以在本地工作站上运行 Starcat，并且连接到数据库。

1）HST 档案馆：HST 档案可分为档案目录和实际科学资料两部分。归档目录是关系数据库系统中的一组表，而科学数据则存储在 12 英寸光盘上。STscl 维护主数据库，从数据处理管道中取出数据后立即将数据写入光盘。

2）CFHT 档案馆：在 Waimea 的归档计算机上有一个进程，它定期在这个临时区域查找新文件。当它找到新文件时，它首先在一个单独的文件中复制 FITS 头。然后，该过程将文件复制到光盘，验证光盘上的副本，然后从磁盘中删除该文件。第二天，所有的 FITS 报头都以电子方式发送到 CADC，而光盘则在它满的时候被发送。当收到前一天晚上观察到的 FITS 头时，它们会被自动解析并用于更新数据库中的一系列表。除非存在通信问题，否则 CFHT 观测目录的过时时间永远不会超过 24 小时。值得注意的是，数据库中的信息可能有助于研究望远镜和仪器的性能与效率。

# 2.6　澳大利亚国家级科学数据中心发展态势

## 2.6.1　概述

澳大利亚有 112 个数据中心，由 55 个组织运营。Equinix 作为世界上最大的数据中心，运营商和互联服务提供商之一，在澳大利亚墨尔本建设了第一个数据中心 MEI，其他组织包括 NextDC、AAPT（TNZA）和沃卡斯集团。澳大利亚拥有数据中心设施的城市包括悉尼、墨尔本和布里斯班。墨尔本有 13 家提供商运行其 20 个数据中心，其中 6 个数据中心提供远程技术支持。依据国家级科学数据中心遴选指标，遴选出澳大利亚 14 个国家级科学数据中心，分别是：澳大利亚南极数据中心，澳大利亚遥感研究中心，澳大利亚海洋和气候数据中心，澳大利亚人口健康研究网络，澳大利亚健康大数据研究中心，澳大利亚化学、生物、放射和核数据中心，CSIRO 气候科学中心，澳大利亚引力波数据中心，澳大利亚地球科学局，墨尔本数据科学中心，SKA 天文望远镜数据平台、澳大利亚波西超级计算研究中心、澳大利亚国际农业研究中心、澳大利亚社会科学院。澳大利亚各数据中心的学科领域分布不尽相同，主要涵盖极地、社科、地球科学、农业、海洋、气候、生物化学、射电天文学、能源和资源等领域，如表 2-19 所示。

表 2-19　主要学科领域分布

| 机构 | 学科领域分布 |
| --- | --- |
| 澳大利亚南极数据中心 | 极地 |
| 澳大利亚人口健康研究网络 | 社会科学 |
| 澳大利亚海洋和气候数据中心 | 气候、海洋 |
| 澳大利亚引力波数据中心 | 天文 |
| 澳大利亚社会科学院 | 社会科学 |
| 澳大利亚健康大数据研究中心 | 社会科学 |
| 澳大利亚地球科学局 | 地球科学 |
| CSIRO 气候科学中心 | 气候、大气、海洋 |
| SKA 天文望远镜数据平台 | 天文 |
| 澳大利亚遥感研究中心 | 陆地、大气、水生环境、生物物理 |
| 澳大利亚国际农业研究中心 | 农业、气候变化、渔业、林业、园艺等 |
| 澳大利亚化学、生物、辐射和核数据中心 | 免疫学、分子生物学、化学 |
| 澳大利亚波西超级计算研究中心 | 射电天文学、能源和资源、工程、生物信息学、健康科学 |
| 墨尔本数据科学中心 | 基础科学、跨学科 |

## 2.6.2　总体布局

澳大利亚作为发达国家，经济、科技发展已十分成熟，数据中心多数坐落于悉尼和墨尔本。澳大利亚数据中心为 Tier3+级，成立已有十余年，可容量 10 000+台服务器，且经过 ISO 9001 资质认证。网络由思科、Extreme Networks 和博科网络设备组成，其设施通过暗光纤或回程相互连接，能够在澳大利亚所有地点和州之间运行一个完全冗余和自动排查故障的多协议标签交换（MPLS）网络。

澳大利亚政府的数字化转型战略专注于实现政府现代化，改善用户服务成果。2017 年以来，麦格理政府一直为澳大利亚政府提供托管、主机托管、云和网络安全服务。随着堪培拉数据中心建设，麦格理政府加强了澳大利亚政府可用的本地基础设施，并拥有 200 多个政府批准的合营机构、云和网络安全专家供政府使用。麦格理政府拥有网络安全和数据主权能力，是应对数字化转型战略中所面临潜在挑战的关键合作伙伴。

基于 Web of Science 全库，检索澳大利亚地区科学数据相关的文献，共检索到 7132 篇文献，如图 2-2 所示。澳大利亚科学数据相关发文量整体呈先增后减

再增的趋势，至 2021 年已突破 1100 篇，2022 年有继续上升的趋势，截至 2022
年 9 月 30 日，2022 年的发文量已达到 940 篇。在遴选的 14 个国家级科学数据中
心中，有发文的仅有 8 个。其中，澳大利亚遥感研究中心发文最多，达 71 篇；
其次为澳大利亚地球科学局，为 14 篇；其他数据中心的发文量相对较少。8 个
发文数据中心的发文统计如表 2-20 所示。

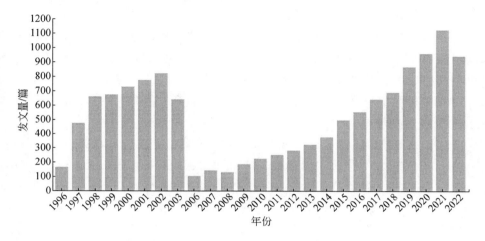

图 2-2　澳大利亚科学数据相关发文量年代分布

注：2022 年的数据为截至 2022 年 9 月 30 日的数据，非全年数据

表 2-20　澳大利亚 8 个数据中心发文量统计

| 机构 | 简称 | 发文量<br>（篇） | 网址 |
| --- | --- | --- | --- |
| 澳大利亚南极数据中心 | AADC | 2 | https://data. aad. gov. au/ |
| 澳大利亚遥感研究中心 | RSRC | 71 | https://www. rsrc. org. au/ |
| 澳大利亚海洋和气候数据中心 | AODN | 1 | https://portal. aodn. org. au/ |
| 澳大利亚人口健康研究网络 | PHRN | 6 | https://www. phrn. org. au/ |
| 澳大利亚健康大数据研究中心 | CBDRH | 1 | https://www. unsw. edu. au/research/cbdrh |
| 澳大利亚社会科学院 | — | 1 | https://socialsciences. org. au/ |
| 澳大利亚地球科学局 | GA | 14 | https://www. ga. gov. au/ |
| 澳大利亚引力波数据中心 | GWDC | 1 | https://gwdc. org. au/ |

## 2.6.3　数据管理政策

澳大利亚不仅拥有众多的科学数据中心，而且这些数据中心在国际交流、科学研究和环境保护等方面位于世界前列，为科学数据的管理和共享作出了突出贡献，这与其制定的数据管理政策密不可分。

澳大利亚南极数据中心（AADC）成立于1996年，是支持澳大利亚南极计划（AAP）的主要数据管理机构，目的是管理和传播 AAP 内部研究产生的科学数据。AADC 帮助澳大利亚履行《南极条约》第三条规定的义务，"应交流和免费提供南极的科学观测情况及结果"。作为《南极条约》的缔约国，通过创建的协作系统实现数据的及时发布。

AADC 数据发布活动是通过南极数据管理常设委员会（SCADM）进行国际协调的，在汇集大型国际、南极跨学科和南大洋研究计划中发挥关键作用。SCADM 是 SCAR 的数据管理机构，拥有 25 个成员国，旨在为南极数据管理人员提供交流平台，就数据管理和国际科学数据交换问题进行商讨合作。

伴随信息技术在电子政务领域的深入应用，"数字政府""开放政府"成为诸多国家政府管理发展的共同选择，数字信息资源在政府信息资源总量中的比例不断攀升，如何实施有效的数字信息管理逐渐成为全球档案界面临的共同挑战。在此背景下，澳大利亚制定相应的电子文件管理政策（表2-21），积极推动文件档案管理数字转型，应对数字环境中文件与信息管理面临的新挑战。

表 2-21　澳大利亚科学数据中心数据管理政策

| 政策名称（体系） | 时间 | 针对主题 |
| --- | --- | --- |
| 《信息自由法》 | 1982 年 | 赋予公众查阅联邦与各机构官方文件的权利，实现公众对政府程序的参与，加强对政府活动的审查、讨论、评论 |
| 《档案法》 | 1983 年 | 根据《档案法》相关规定，国家档案馆主要有以下两项职责：一是负责联邦政府文件的鉴定、保存和提供利用。这些文件是国家记忆的重要载体，能够建立澳大利亚人与其身份、历史和世界地位之间的联系。二是提出联邦政府机构创建、管理信息和数据的要求，旨在确保政府透明且可问责，留存澳大利亚联邦政府行动和决策的证据，并确保这些信息可根据需要随时创建、保存和访问 |
| 《隐私法》 | 1988 年 | 加强数据共享的完整性和透明度，保证数据资源的可发现、可访问和可使用 |

续表

| 政策名称（体系） | 时间 | 针对主题 |
|---|---|---|
| 《澳大利亚负责任研究行为守则》 | 2007 年 | 规范科研数据的管理与保存，确保研究成果的准确性。通常建议研究数据至少保存 5 年，但在特定案例中，保存期限依研究类型而定 |
| 《数字转型政策》 | 2011 年 | 旨在推动联邦政府机构向数字信息和文件管理转型，以提高效率，从而支持整个联邦政府的数字转型议程 |
| 《公共服务大数据战略》 | 2013 年 | 该战略包括六大原则：①数据属于国有资产；②从设计着手保护隐私；③数据完整性与程序透明度；④技巧和资源共享；⑤与产业界和学术界合作；⑥强化开放数据。该战略致力于推动公共行业利用大数据分析技术进行服务改革，规范行业数据 |
| 《公共治理、绩效和问责法》 | 2013 年 | 要求联邦政府和联邦机构满足较高的治理、绩效和问责标准；要求澳大利亚政府机构创建并保存档案，用以记录它们的绩效 |
| 《数字连续性 2020 政策》 | 2015 年 | 旨在从数字转型过渡到具有连续性的数字信息管理。该政策作为《数字转型政策》的延续，将信息治理原则与实践融入联邦政府机构及其治理规划，旨在优化政府业务和服务的交付，确保信息能够复用于经济社会领域，保护澳大利亚人的权利和权益 |
| 《科学与研究重点》 | 2015 年 | 政府把投资重点放在科学、研究和创新领域等科研问题上，反映产业、经济和社会需求 |
| 《国家科学声明》 | 2017 年 | 彰显政府对建立强大而稳定的科学体系的承诺和长期策略，包括认可国际合作的重要性，致力于强化并拓展澳大利亚的国际科学战略合作伙伴关系和相关项目等 |
| 《澳大利亚负责任研究行为守则》 | 2018 年 | 为 29 家机构和研究人员制定了 8 项负责任原则，从而落实研究开发、实施和报告等方面的问责制。公开、负责、准确地共享研究方法和数据，进一步遵循相关法律、政策和准则，确保对研究资源的有效管理 |
| 《信息和数据治理框架》 | 2019 年 | 该框架适用于受国家档案馆管辖的所有信息、数据和记录，包括委托其保管的国家档案馆藏。该框架积极响应了澳大利亚政府的政策环境，包括建立对公共记录的信任、为政府和社区政策管理信息和数据，及国家数据专员办公室（ONDC）的基础地理信息和数据 |

| 政策名称（体系） | 时间 | 针对主题 |
|---|---|---|
| 《建立对公共文件的信任：管理政府和社区信息数据》 | 2021 年 | 这一政策将促使澳大利亚政府机构进一步履行 1983 年《档案法》规定的义务，不断改善政府信息管理职能，从而确保政府和公民能够利用真实可信的公共文件。该政策始终高度重视政府信息管理系统的应用与实践，避免信息管理风险，提升信息管理效率，这对政府管理公共资源、改善服务成果、履行问责义务等至关重要。此外，该政策还支持澳大利亚政府的其他议程，包括数字化转型、公共服务改革及实现政府数据利用效率最大化等 |
| 《西澳大利亚州政府整体数据开放政策》 | 2022 年 | 明确政府关于数据共享方面的立场，鼓励公共部门谨慎、持续地向公众提供数据，并确保对个人隐私的全面保护，协助各机构落实数据信息管理原则，达到数据开放的目的 |
| 《数据可用性和透明度法案》 | 2022 年 | 建立数据资源共享计划，提高政府数据的可用性和使用性。为政府服务、政策计划与研究创新提供更好的信息服务。允许联邦机构被授权与已认证的用户共享其公共部门的数据，并有权以可控的方式进行数据收集和使用，从而建立数据使用的信任和透明度 |
| 《国家公共资助研究知识产权管理原则》 | 2022 年 | 为政府出资的公立机构的研究知识产权提供指南，以便更好地利用澳大利亚的研究成果，为业界、政府、科研人员和其他组织提供更多信息 |

澳大利亚的南极科学考察、研究与环境保护工作在国际上一直处于较为领先的地位，并对推动国际南极科学数据管理与共享服务做出较大的贡献，而且澳大利亚在国际南极事务中一直发挥着积极作用，这得益于其明确的南极政策、积极的数据政策。为更好地推行国家南极政策、支持并服务于南极科学研究，澳大利亚采取的基本策略是首先制定切实可行的南极数据管理政策，然后制定澳大利亚南极数据中心（AADC）发展规划。根据 ATCM22-4 号决议（1998）提出的数据管理要求和澳大利亚空间数据管理框架要求，将组织、管理和技术多层面问题融合到南极数据政策之中，对南极科学数据的归属、数据中心与科学家的数据管理职责、数据的归档与保存、数据提交期限等逐一予以明确。该数据政策得到澳大利亚国家南极科学委员会和国家南极科学咨询委员会的批准，完全具有法律效力。这不仅明确南极科学数据属国家的财产和重要资源，强制性要求每位考察队员必须认同在南极获取的数据和样品为国家财产这一条款，并作为获准参加国家

南极科学考察的条件之一；而且还规定每个研究项目在数据收集两年后必须将数据提交给国家南极数据管理机构即数据中心，由数据中心通过 Web 发布等方式，给国内外免费提供使用。为持续推动南极数据管理政策，确保资源的有效管理，澳大利亚于 1992 年在澳大利亚南极局内设立数据中心，全面承担南极数据资源管理的责任（凌晓良等，2007）。

波西超级计算研究中心数据存储和管理政策旨在帮助该中心成员和其他研究人员（如其他国家或国际研究人员）充分利用现有的数据存储选项，同时履行数据存储和管理方面的职责。中心提供多种数据存储方式，研究人员可用的数据存储的性质有很大不同，因此，建议研究人员在开始任何数据存储之前，熟悉所有可用的选项，并就存储需求（尤其是与空间相关的存储需求）咨询该中心。在任何时候，当使用该中心的存储数据时，研究人员必须同意遵守以下所有基本原则作为使用条件：①研究人员必须填写使用该中心数据存储的相关申请表，概述其将用于的项目和预期使用成效。②研究人员只能存储和使用已被该中心批准使用的项目数据。③研究人员必须考虑可能适用于数据的版权限制，并必须确保在该中心的数据存储和使用不违反版权法。④研究人员必须考虑可能适用于数据的相关隐私立法，并必须确保存储在该中心的任何数据，包括数据收集、存储和使用，都是法律允许的。⑤研究人员不得将临床可识别的患者数据存储在该中心，所有此类数据在存储之前必须进行匿名处理。⑥访问该中心数据存储的研究人员必须遵守所有适用的联邦、州和地区有关生物、伦理或辐射保障的立法，以及国家卫生和医学研究委员会、基因技术监管办公室和在澳大利亚运营的任何其他相关监管机构通过的所有道德、规范和指南。⑦研究人员在将项目数据存储在该中心之前，必须遵守其机构内的相关道德审批程序。⑧研究人员必须遵守适用于该中心数据存储或使用的数据的任何出口（或进口）法规，包括澳大利亚法律规定的法规，以及适用于该中心数据存储的任何外国法律。⑨研究人员不得将已规定的任何禁止用途的相关数据在该中心存储或使用。

澳大利亚人口健康研究网络（PHRN）是一个全国性的协作网络，西澳大利亚大学（UWA）是 PHRN 的牵头机构，并签署了与澳大利亚政府的首席供资协议。因此，UWA 有权确保符合与澳大利亚政府达成的协定条款。UWA 的 PHRN 项目办公室负责管理和协调网络，UWA 与澳大利亚各地的 PHRN 参与者签订合同，PHRN 为网络中的所有数据中心提供资金。每个数据中心预算的百分比和 PHRN 所涵盖的具体项目取决于 PHRN 的战略优先事项，以及州/地区政府、学术合作伙伴和用户从成本回收中为数据中心提供的联合资金数额。在这些合同中明确规定和陈述了与 PHRN 相关的每个参与组织的作用和责任。

每个 PHRN 参与者都有对应的治理要求，这取决于政府和学术界等组织的类型。PHRN 提供咨询、指导和协调；并且 PHRN 的每个参与者还必须在其所在的司法管辖区和组织的立法和政策要求范围内运作。PHRN 合同要求每个组织遵守1988 年《隐私权法》中的"信息隐私原则"，各自州或地区的隐私、其他立法以及 PHRN 的所有政策。除组织合同外，获取个人信息数据的工作人员和获得链接数据的研究人员必须签署保密协议和具有法律约束力的合同，概述了适用于数据、使用条款和条件，滥用数据和侵犯隐私后果等方面的相关立法。

PHRN 运作的道德和法律框架十分复杂，且复杂性随着数据量和数据来源而增加。社区参与是 PHRN 成功的一个重要组成部分，在网络层面，管理委员会中始终有用户代表。此外，在 PHRN 发展的最初几年，PHRN 向所有参与者提供社区培训，例如如何链接数据和进行研究等方面的相关信息。每个 PHRN 参与者以不同的方式与社区接触，包括治理委员会、社区咨询小组、社区活动（如社区对话）、网站上的信息和社交媒体的代表。

## 2.6.4　建设现状

1995 年，澳大利亚维多利亚州开展电子文件战略项目（Victorian Electronic Records Strategy），该项目目标之一是建立维多利亚州数字档案馆；2005 年，正式接收电子档案移交和提供在线利用；2006 年，澳大利亚国家档案馆建设数字档案馆并成功运行；2011 年，澳大利亚新南威尔士数字档案馆（New South Wales Digital Archive）启动，2013 年正式运行。至目前，澳大利亚形成的 14 个国家级科学数据中心，主要部分在地球系统科学、极地、农业、海洋、气候、电文、能源与资源等领域。总体形成了澳大利亚国家数据中心架构，成为支持澳大利亚"数字政府""开放政府"的数据平台，构建成支持澳大利亚科技创新开展国际交流的"开放科学"基础设施。各数据中心建设具备特色、相互协调，共同推进澳大利亚的教育和数字经济发展。比如，澳大利亚地球科学局追求卓越科学，探索支持地球科学教育的教学资源，支持加强社区的地球科学教育和意识。通过信息、建议和服务支持循证决策，以实现强大的经济、有弹性的社会和可持续的环境。

澳大利亚国家级数据中心通过长期建设，已形成强大的科学体系，为政府投资和决策提供了指导，并鼓励和支持跨学科、跨部门和国际合作，最大化所有澳大利亚人参与科学进程的机会。澳大利亚地球科学局提供世界一流、值得信赖的数据和平台以及专业知识，以支持高影响力的地球科学、透明的循证决策和社会运营许可。澳大利亚地球科学协会还致力于最大限度地提高澳大利亚人对地球科学信息的理解，建立和运营国家基础设施，以衡量和监测环境，使数据可公开获取，为循证决策提供信息。澳大利亚地球科学局在地球科学和开放数据方面发挥国家和国际领导作用，在地球科学的所有领域加速可查找、可访问、可互操作和可重用（FAIR）数据。

澳大利亚南极数据中心（AADC）致力于自由和公开地交换科学数据，为澳大利亚的南极数据提供长期管理，从而提高科学活动的价值和影响力。AADC团队将数据管理和科学领域的专业知识与计算、应用程序开发、地理信息系统、建模和统计分析等方面的技能相结合，协助获取海洋和陆地数据，组织卫星任务以支持科学运动，就数据收集方法提供建议。此外还与国际数据中心和科学家合作，提供数据管理和分析服务，并积极参与科学研究。作为澳大利亚的南极测绘机构，AADC还支持澳大利亚南极计划的后勤运作。

2008年，澳大利亚政府通过国家合作研究基础设施战略（NCRIS）提供资助，由莫纳什大学牵头，联合澳大利亚国立大学以及联邦科学与技术研究组织（CSIRO）组建了澳大利亚国家数据服务中心（ANDS），负责管理澳大利亚的科学数据，确保澳大利亚的核心数据集有序管理并可为澳大利亚以及国际科研界再利用。ANDS通过建立澳大利亚科学数据发现平台（Portal），提供了来自44个机构或网站的近2万个数据集，涵盖自然科学、社会科学、艺术和人文学科等多学科领域的数据中心，为澳大利亚和国际科学研究活动提供科学数据的管理、存储、传播与再利用。

## 2.6.5　经费投资

国家健康与医学研究理事会（National Health and Medical Research Council，NHMRC）、澳大利亚研究理事会（Australian Research Council，ARC）作为澳大利亚最权威的数据开放基金资助机构，近30年间用于高校研发的每1美元按现值计算能使澳大利亚GDP增长约5美元，这表明NHMRC和ARC在科研机构持续投资方面发挥着至关重要的作用。据统计，2021年，NHMRC创意资助计划中基础科学获得的资金分配最多,占已获拨款的72.6%,占已获预算的71.3%。

2004年澳大利亚政府决定到2011年投资82亿美元,用于建立世界级的基础设施和开展科学研究。其中,10亿美元用来改善澳大利亚网络建设,5.42亿美元用于国家合作研究基础设施战略(NCRIS)。NCRIS驱动了35 000个研究者、政府和企业的合作。持续的资金支持,推动了整个国家超级计算的能力和世界级的研究设施的发展,并应用在纳米制造、食品科技、健康、环境和生态城市等各项研究①。

根据澳大利亚《2020年研究基础设施投资计划》,2020年研究基础设施投资计划将继续为澳大利亚研究人员提供现代化和世界级的国家研究基础设施(NRI),这将推动科学、技术和知识的进步,促进经济增长。澳大利亚政府在12年(2007~2019年)内投资40亿美元,为澳大利亚研究人员提供世界领先的研究基础设施。通过国家创新、科学议程和两年一次的研究基础设施投资计划、国家合作研究基础设施战略(NCRIS)①巩固了投资,形成了一套成熟的、网络化的海外研究机构。该计划在2022~2023年期间为目前由国家合作研究基础设施战略(NCRIS)资助的20个项目提供9600万美元;并将Access-NRI、合成生物学和HASS的投资作为试点项目②。其中,拨款6100万美元用于2020~2021年度和2022~2023年度的新NRI能力建设;3630万美元用于扩大由澳大利亚海洋科学研究所运营的国家海洋模拟器(SeaSim),以支持保护大堡礁的研究;760万美元用于改造现有的澳大利亚社区气候和地球系统模拟器,以提高澳大利亚的气候和地球系统建模能力(AccessNRI);830万美元用于建立国家合成生物学研究基础设施能力(BioffounDRY),以提高自动化程度并缩短上市时间;890万美元用于开发有针对性的国家人文、艺术、社会科学(HASS)和本土研究数据工具和平台,以改进研究人员发现、访问、管理和分析澳大利亚社会、文化、遗产和元数据的方式。

波西超级计算机研究中心目前开展的项目共有582项。其中,2021年有56项,2020年有17项,2019年有191项。涉及的学科领域包括应用科学、天文学、生物学、化学、地球科学、能源与资源、工程和物理学,如将双元素杂石墨烯/2H(1T)-MoS$_2$复合材料作为锂离子电池的负极材料、光谱线处理、使用

---

① https://www.sciping.com/14570.html.

② https://www.dese.gov.au/2020-research-infrastructure-investment-plan/resources/2020-research-infrastructure-investment-plan.

MWA 进行谱线分析、基因组监测、纳米结构多铁材料、手术伤口/癌症免疫微环境及时图谱、基因组组装和海洋生态学 eDNA 分析等项目①。

## 2.6.6　人员情况

以三个典型数据中心为例说明澳大利亚数据中心的人员结构和布局。澳大利亚遥感中心由管理部门和 BAE 公司组成。管理部门共有 8 人，主要负责遥感中心的管理和产品的分发。BAE 公司现有 56 人，主要负责遥感中心地面系统的运行、维护维修及系统的升级改造。其新的组织结构主要有三部分：运行部、工程部及发展战略部。运行部有 14 人，负责日常生产运行及产品分发服务，其中日常生产运行 6 人，产品分发服务 8 人；工程部有 16 人，负责系统维护、系统集成开发，其中系统维护 8 人，系统集成开发 8 人；另外发展战略部有 3～4 人，负责发展战略研究决策。

澳大利亚 CSIRO 气候科学中心成员由行政总裁（主席）、国家设施和数据收集执行主任、首席运营官、执行董事、未来产业执行董事、环境能源与资源执行总监、执行董事、首席科学家等组成。针对 CSIRO 气候科学中心的能力、人员和基础设施的发展向行政长官提出建议，以确保 CSIRO 气候科学中心继续保持其卓越的科学声誉和应对国家挑战和机遇的能力，以及吸引、培养和留住最优秀的人才。ET 的职责是决定与 CSIRO 气候科学中心的方向和运营有关的事项，或者向首席执行官（CE）提出建议，并通过 CE 向董事会提出建议。ET 的成员，无论是个人还是作为一个委员会，都支持行政长官领导、指导、协调及控制 CSIRO 气候科学中心的运营和绩效。首席执行官和 ET 成员根据董事会批准的政策、战略和计划以及董事会给首席执行官的指示管理 CSIRO 气候科学中心。ET 委员会不拥有行政长官或董事会的任何授权或决策权（个别成员的身份除外）。然而，作为 CSIRO 气候科学中心最资深的管理机构，ET 在组织如何制定企业范围的决策以及监控和管理战略的执行方面发挥着关键作用。

澳大利亚波西超级计算研究中心的治理由管理委员会监督，由董事会领导和监督中心管理并确定其战略方向，确保实现其目标并维护其价值观。董事会成员包括中心伙伴组织的代表和一名独立主席。

---

① https：//pawsey. org. au/science- showcase/project- allocations/.

## 2.6.7　提供的数据服务

### （1）聚集多源非敏感数据助力教学体验

澳大利亚研究数据共享（ARDC）作为研究数据的最高机构，自成立以来与政府机构、科学机构、政策机构、大学、公共资助的研究机构、医学研究机构、合作研究中心等合作开展项目，共同提供世界领先的研究数据共享空间，支持研究学科访问全国重要的、数据密集型的基础设施和平台，最大限度地提高研究质量和影响。此外，还制定数据管理战略和支持数据储存库认证等方面的策略，具体包括：①将 ARDC 与研究人员、研究机构、行业和政府联系起来，加强知识交流并推动有效的国家数据技能生态系统。②通过数字平台和更好的研究软件实践，支持增加高质量、高影响力的研究。③通过提高澳大利亚研究数据资产的可发现性、可访问性和可使用性，为澳大利亚研究人员提供竞争优势。④通过提供可靠和可持续的基础设施支持澳大利亚的数据和研究优势。目前，ARDC 正在开发研究数据共享计划，将利用过去十年创建数字研究基础设施的丰富经验，以及专业的数据专业知识和与研究机构建立的关系，将数据与云计算基础设施和常用的软件服务、工具和应用程序结合起来，用于管理、分析和共享数据，以便为研究界创建一个可互操作的资源，促进国内和与欧洲开放科学云等国际伙伴的更好合作，利用高质量数据收集和分析平台能力，支持计算和存储、信息学和数据科学专门知识以及相关治理和政策框架。

Data. gov. au 是澳大利亚开放政府数据的主要来源。任何人都可以访问联邦、州和地方政府机构发布的匿名公共数据。这些数据是国家资源，对经济增长、改善服务和改变政策结果具有相当大的价值。除了政府数据，用户还可以查找公共资助的研究数据和来自私人机构的数据集，这些数据符合公共利益。联邦政府的公共数据政策声明要求所有政府机构默认开放非敏感数据，且许多数据集可以使用内置的映射工具进行可视化，并在国家地图中映射和查看包含地理空间字段（如纬度和经度）的数据集。

随着数据资源的广泛应用，为了满足全球对数据基础设施日益增长的需求，澳大利亚研究数据联盟（RDA）于 2013 年作为一个国际性的、社区驱动的组织计划并启动，旨在建设社会和技术基础设施，实现数据的开放共享和再利用。RDA 是一个由研究人员和组织创建的新兴、快速发展的国际组织，由澳大利亚政府通过 ANDS 资助，为全球范围内的科学数据共享提供更有效的基础设施。目前，RDA 拥有来自 145 个国家近 1.3 万名成员，提供一个中立的空间，致力于通过政策、技能、国家数据服务和机构服务的协调，促进澳大利亚的数据共享和数据驱动的研究。

澳大利亚地球科学局提供与课程相关的教育计划，旨在让学生沉浸在动手学习地球科学活动中。在经验丰富的教育工作者的协助下，提供通用和定制课程，以满足个人团体的需求，确保为学生提供最佳实践。澳大利亚地球科学中心也为小学和中学提供教学资源，资源包括背景信息，学生活动，全彩剪裁 3D 模型和海报等。

**（2）组建多种协调机制，推进数据应用**

以澳大利亚信息协调机构为例，无论是在国际、国家还是地方层面，协调机构都既有政府部门又有私营组织，如空间产业商业联盟（SIBA）、公众地图机构（PSMA）、维多利亚州空间数据基础设施（VSDI）等。

国家测绘地理信息行政主管部门是澳大利亚地学署，隶属工业部。在国家层面，协调机构却均独立于地学署之外，如空间政策办公室（OSP）隶属资源能源和旅游部，政府信息管理办公室（AGIMO）隶属财政部，公众地图机构（PSMA）则是国家和州控股的国有公司，目的是加大测绘地理信息在跨行业、跨公私体制之间的协调力度。而地方层面的协调机构则根据不同的协调目的采用不同的模式，如西澳大利亚州为了交换土地相关数据，由土地信息管理局牵头协调，组建政府主导的"一主多辅"协调机构；新南威尔士州为了交换自然资源空间数据，由多个政府部门共同成立协调机构，是政府"多方主导"的结构；维多利亚州为了推动空间数据的跨行业应用，由数据生产方和需求方共同成立协调机构，是政府和企业、科研机构等"跨体制合作"的结构，该协调机构要求董事会主席不能是政府部门人员，这也是为了强调其由应用需求方主导而非数据供给方主导的出发点。

## 2.6.8 数据相关知识产权保护

为应对信息和数据泄露，管理机构应建立隐私框架并纳入机构信息治理框架当中，使其成为机构信息治理的一部分。澳大利亚新南威尔士州信息和隐私委员会发布了隐私治理框架，利用"设计隐私"原则以整体的组织方式管理个人信息，包括设立领导和治理、规划和策略、提供项目和服务、投诉事件管理、评估和报告等。该委员会将隐私和数据保护包含并嵌入到任何项目、流程、产品或系统的早期阶段，进而可尽早确定隐私问题，这样在解决问题时会更简单、成本也更低，并提高各机构的隐私和数据保护意识（王英，2020）。

2007 年，澳大利亚联邦政府颁布由国家健康与医学研究理事会（NHMRC）、澳大利亚研究理事会（ARC）和澳大利亚的多所高校共同参与制订了《澳大利亚负责任研究行为守则》，目的在于明确研究人员、研究机构在数据管理、研究成果出版等方面各自的责任，要求机构必须为数据的安全存储提供设施，每一个机构都必须有一个关于保留数据和材料的政策。

澳大利亚研究理事会（ARC）与澳大利亚政府科学、工业和资源部以及澳大利亚知识产权局联合制定的《澳大利亚国家公共研究的知识产权管理原则》强调实现最大化国家利益和公共研究的投资回报①。开放科学是向使用者免费分享其知识产权，允许所有者通常以慈善目的做出贡献，同时保留其对知识产权的所有权。开放科学很有可能成为一个很好的平衡制度设计，它鼓励人们可以在没有财务障碍的情况下获取知识产权和信息，并进一步为由政府出资的公立机构所产生的知识产权的所有权的推广、传播、使用及必要保护提供指南，更好地利用澳大利亚的研究成果为业界、政府、科研人员和其他组织提供了更多的信息，最大限度地提高国家和公众科研的效益。

## 2.6.9　国内国际合作

国家合作研究基础设施战略（NCRIS）启动了澳大利亚研究数据共享计划，如世界数据中心（系统）（World Data Centeror System，WDC/WDS）内部许多数据中心之间开展了数据镜像，其中 WDC 日地物理数据中心已经在澳大利亚、中国、俄罗斯、日本和印度等国家建立镜像②。此外，由澳大利亚与中国共同管理的澳中科学基金支持澳大利亚和中国之间的战略科学、技术和创新合作，支持澳大利亚和中国研究人员之间的持久伙伴关系、鼓励研究成果的应用和商业化，为早期专业研究人员提供澳中研究经验的机会；并且澳中科研基金支持多领域的研究合作，如食品和农业综合生产、医疗技术和制药、可再生能源等。

澳大利亚人口健康数据中心的电子机构云架构（ERICA）平台为使用敏感数据的研究人员提供了一个安全、可定制、基于云的计算环境。ERICA 是一个编码框架（基础结构即代码），与使用固定计算基础设施的安全数据安全区模型相

---

① http://www.lis.ac.cn/CN/10.13266/j.issn.0252-3116.2021.12.003.

② http://zghjgl.ijournal.cn/ch/reader/create_pdf.aspx? file_no = 20150610&year_id = 2015&quarter_id = 6&falg = 1.

比，具有显著优势。利用商业云提供商（AWS）的丰富服务和可扩展性，使研究人员能够使用各种操作系统和工作空间配置，包括定制新一代高性能和高吞吐量计算资源。ERICA平台通过与其他国家的研究人员合作，支持为澳大利亚数据保管，提供一项数据拥有权规定的数据主权要求，实现数据资源开放共享，从而促进国际合作。

《公共服务大数据战略》指出，产业界、研究机构和学术部门致力于大数据分析项目已有相当长的时间，并将继续投入大数据分析相关的技术支持。政府机构将与产业界、学术界、非政府组织和其他国内外相关团体在大数据分析上进行合作，将受到大数据工作组、澳大利亚政府首席技术官员、DACoE的支持和鼓励，并利用私人和公共部门在大数据分析方面的专业知识和经验，增强政府机构在这个领域的知识和技能。

## 2.6.10 数据发展战略规划

澳大利亚的首个数据战略规划到2030年成为现代数据驱动型社会的愿景，概述将公有数据作为未来经济关键驱动力的方法。数据战略将最大化数据价值，将数据使用和数据保护的各种元素结合在一起，已建立公众信任支持。2025年将审查数据战略取得的成就及新的挑战和机遇（表2-22）。

表2-22 澳大利亚与科学数据中心发展相关的规划

| 战略规划 | 规划年 | 针对科学数据的事项 |
| --- | --- | --- |
| 《全球创新战略》 | 2016年 | 该战略是国家创新与科学议程的关键国际措施，促进澳大利亚国际工业、科学和研究合作的战略。采用一种全政府的方法，旨在增加澳大利亚在国际上的创新和科学联系 |
| 《国家创新与科学议程》 | 2018年 | 制定了澳大利亚2030年的发展目标，即"以创新促进繁荣"。增强科技创新的力量，确保澳大利亚具有创新的政策环境 |
| 《澳大利亚第二个开放政府国家行动计划2018—2020》 | 2018年 | 该计划是与民间社会代表合作制定的，它包含了加强和改善商业开放数据与数字转型、获取政府信息、公共部门诚信、公众参与及透明度和问责制的承诺 |
| 《数据战略2021—2024》 | 2021年 | 基于数据驱动文化的可持续发展，从数据素养到数据流畅、优化数据治理和管理、强化数据分析能力、充分利用位置数据四大优先事项出发。以高质量的数据为基础，改善数据管理和治理方式，简化数据认证程序，提高数据的访问性和可用性 |

| 战略规划 | 规划年 | 针对科学数据的事项 |
|---|---|---|
| 《国家数据安全行动计划》 | 2022 年 | 该行动计划利用现有的立法和政策机制，进一步加强和协调澳大利亚的数据安全政策设置。它将为澳大利亚政府提供新的选择，以弥补任何现有或新出现的差距 |
| 《澳大利亚数据战略》 | 2022 年 | 该战略旨在建立一个可访问、可靠的和关联的国家数据生态体系，于 2030 年前建成数据驱动现代化社会 |
| 《数据和数字政府战略》 | 2023 年 | 通过世界级的数据和数字能力，为所有个人和企业提供简单、安全和互联的公共服务，包括使服务具有包容性、可访问性和响应能力；提供完整性和透明度服务，增加对政府的信任；加强循证政策和决策；加强政府间协作和互操作架构等 |

数据作为国家战略资源，得到高效利用，可以为用户、个人和更广泛的经济带来变革性的好处。将数据的有效、安全、诚信使用作为企业、个人、非政府和政府部门的重要基础工具纳入澳大利亚数据战略，将有助于支持政府到 2030 年成为现代数据驱动型社会的愿景。澳大利亚数据战略标志着澳大利亚政府在 2025 年之前的数据发展目标，侧重于三个关键主题：①实现数据价值最大化——描述数据的重要性、经济和社会价值、在应对优先问题中的用途，以及通过使用和安全共享数据可以获得的好处。当在不同级别的政府、私营部门和非政府部门之间共享时，数据可以创造新的价值。②信任和保护——描述了可在私营和公共部门采用的保护数据安全的设置，以及可用于保护澳大利亚数据并确保其在整个数据生命周期中的道德使用的框架。③支持数据使用——规定利用数据价值的方法和要求，如能力、立法、数据管理和集成及国际参与等。

澳大利亚地球科学局规划 2028 年将为澳大利亚提供一个创新的数字制图平台：改进的定位和导航服务将用于自然资源的管理与地球观测数据的分析；新的卫星能力将用于确定新的大型矿产、能源和地下水资源。

CSIRO 气候科学中心提出的战略规划还包括：未来投资将用于更好的科学和技术解决方案，以解决澳大利亚所面临的挑战，将中心发展成为国家实验室支持澳大利亚新兴创新生态系统，并利用商业化的专业知识，为澳大利亚的科学领域创造新的价值、就业机会和影响。投资突破现有知识边界的研究，相信科学可以解决现实世界的问题，并继续专注于国家科学机构最适合解决的"较少但更大"的挑战；继续扩大在抗旱能力、未来蛋白质、可信农业食品出口和清洁氢工业方面的使命计划；通过领导和合作国家商业化项目，更多地关注克服研究翻译障碍，从而提高澳大利亚卓越研究的影响力；与澳大利亚世界一流大学在内的合作伙伴一道，为促进澳大利亚经济增长量身打造项目，集中投资，以全新而有力的方式与工业、商业和风险资本合作，造就未来的商业巨头①。

澳大利亚政府信息管理办公室于 2013 年发布了《公共服务大数据战略》，该战略是为澳大利亚政府机构负责提供服务和制定政策的高级管理人员制定的，该战略强调有必要对大数据采取全政府的方法，增强各机构的数据分析能力，以支持改进服务提供和制定更好的政策。该战略包括六大原则，即"数据属于国有资产，从设计着手保护隐私，数据完整性与程序透明度，技术和资源共享，与产业界、学术界合作，强化开放数据"，致力于推动公共行业利用大数据分析技术进行服务改革，规范行业数据。

## 2.6.11 前沿研究方向与发展趋势

### (1) 数据计划

根据 2022 年《数据可用性和透明度法案》，为实现澳大利亚政府数据的开放共享，制定了一项新的最佳实践方案--数据计划。数据计划以强有力的保障措施和一致、高效的流程为基础，目的是增加澳大利亚政府数据的可用性和使用性，提供简单、有效和尊重的政府服务，为更好的政府政策和计划提供信息服务，同时也为世界领先的研发提供数据支持。

### (2) 数字化转型

澳大利亚政府致力于提供现代公共服务，将人和企业置于数据和数字化转型的中心。数字化转型重点是政府易于处理、公民知情并能适应数字化的时代，不同机构可以更深入地了解澳大利亚政府数字化转型愿景的意义和范围。通过世界一流的数据和数字能力为所有人和企业提供简单、安全和互联的公共服务。

### (3) 云服务

澳大利亚政府云政策的目的是为基础设施、软件和平台的消费建立云思维，并鼓励政府广泛采用云服务。在整个政府中建立一种期望，即应在适当的情况下采用云服务，以支持传统的、拥有和运营的信息通信技术解决方案；创建一个更加灵活、互联和敏捷的公共部门，充分了解其信息和通信技术的成本；为政府通信技术工作人员培养必要的技能，以有效利用云产品提供新的和改进的服务；减少政府拥有的基础设施（如复制服务器和静态存储）的物理足迹。

---

① https://www.csiro.au/en/research/production.

实现资源的高度灵活性、可扩展性和移动性，资源可以实时、按需、随时随地、在任何设备上使用，并且不受机构拥有基础设施的物理限制。建立简化、互联的政府，各机构能够通过可互操作的云服务共享信息，支持机构间合作，促进综合政府服务的发展。

**（4）数字主权**

数字技术的快速和普遍发展使"数字主权"成为包括澳大利亚在内的许多政府政策议程的重中之重。澳大利亚政府及其机构对澳大利亚公共部门面临的各种"数据挑战"表示担忧，包括数据主权、供应链漏洞和网络安全威胁。澳大利亚政府强调确保数字环境安全、弹性和有效，一定程度的"数字主权"将继续在澳大利亚的国家利益方面发挥关键作用。此外，澳大利亚还保留了监管自主权，采用一种数字主权形式，在其外向型贸易议程和国家利益之间取得适当的平衡。根据国际贸易法，澳大利亚政府有足够的自由度来引入合法的数字主权措施，这些措施与其目标相称，既不会损害澳大利亚在多边贸易体系中的地位，也不会损害其参与国际网络监管。

# 2.7　俄罗斯国家级科学数据中心发展态势

## 2.7.1　概述

俄罗斯国家级科学数据中心主要分布在莫斯科、圣彼得堡和诺夫哥罗德，莫斯科目前占俄罗斯数据中心市场空间的70%以上。由于5G技术的快速部署导致了大量数据的产生，俄罗斯政府进一步增加了对数据中心的投资，特别是对绿色低碳数据中心的投资增加，至2020年，俄罗斯的数据中心正在运营和建设中的机架容量将增加超过30万个机架。俄罗斯的国家级数据中心主要有世界气象数据中心、天文数据中心、俄罗斯联邦核中心及全俄水文气象信息研究所。其中，气象数据中心是俄罗斯联邦水文气象和环境监测局（Roshydromet）下的多学科研究机构之一，隶属于俄罗斯联邦经济发展部。天文数据中心隶属于俄罗斯科学院，由政府财政拨款，数据涵盖天文学、物理、自然科学等学科。生命科学数据中心研究方向集中于生物和医学，生物包括基础生物和医学研究、机构生物学、生物信息学与理论生物学方向；医学包括微生物学、病毒学和免疫学、微生物的新陈代谢、生物化学和遗传学方向。自然科学领域科学数据中心主要包括物理、化学、地球科学（包括地理学）三个大的方向。在物理学科中包括光学，量子光学，原子、分子和等离子体的物理学，天体物理学及天文学方向；化学学科中包括物理和理论化学、聚合物研究方向；地球科学（包括地理学）学科包括大气科学和海洋学、地球物理学和大地测量学、地球化学，矿物学和晶体学、地理、水文研究方向。

## 2.7.2 总体布局

依据俄罗斯国家级科学数据中心遴选指标体系，俄罗斯的国家级科学数据中心有 10 个，主要分布在地质学、地球物理学和地球化学、天文学、海洋学、地震学、气候学、水文学、自然与环境等领域。俄罗斯数据中心市场将在 2021～2026 年预测期内以 6.56% 的复合年增长率增长，且至 2026 年将达到 20.2 亿美元规模。预计在整个预测期内，俄罗斯将增加约 11 万平方米的数据中心空间，其中莫斯科、圣彼得堡和诺夫哥罗德的数据中心数量会快速增长。目前，莫斯科占俄罗斯整个数据中心空间 70% 以上的份额。2020 年俄罗斯数据中心市场规模投资额达 13.8 亿美元，折合 88.2 亿元人民币。随着 5G 技术及其部署的快速投资促进大量数据的产生，俄罗斯将进一步增加对数据中心的投资，并且最快将在明年或后年正式推出商用 5G。当然，连接性的快速发展以及云和物联网的采用也一直是俄罗斯数据中心行业发展的强大推动力。

基于 Web of Science 全库检索俄罗斯地区科学数据相关的文献，共检索到7415 篇文献，如图 2-3 所示。从图 2-3 可以看到，发文量呈逐年减少趋势，2002

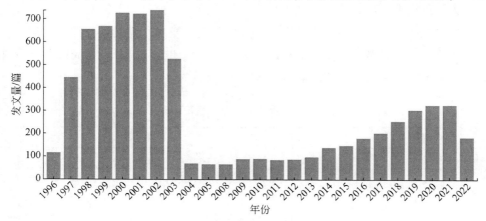

图 2-3 俄罗斯科学数据相关发文量年代分布

注：2022 年的数据为截至 2022 年 9 月 30 日的数据，非全年数据

年发文 737 篇，2021 年仅为 324 篇，截至 2022 年 9 月 29 日，2022 年的发文量为 182 篇。其中，俄罗斯科学院天文研究所天文数据中心的发文最多，达 3376 篇，其次为俄罗斯联邦核中心，共 1223 篇；其他两个数据中心的发文量都相对较少（表 2-23）。

表 2-23　俄罗斯各数据中心发文量统计

| 机构 | 发文量（篇） | 网址 |
| --- | --- | --- |
| 俄罗斯联邦核中心（RFNC，RFNC-VNIIEF） | 1223 | http://www.vniief.ru/en/nuclearcentre/ |
| 天文数据中心（CAD，INASAN） | 3376 | http://www.inasan.ru/en/divisions/dpss/cad/ |
| 地球物理数据中心（GC RAS） | 11 | https://www.gcras.ru/eng/ |
| 世界气象数据中心（WDC for M） | 4 | Http://wdcb.rssi.ru/wdcb_met.html/ |
| 世界海洋学数据中心（WDC for O） | 5 | Http://wdcb.rssi.ru/wdcb_oce.html/ |
| 全俄水文气象信息研究所（RIHMI-WDC） | 94 | https://intaros.nersc.no/content/36-rihmi-wdc/ |
| 极地地球物理研究所 | 36 | http://pgia.ru/ |
| 世界辐射数据中心 | 22 | http://wrdc.mgo.rssi.ru/ |
| 国际地磁指数数据服务 | 35 | https://isgi.unistra.fr/ |
| 原子和离子光谱特性数据库 | 9 | http://spectr-w3.snz.ru/index.phtml |

## 2.7.3　数据管理政策

大数据产业已经成为促进经济社会发展、健全社会治理、提升政府服务及监管水平的重要手段。俄罗斯为了适应大数据时代的变革，促进社会经济发展，进一步改善社会公共服务水平，提升政府现代化治理能力，出台了相应的数据管理政策。俄罗斯的主要数据管理政策如表 2-24 所示。

表 2-24　俄罗斯的主要数据管理政策

| 政策名称（体系） | 时间 | 针对主题 |
| --- | --- | --- |
| 《俄罗斯联邦安全法》 | 1992 年 | 不仅提出信息安全的概念，而且还提出了情报安全概念 |
| 《俄罗斯联邦信息安全纲要》 | 1995 年 | 首次将以往通用的"信息保护"概念变为更加广泛和现代的概念——"信息安全" |
| 《俄罗斯联邦参与国际信息交换法》 | 1996 年 | 提出保护俄罗斯在国际信息交换中的利益，对交换过程中的信息资源、信息产品、信息服务等进行管控，以保护俄罗斯联邦的机密信息和大众信息安全 |

| 政策名称（体系） | 时间 | 针对主题 |
|---|---|---|
| 《俄罗斯联邦国家信息政策构想》 | 1998 年 | 提出通过建立信息安全保障体系，保护国家机密和其他机密，保护信息资源和信息基础建设免受信息恐怖主义和信息犯罪的威胁；加强与全球信息网的互动关系，建立监督跨境信息交流安全状况的机构组织，协调各部门，以防止国家信息安全受到威胁 |
| 《国家信息安全学说》 | 2000 年 | 对《俄罗斯联邦信息安全纲要》（草案）基本内容进行完善，并提出了俄罗斯国家信息安全保护目的、任务、原则和基本内容 |
| 《俄罗斯联邦关于信息、信息技术和信息保护法》 | 2006 年 | 该法规定了整个信息立法系统的准则、对信息安全的立法保护，调整相关主体在开展寻找、获得、传递、生产和传播信息，以及使用信息技术和进行信息保护时产生的法律关系 |
| 《俄罗斯联邦信息安全学说》 | 2016 年 | 这是俄罗斯国家安全领域重要的战略规划文件，该文件阐明了当前俄罗斯联邦政府在信息领域的国家利益及面临的主要安全威胁，确定了保障信息安全的战略目标和主要方向 |
| 《俄罗斯联邦主权互联网法案》 | 2019 年 | 该法基于美国网络霸权背景而提出，就域名自主、定期演习、平台管控、主动断网及技术统筹五个方面，构建起俄罗斯以保护数据主权为目标的网络安全体系 |
| 《国家数据治理体系创建及运行构想》 | 2019 年 | 阐述了俄罗斯联邦政府创建国家数据治理体系的愿景，明确了国家数据治理体系创建的技术路线图 |
| 《关于数字创新领域的实验性法律制度》 | 2020 年 | 这是俄罗斯第一部与人工智能数据安全相关的"监管沙盒"法律。对"监管沙盒"的规范主要包括三个方面：一是强调有真正的创新；二是确保人工智能技术与数据隐私保护协调一致；三是可以动态调整试验内部的规则和数据 |
| 《关于联邦国家信息系统"国家数据管理统一信息平台"的规定》 | 2021 年 | 该文件提出了"数据橱窗"概念。"数据橱窗"是一个软件和硬件的结合体，使用单一的信息平台和单一的系统，实现公共部门、机构和组织间数据的传输和存储 |
| 《俄罗斯联邦国际信息安全领域国家政策框架》 | 2021 年 | 确定了俄罗斯联邦信息安全领域的国家政策框架 |
| 《关于联邦国家信息系统"国家数据管理统一信息平台"的规定》 | 2021 年 | 提高面向公民的国家和市政公共服务的质量和可用性 |

1998 年 12 月，俄罗斯颁布了《俄罗斯联邦国家信息政策构想》，强调指出"国家信息资源属于国有资产，政府有对国家信息资源的形成、存储、传播和商

业利用的职责"。该构想明确了俄罗斯在国家信息资源领域的基本政策，明确提出了建设国家信息资源管理体系的目标。为进一步明确国家信息资源管理体系的建设，俄联邦政府同时还委托联邦通信部与联邦政府通信与信息署共同制定了《国家信息资源管理构想》，该构想明确了国家信息资源管理体系建设的目标、任务、原则及组织基础、法律基础等。

2019 年 6 月，俄罗斯公布了《国家数据治理体系创建及运行构想》，明确指出"国家数据治理是国家数据收集、存储、处理、公开、分发及销毁的过程与国家数据的质量、安全保障系统的总和"，而"国家数据治理体系是一个由信息技术、组织、人员和法律法规等相互联系的要素组成的体系"。该构想阐述了俄联邦政府创建国家数据治理体系的愿景，明确了国家数据治理体系创建的技术路线图。

2021 年 5 月 16 日，俄罗斯联邦政府总理米舒斯汀批准了《关于联邦国家信息系统"国家数据管理统一信息平台"的规定》，该规定将于 2021 年底前正式生效，其主要任务是提高面向公民的国家和市政公共服务的质量和可用性。目前俄罗斯联邦政府第 733 号决议通过实施的国家数据管理统一信息平台，其实质是将来自各政府系统、注册系统和数据库的各类信息集成在统一平台之上，还可以确定具有法律意义的信息的来源，并通过持续监控确保其可靠性、相关性和一致性。

## 2.7.4 建设现状

与俄罗斯广袤的国土面积相比，俄罗斯数据中心市场规模较小。同时，地域发展极不平衡，IT 制造能力较弱，充足的能源供应导致了对高密度机架和能效改善的需求不那么迫切，而快速部署、维护简单的预制化集装箱式数据中心在俄罗斯受到青睐。近两年来，随着俄罗斯云服务和计算能力快速增长，以及外国公司的数据本地化存储法令的颁布，数据中心市场供不应求。俄罗斯在国际地缘政治中受到的制裁影响也体现在了数据中心设备进口替代和国产化需求上。目前国内的华为、腾讯已在俄罗斯开设有数据中心，华为、浪潮等企业也向俄数据中心供应商提供服务器和存储系统。2020 年，俄罗斯数据中心市场较 2019 年增长 19%，数据中心总容量在欧洲、亚洲和中东（EMEA）国家中排名第 15 位。然而，数据中心在俄罗斯的分布并不均衡，莫斯科和圣彼得堡地区占俄罗斯联邦所有数据中心容量的最大份额。

俄罗斯联邦教育和科学部已准备好俄罗斯政府法令草案，将俄罗斯基础研究基金会（RFBR）更名为联邦国家预算机构"俄罗斯科学信息中心"。其主要目标是支持科学研究和发展，促进俄罗斯科教成果融入国际研究社区，传播国内外科学经验，同时为科学技术发展委员会和理事会提供有关俄罗斯科学技术发展优先领域的信息和分析支持，分析已实施、正在进行和计划的项目数据，审查项目，再融资。此外，新中心将开发收集、维护和分析科学信息数据库的方法，为研究人员提供访问该数据库的机会，包括为集中（国家）订阅科学出版物和数据库等提供财政和组织支持①。

## 2.7.5　经费投资

至 2023 年，俄罗斯政府已拨款超过 33 亿卢布（约合 3333 万美元），用于创建和运营信息安全中心（由数字化转型部监管），包括信息安全领域的研发工作，以及开发具有加密算法和信息安全协议的 IT 技术所需的基础设施和实验室。该中心在非营利组织"国家数字密码技术中心"内运作，将加速俄罗斯 IT 技术和综合信息安全机制的大规模引进，为俄罗斯的数字服务、信息系统和电信网络的发展提供支撑。

根据 GLOBE NEWSWIRE 研究，俄罗斯数据中心市场将在 2021 年至 2026 年预测期内的以 6.56% 复合年增长率增长，至 2026 年达到 20.2 亿美元规模，折合 129.2 亿元人民币。预计在整个预测期内，俄罗斯将增加近 11 万平方米的数据中心空间，其中莫斯科、圣彼得堡和诺夫哥罗德的数据中心数量较多，莫斯科占俄罗斯整个数据中心空间 70% 以上的份额。

据统计，2020 年俄罗斯数据中心市场规模投资额达 13.8 亿美元，折合 88.2 亿元人民币。同时，5G 技术及其部署的快速投资促进大量数据的产生，进一步增加了俄罗斯对数据中心的投资，连接性的快速发展以及云和物联网的采用是俄罗斯数据中心行业发展的强大推动力。到 2026 年，俄罗斯数据中心市场规模将见证投资 20.2 亿美元，2021~2026 年复合年增长率为 6.56%②。

---

① https://rg.ru/2022/04/26/novyj-centr-nauchnoj-informacii-zajmetsia-podderzhkoj-razvitiia-issledovanij-i-razrabotok.html

② https://www.arizton.com/market-reports/russia-data-center-market-investment-analysis

## 2.7.6　人员情况

目前，俄罗斯的研发人员主要分为科研人员、技术人员、科辅人员和其他人员。2019 年，俄罗斯科学家中有 29%（9.99 万人）拥有研究生学历，21.6% 拥有副博士学位（7.51 万人，平均年龄 51 岁），7.1% 拥有博士学位（2.48 万人，平均年龄 64 岁）。在科学家的性别分布方面，男性占 61%，占拥有博士学位科学家的 73%、拥有副博士学位科学家的 58%。在科研人员的学科分布方面，2019 年有 21.4 万人（61.4%）集中于技术科学领域，7.93 万人（22.8%）从事自然科学研究，1.95 万人（5.6%）从事社会科学研究，1.44 万人（4.1%）服务于医学行业，1.17 万人（3.4%）从事人文科学研究，0.95 万人（2.7%）受雇于农业部门。俄罗斯科学院研究站现有科研人员 57 人，其中研究员 26 人，理学博士 2 人，理学博士 8 人，员工总数为 133 人。希尔绍夫海洋研究所拥有 1269 名员工，其中包括 116 名理学博士和 262 名多个学科的理学候选人，研究所工作人员中有俄罗斯科学院正式院士（院士）2 名、通讯院士 6 名。卡宾斯基俄罗斯地质研究所工作人员包括 3 名院士、2 名俄罗斯科学院通讯院士、31 名博士和 140 名科学院候选人。俄罗斯水文测量中心设有 18 个部门和实验室以及 11 个其他行政和管理部门。俄罗斯天文数据中心有 5 位博士。

在大数据领域，俄罗斯面临的主要问题：一是人才短缺，尚需 6000 名"数据科学家"，为此需要国家重构高等教育系统，进行数据人才培养；二是需要融资支持，特别是政府层面的风险投资、项目融资和补贴。

## 2.7.7　提供的数据服务

俄罗斯世界气象数据中心（WDC-M）位于奥布宁斯克国家机构"全俄罗斯水文气象信息研究所–世界数据中心"（VNIIGMI-WDC），该中心旨在收集世界各地，重点是俄罗斯的气象数据和信息产品①。俄罗斯世界海洋学数据中心（WDC-B-O）以"VNIIGMI-WDC"的国家海洋学数据中心为基础运行，为用户提供世界物理、化学和动态参数数据的存储和服务海洋，以及通过与其他国家进行国际交流、参与国际项目（全球大气过程研究计划、"热带海洋–全球大气"

---

① http://meteo.ru/mcd/wdcmeteo.html

计划等）而获得的有关海洋学主题的出版物和出版物），或由俄罗斯联邦组织提交用于国际交流。随着世界数据中心向世界数据系统交互的转变，WDC-B 网站上的"海洋学"提供了下载选定数据集的机会，可供世界海洋数据中心、各国国家海洋数据中心以及各类用户使用[①]。

Spectr-W$^3$项目是俄罗斯联邦核中心全俄技术物理研究所（RFNC VNIITF）和俄罗斯科学院高温联合研究所（JIHT RAS）之间的合作项目。SPECTR-W$^3$ ADB 中积累的信息包含超过 45 万条记录，包括有关电离势、能级、波长、辐射跃迁概率、振荡器强度以及（可选）电子碰撞交叉分析近似参数的事实实验和理论数据–原子和离子的部分和速率。这些数据是从物理期刊的出版物、相关会议的会议记录、原子数据的专用出版物中提取的，并由作者直接提供。迄今为止，SPECTR-W$^3$ ADB 是世界上最大的事实数据库，包含多电荷离子光谱特性的信息[②]。

《俄罗斯大全》（Universal Database）数据库，是目前全球最大的，收录俄罗斯学术资源的数据库，内容权威，涉及范围广泛，是研究俄罗斯与独联体国家政治、经济、文化、法律、历史、军事、安全、外交、科技、医学等方面的重要资源。全库共收录资源 600 多种，文章超过 1,200 万篇，以俄语为主，部分资源还同时提供英语与德语。数据库使用极为方便，可对其中的任意部分进行全文检索，可以在俄语、中文、英语、德语四种检索界面之间任意切换，可以进行俄英德三种语言的联合检索，同时收录了大量的过刊。

## 2.7.8　国内国际合作

俄罗斯联邦核中心（RFNC-VNIIEF）国际科技合作与世界科学界针对核武器不扩散的活动密切相关。RFNC-VNIIEF 国际科学和技术合作是根据关于《不扩散核武器条约》《全面禁止核试验条约》，以及基础和应用科学与工业伙伴关系联合研究的政府间协定和框架协定进行的。

1990 年，RFNC-VNIIEF 进行了首次国际接触。在此期间，与美国、法国、中国、捷克和比利时的科学机构签署了备忘录和议定书。国际合作的主要方向有：高密度物理、高温等离子体物理、核物理、激光物理和高功率激光技术、气

---

① http://meteo.ru/mcd/wdcocean.html
② https://www.re3data.org/repository/r3d100011460

体动力学和爆炸物理、数值和理论模拟，以及信息技术、原子能安全、高清洁同位素生产、氚技术、开发满足各种科学生产需求的设备、其他先进技术（包括生物医学）和先进材料等。

目前，RFNC-VNIIEF 合作伙伴有国际原子能机构和欧洲核子研究中心的国际科学机构、中国和韩国的科学基金会等。RFNC-VNIIEF 定期参加国际原子能机构以及国际和欧洲物理学会举办的主要研讨会。2014 年，在《核材料实物保护、控制和衡算协定》框架内的国际合作已经完成，美国与俄罗斯之间的合作始于俄罗斯和美国签署的《关于安全可靠地运输、储存和使用武器以及禁止武器扩散的协定》（Nunn-Lugar 方案）。

1993 年 2 月，RFNC-VNIIEF 与利弗莫尔国家实验室签署了核材料系统实物保护，控制和衡算现代化领域的第一份合同。俄罗斯和美国于 1999 年 10 月 2 日签署了核材料实物保护、控制和衡算领域的合作协议，该协议是与美国国家实验室 LANL、ORNL、LLNL、PNNL 的框架（一般）协议的背景。

2019 年 9 月，俄罗斯总理梅德韦杰夫签署一项决议，授权俄罗斯国家航天公司与中国方面"就合作建立联合月球与深空探测数据中心"进行谈判，以达成协议。俄罗斯国家航天公司表示，该数据中心将建成拥有两个主要节点的信息系统，其中一个主要节点将位于俄罗斯境内，另一个位于中国。此外，梅德韦杰夫签署的决议还授权俄罗斯国家航天公司与中国国家航天局进行磋商，就协同实施俄罗斯"月球-资源-1"轨道器任务和中国"嫦娥七号"月球极区探测任务达成一致。俄罗斯国家航天公司表示，俄罗斯将对中国"嫦娥七号"在月球着陆的地点进行分析。此外，俄罗斯国家航天公司指出，计划在"月球-资源-1"和"嫦娥七号"之间进行数据传输测试。

## 2.7.9 数据相关知识产权保护

数据资源使国家和地区管理与服务更便捷，同时也对国家安全治理带来新的挑战。俄罗斯对数据安全问题的关注始于 20 世纪 90 年代，其对信息安全的重视超过很多西方国家，有关信息安全方面的制度具有颁布时间早、数量多、覆盖面广等特点，总体发展框架是由新版《俄罗斯联邦信息安全学说》和《俄罗斯联邦国际信息安全领域国家政策框架》确定。

保护国家信息安全包括保护军事和情报数据，以及有关国家经济、科学、技术、外交政策等方面的信息数据，这些数据是最敏感的，拥有这些信息的信息系统安全应该受到最严格的保护。而个人信息安全是指公民身份、财产等个人信息的安全状况，其中包括个人机密信息、个人数据等的保护。2002 年俄罗斯政府第 65 号法令批准《2002—2010 年电子俄罗斯》联邦专项纲要，此后，该专项纲要通过发展国家信息和电信基础设施，形成国家统一信息空间，以保障国家信息安全、打击恐怖主义威胁；同时，该专项纲要还通过构建俄罗斯联邦国家信息分析控制系统、"112" 系统、全俄国家信息中心等持续保障俄罗斯国家信息安全。2006 年《俄罗斯联邦关于信息、信息技术和信息保护法》提出创建和运行信息系统时，需要在确保俄罗斯国家安全的同时，保障公民（包括儿童）个人隐私不受侵犯，且未经本人同意不得收集、储存、使用和传播其私人信息。该法还规定了信息治理原则、信息提供和传播的程序、信息所有者和搜索引擎运营商的权利和义务。2010 年俄罗斯联邦政府批准《信息社会（2011—2020）》，2020 年更新为《信息社会》（新版），其主要根据国内数据传输、处理和存储的情况保障个人、企业和国家的信息安全，预防信息社会中的潜在威胁（张涛和张莹秋，2022）。

俄罗斯数据保护最主要的监管部门是俄罗斯电信/信息技术和大众传媒联邦监管局。此外，一般性法律、规章和地方性行政法规中，也有对数据保护的特定条款，发布方和发布部门涉及俄罗斯总统、俄罗斯政府、俄罗斯联邦技术和出口服务局及俄罗斯联邦安全局等。

俄罗斯政府高度重视网络安全问题，认为社会的稳定、公民权利和自由的保障、法制秩序及国家财富直至国家领土完整的维护，在现阶段很大程度上都取决于保障信息安全和信息防护等问题的有效解决。为此，自 20 世纪 80 年代末，俄罗斯联邦最高国家政权机关做出了一系列非常重视保护信息安全的决策。

1992 年，俄罗斯国家技术委员会成立，主要负责执行统一的技术政策，协调信息保护领域的工作。该委员会领导国家信息安全，负责保持反技术侦察系统，确保信息安全不被外国技术侦察，同时确保在俄罗斯联邦境内信息不在技术渠道流失。

1995 年，俄罗斯宪法把信息安全纳入了国家安全管理范围，颁布了《联邦信息、信息化和信息网络保护法》。该法强调了国家在建立信息资源和信息网络化中的责任，"旨在为完成联邦社会和经济发展的战略、战役任务，提供高效益、高质量的信息保障创造条件"。法规中明确界定了信息资源开放和保密的范畴，提出了保护信息网络的法律责任。

1995 年，以总统令形式发布了《禁止生产和使用未经批准许可的密码设备》

的规定，以加强对国家权力机关、俄罗斯财政信贷机构、企业和组织的信息远程通信系统的保护。

1996 年，修订后的《俄联邦刑法典》明确界定了计算机信息领域犯罪。

1997 年，《俄罗斯国家安全构想》明确提出：保障国家安全应把保障经济安全放在第一位，而信息安全又是经济安全的重中之重。

2002 年，俄罗斯安全委员会通过了《国家信息安全学说》，明确了联邦信息安全建设的目的、任务、原则和主要内容，对国家信息网络安全面临的问题及信息网络战武器装备现状、发展前景和防御方法等进行了详尽的论述，阐明了俄罗斯在信息网络安全方面的立场、观点和基本方针，提出了在该领域实现国家利益的手段和相关措施。第一次明确指出了俄罗斯在信息领域的利益是什么、受到的威胁是什么及为确保信息安全所要采取的措施等。

俄罗斯建立了完善的信息保护国家系统，通过执行俄罗斯联邦总统直管的国家技术委员会条例，保证信息保护领域的国家统一政策，同时兼顾国家、社会和个人利益的均衡。俄罗斯联邦政府从信息安全、经济安全、国防安全、生态安全和社会安全几个方面入手，将信息安全策略分为全权安全政策和选择性安全政策两类，提出了主客体分级访问的构想来控制存取访问，即只有当主体的现时安全能力不低于客体临界标记时，信息方可"向上"传输。

## 2.7.10 数据发展战略规划

由俄罗斯总统令于 2016 年 12 月 1 日第 642 号法令批准的《俄罗斯联邦科学技术发展战略》，规划了未来 10～15 年俄罗斯科技创新优先发展方向，包括发展数字技术、人工智能，开发大数据、机器学习及人工智能系统等内容[①]（表 2-25）。

表 2-25 俄罗斯与科学数据发展相关的规划

| 战略规划 | 规划年 | 针对科学数据的事项 |
| --- | --- | --- |
| 《俄罗斯联邦科学技术发展战略》 | 2016 年 | 规划了未来 10～15 年俄罗斯科技创新优先发展方向，包括发展数字技术、人工智能，开发大数据、机器学习及人工智能系统等内容 |

---

① http://kremlin. ru/acts/bank/41449.

| 战略规划 | 规划年 | 针对科学数据的事项 |
|---|---|---|
| 《俄罗斯联邦数字经济计划》 | 2017 年 | 利用现代数字技术，保证国家信息安全，主要包括大数据、神经网络技术和人工智能、分布式注册系统、量子技术、新型制造技术、工业互联网、机器人和传感器、无线技术、虚拟和增强现实技术等，促进俄罗斯数字经济发展 |
| 《2017—2030 年俄罗斯联邦信息社会发展战略》 | 2017 年 | 指出数字经济是以电子数据作为关键生产要素进行大数据加工和分析并利用分析结果的经营方式。与传统经营方式相比，可以切实有效提高各种生产方式、技术、设备、存储、销售的效率并提升商品服务的运送效率。为俄罗斯政府、企业和公民密集使用信息和通信技术奠定了基础 |
| 《俄罗斯联邦 2017—2030 年数字经济发展计划》 | 2017 年 | 该计划提出信息基础设施和信息安全是构成数字经济的主要基础设施要素，确定了信息安全的基本原则：优先使用国产软件和设备，使用俄罗斯本国技术，确保传输信息的完整性、机密性、安全性和可访问性 |
| 《国家科学技术发展计划》 | 2019 年 | 通过推动智力潜力和技术创新升级，实现知识型结构转型和技术升级，完善知识型经济发展模式 |

2017 年 7 月 28 日第 1632 号政府法令批准了《俄罗斯联邦数字经济计划》，推进利用现代数字技术，保证国家信息安全，主要包括大数据、神经网络技术和人工智能、分布式注册系统、量子技术、新型制造技术、工业互联网、机器人和传感器、无线技术、虚拟和增强现实技术等[1]。

2017 年 5 月 9 日第 203 号俄罗斯联邦总统令批准了《2017-2030 年俄罗斯联邦信息社会发展战略》[2]。

2019 年 4 月，俄罗斯政府出台新一期面向 2030 年的《国家科学技术发展计划》，将"科技"视为应对诸多国家及全球经济社会挑战的关键工具，旨在通过推动智力潜力和技术创新升级，实现知识型结构转型和技术升级，完善知识型经济发展模式。

---

[1]　http://government. ru/docs/28653/.

[2]　http://www. kremlin. ru/acts/bank/41919.

## 2.7.11 前沿研究方向和发展趋势

基于对 2035 年俄罗斯国家科技发展的前瞻,《俄罗斯联邦科技发展战略》规划了未来 10～15 年俄罗斯科技创新优先方向:发展数字技术、人工智能,先进机器人,采用新材料和新设计方法,开发大数据、机器学习及人工智能系统;推广环保型清洁能源和节约型能源,提高碳氢化合物开采和深加工效率,开发新能源,探索运输和贮存能源的新方法;发展个性化医疗、预防医疗及各类卫生保健新科技;发展高效清洁的生态农业和水产养殖业,开发并合理利用化工产品,保护生态环境。充分利用并高效加工农产品,开发安全、高品质食品体系;以新科技手段应对科技和生物发展带来的挑战,解决文明冲突、恐怖主义、极端主义、网络威胁等社会和经济风险。构建智能交通和通信系统,以确保俄罗斯在国际交通体系中的主导地位,开发利用宇宙和海洋空间以及南北极,加强地区间联系;积极应对人与自然、技术、社会等方面的矛盾冲突,发展人文科学和社会科学等。

俄罗斯在大数据、区块链、人工智能等新一代信息技术领域具有一定的技术储备,并正在拓展其应用领域。[①]

**（1）大数据**

俄罗斯总统普京在 2018 年度国情咨文中指出,俄罗斯应当成为大数据存储领域的领先者。波士顿咨询公司数据显示,自 2015 年以来,俄罗斯大数据市场以年均 12% 的速度增长,2019 年市场规模约为 450 亿卢布。俄罗斯大数据协会预测,2024 年前,俄罗斯大数据市场将呈现爆炸性增长,2024 市场规模将达到3000 亿卢布。大数据的应用将赋能各行业发展,未来 5 年内通过使用和处理大数据,有望使俄罗斯大部分行业的增加值得到大幅提升。目前,在大数据领域,俄罗斯面临的主要问题:一是人才短缺,尚需 6000 名 "数据科学家",为此需要国家重构高等教育系统,进行数据人才培养;二是需要融资支持,特别是政府层面的风险投资、项目融资和补贴。

**（2）云服务**

2018 年俄罗斯市场云服务支出达到 8.04 亿美元,同比增长 24.8% 。俄罗斯云服务市场的公有云服务和私有云服务分别占 85% 和 15% 。截至 2018 年年底,"微软"在俄罗斯云服务市场所占份额为 11.1% ,继续保持领先地位。当前,俄

---

① http://euroasia.cssn.cn/kycg/lw/202105/t20210510_ 5332251. shtml

罗斯云服务市场发展呈现以下发展趋势：一是主要市场参与者加快合并重组；二是服务产品种类持续增加；三是云服务产品的成熟度不断提高；四是在地区客户（包括各地区权力执行机构、学校和医疗机构等）需求增加的背景下，云服务大型供应商逐渐加大在各地区布局。2018 年俄罗斯公有云服务市场规模达 559 亿卢布，其中，"软件服务"占 59.8%，"基础设施服务"占 29.7%，"平台服务"占 10.6%。目前，俄罗斯已经成为云服务的出口国：在"软件服务"板块，俄国内云提供商营收额的 5.1%来自外国客户，约为 24 亿卢布；在"基础设施服务"板块，外国客户提供营收额的 2.2%，约为 3.8 亿卢布。据预测，2018～2023 年俄罗斯公有云服务市场的年均增长率为 20%，2023 年市场规模将达到 1420 亿卢布。

**（3）人工智能**

俄罗斯联邦数字发展、电信和大众传播部数据显示，2018 年俄罗斯人工智能技术市场规模为 20 亿卢布，到 2024 年将达 1 600 亿卢布，届时将占俄罗斯 GDP 的 0.8%，到 2030 年占比将达 3.6%。2019 年俄罗斯人工智能技术市场投入达 1.393 亿美元，同比增长 48.2%。其中，49%是算力投入，28%是软件投入，23%是业务投入和 IT 服务投入。为促进人工智能技术应用，2019 年 5 月俄罗斯设立人工智能标准化技术委员会，管理与人工智能技术应用相关的技术法规问题。俄罗斯企业对人工智能应用方案持积极态度，在研发中使用人工智能技术的占 41%；在与客户合作中使用人工智能技术的占 32%；在客户服务中使用人工智能技术的占 31%。"人工智能时代的商业领袖"（Business Leaders in the Age of AI）调查显示，30%的俄罗斯企业高管积极应用人工智能，而世界平均水平为 22.3%，法国仅有 10%。对于俄罗斯人工智能领域的未来发展，超过 90%的俄罗斯受访专家认为，人工智能将在 2019～2024 年影响经济增长、劳动生产率、创新发展和就业。对于阻碍俄罗斯人工智能发展的因素，专家认为，主要挑战是数据管理（收集、分析和解读）、相关专家不足且职业技能有待提高、现有业务模式亟待改变等。

俄罗斯充分发挥政府作用，自上而下地系统推动数字经济发展和各个层面的数字化转型，从顶层设计、制度供给、网络安全保障、资金支持、基础设施建设、技术研发、人员培训等维度给予不遗余力的支持，并主要以国家机构数字化转型、公共服务数字化和国有企业数字化转型为抓手，培育数字化转型动能，已取得了一定成效，并且各方面的措施还在积极跟进。未来，除了政府自上而下推进之外，须借需求增长之势，进一步激发基层的数字化转型积极性，实现政府作用和基层动能双向发力，才能保证数字经济发展和数字化转型持续稳定推进，逐步完成普京总统布置的"十年数字化转型任务"，即"在接下来的十年中，我们必须对整个国家，整个俄罗斯进行数字化转型"。

# 2.8　韩国国家级科学数据中心发展态势

## 2.8.1　概述

　　韩国数据中心的焦点侧重于在全球化与信息时代发挥自身的作用，建立各类数据库，包括人口统计、经济、社会、法律、公共卫生及选举等方面的数据（Kim，2018），以便研究人员在国家间进行比较研究及相关时间对比分析。韩国科学数据中心的长期发展计划不仅仅是通过与国内其他机构合作实现，还通过加强与其他国家的联系，以便为数据使用者提供全面指导。

　　韩国科学技术信息研究院（KISTI）为了有效推进高等院校及科研机构科技成果转化，研究开发多种新软件，以知识的形式解释原始数据。KISTI 建立了全球大容量实验数据中心（GSDC），并提供服务支持。KISTI 为这些 GSDC 提供 iOS 服务，为应对安卓等移动设备环境急剧变化的形势，开发了全球社区和 Mobile User Portal Service（MUPS）的移动 Web 服务。

　　韩国国家研究财团的《人文社会领域学术研究支援事业处理规定》（教育科学技术部训令第 111 号）第 34 条中提到了促进研究成果物的数据库化和共享。首先由韩国科学技术信息研究院提供生物多样性、化合物、基因、蛋白质、无机晶体结构、等离子体物性、数码韩国、传统韩医学、食品、天然物质等与科学数据的收集及服务。此外，还生产并提供海量实验数据，并自主开展虚拟细胞、生态数据积累与模拟、数据可视化等科学数据相关课题。

## 2.8.2　总体布局

　　韩国拥有最先进的数字基础设施，是亚洲增长最快的市场之一。韩国在数据中心创新和托管基础设施方面迈出了第一步，首尔是韩国最大的领导者，京畿道和釜山对数据中心的建设布局也在持续优化。其中，科学数据中心的分布较为分散，首尔、仁川、釜山、大田等地区均有分布，如大田市原子能研究所的核数据中心、天文数据中心，仁川的极地数据中心以及釜山的海洋数据中心。

　　韩国国家级科学数据中心涵盖的学科领域主要有海洋、天文、极地等自然科学领域以及人文社科类。例如，韩国社会科学数据中心主要涉及社会科学知识信息化建设与服务、学术研究振兴支持项目、小学/初中/高中尤里卡统计分析服务、学术和政策研究的专业研究项目；韩国海洋数据中心则主要致力于海洋学数据和信息的采集、处理、质量控制、归档、分析和传播。

基于 Web of Science 全库检索韩国数据相关的文献，在遴选的国家级科学数据中心中，有六所机构有发文，一所机构未有发文（韩国天文数据中心，KDC for SDO）。在发文的机构中，韩国原子能研究所（KAERI）核数据中心的发文量最多，达122篇。作为韩国第一家科学技术研究所和世界上最好的核研究中心之一，KAERI 正在建设一个以人和环境为中心的安全社会。韩国社会科学数据中心发文量位居第二，发文39篇。韩国量子信息研究支持中心发文最少，仅有1篇（表2-26）。

表 2-26　韩国国家级科学数据中心名称及 WOS 发文量

| 序号 | 国家级科学数据中心名称 | 发文量（篇） | 网址 |
|---|---|---|---|
| 1 | 韩国社会科学数据中心（KSDC） | 39 | https://www.ksdc.re.kr/ |
| 2 | 韩国海洋数据中心（KODC） | 26 | https://www.nifs.go.kr/kodc/eng/index.kodc |
| 3 | 韩国量子信息研究支持中心（QCENTER） | 1 | https://qcenter.kr/ |
| 4 | 韩国天文数据中心（KDC for SDO） | 0 | http://sdo.kasi.re.kr/kdc4sdo.aspx |
| 5 | 韩国原子能研究所核数据中心（Nuclear Data Center at KAERI） | 122 | https://atom.kaeri.re.kr/ |
| 6 | 韩国生物大数据国家专项（The National Project of Bio Big Data） | 9 | https://bighug.kdca.go.kr/bigdata/ |
| 7 | 韩国极地数据中心（KPDC） | 20 | https://kpdc.kopri.re.kr/ |

注：数据统计截止时间 2022 年 12 月

## 2.8.3　数据管理政策

提高数据获取的便利性，既有利于满足公众的知情权，又能够发展增加经济价值的新服务；然而信息过度公开又可能导致个人数据滥用、侵犯隐私等问题。在政府数据开放政策的框架下，韩国率先实施了多种数据访问管理的方法，韩国主要的数据管理政策见表2-27。

表 2-27　韩国主要的数据管理政策

| 政策名称（体系） | 时间 | 针对主题 |
|---|---|---|
| 《公共机构信息公开法案》 | 1996 年 | 该法以公民知情权的保障与限制为主线贯穿始终，体现了"保障是原则、限制是例外"的思想 |
| 《关键信息基础设施保护法》 | 2001 年 | 根据 *Critical Information Infrastructure Protection in Korea*（CIIP）法案，韩国在总理办公室下设立了一个关键信息基础设施保护委员会，以协调几个政府当局与 CIIP 相关的活动；且包括核电站系统、运输系统和商业银行网络在内的 400 多个设施被指定为关键信息基础设施 |
| 《网络安全基本法》 | 2006 年 | 明确每个机构的作用和责任及全国性的网络安全框架 |
| 《个人信息保护法》 | 2011 年 | 将个人信息定义为可单独或与其他信息结合用于识别与该信息关联人的信息。因此，各种类型的个人信息，如互联网协议地址和媒体访问控制地址均被视为个人信息，在使用中都受到了一定的限制 |
| 《建立和利用国家科学数据基础研究管理》 | 2012 年 | 概括地掌握主要国家科学数据管理及应用的政策动向 |
| 《公共数据供给和利用促进的执行计划》 | 2014 年 | 根据这一计划，504 种具有高需求并对社会具有更大影响的公共数据将被优先选择发布 |
| 《国家 R&D 项目管理条例》 | 2019 年 | 制定了数据管理计划（DMP），该计划是指研究数据的生产、保存、管理和联合使用的计划 |
| 《国家网络安全战略》 | 2019 年 | 提出了六大战略支柱，即提高国家重点基础设施安全、增强网络攻击应对能力、实施基于信任与合作的网络治理、发展网络安全产业、培育网络安全文化及引领网络安全国际合作 |
| 《公共数据法》 | 2020 年 | 要求国家机关和地方政府积极推进公共数据开放，并委托韩国智能信息社会振兴院构建大数据平台 |
| 《数据产业振兴和利用促进基本法》 | 2021 年 | 旨在为发展数据产业和振兴数据经济奠定基础 |

　　为了保障国民的知情权及国家事务的透明度，韩国于 1996 年制定了《公共机构信息公开法案》，规定了公共机构信息公开义务的必要事项和形式。随着科技的发展，以及随之而来的大量数据和新应用程序，公共信息的范式也发生了巨

大变化。2011 年 3 月，韩国制定了《个人信息保护法》（PIPA），并于同年 9 月正式生效。2021 年 9 月 28 日，韩国个人信息保护委员会向国会提交了《个人信息保护法（修正案）》。此次修正案意义重大，是韩国自 2011 年颁布《个人信息保护法》以来，首次由政府主导，并结合产业界、市民团体以相关部门等多方意见而形成的兼具全面性和实质性的修正案。个人信息保护的基本原则、个人信息保护的基准、信息主体的权利保障、个人信息自决权等问题作出了全面的规定。它主要适用于私人部门和公共机构处理个人信息的准则，成为韩国关于数据保护的一般法律。此外，韩国政府于 2002 年成立了电子政府特别委员会，研究建立电子政府服务的政策及措施。2005 年，韩国科技信息通信部在大田市设立了政府综合计算中心，后于 2017 年更名为国家信息资源管理处[①]。

2019 年，韩国政府在《国家 R&D 项目管理条例》（以下简称《联合管理条例》）下，制定了数据管理计划（DMP），该计划是指研究数据的生产、保存、管理和联合使用的计划（联合管理条例第二条第十九款）。DMP 被公认为是一项提高研究人员对数据管理和共享意识的重要政策。为了使 DMP 系统有效实施并保持其连续性，研究人员需要各种支持条件，包括标准化管理支持，基础设施共享支持。此外，DMP 在国家或机构报告的研究任务所产生的数据的现状和再利用方面也发挥了关键作用[②]。2020 年，韩国政府推出数字经济发展计划，颁布了《公共数据法》，要求国家机关和地方政府积极推进公共数据开放，并委托韩国智能信息社会振兴院构建大数据平台。2021 年 2 月，韩国政府成立了"数据 119 项目"（Data 119 Project），并发布了一项旨在利用开放数据重振数字经济的数据战略。同时，该战略要求修改《个人信息保护法》《信息通信技术与安全法》和《信用信息保护法》，推出 9 项新的数据服务和 11 项行动任务，包括成立一个特别数据委员会，以期通过提高数据保护水平获得欧盟《通用数据保护条例》（GDPR）的充分性认定。截至 2021 年 12 月，有 977 个机构开放了公共数据，共公开 49 324 份文件数据，开放了 8055 个应用程序接口。

除以上政策，每个科学数据中心会根据需要自行制定或遵循一些数据管理政策。例如，韩国海洋数据中心在法律允许的范围内，遵循 IOC 海洋学数据交换政策，并确保存档数据完全公开可用。此外，还尊重数据生产者或提供商对数据分发的限制；同时资料使用者须披露产品、网站、刊物等所使用的资料来源。韩国

---

① https：//www. 163. com/dy/article/GULC45U90552NPC3. html.
② https：//www. 163. com/dy/article/GULC45U90552NPC3. html.

极地数据中心为每个单独的研究领域实施数据管理系统,以及制定和实施极地数据管理基础设施政策,包括建立数据管理策略,按国家/地区分析数据管理政策及建立详细的数据管理指南、极地数据治理策略等。

## 2.8.4　建设现状

韩国的数据产业起步于 20 世纪 70 年代初,当时,韩国科学技术信息中心(KORSTIC)利用外国数据库,如 Chemical Abstracts Service、NTIS、Compen-dex、Dialog 等,提供数据库服务(柳宝玲和祁延莉,2001)。1982 年,韩国根据政府的数据通信振兴政策成立了 DACOM 公司,建立了信息流通高速通信网(DACOMnet),1983 年开始向公众提供利用通信网接收的数据库流通服务。与此同时,KREOnet学术研究网、KREN 教育网和韩国通信公司的 KORnet 等公众信息网也相继建成并提供基于因特网的信息服务,为韩国数据库产业的快速发展奠定了基础。

1979 年 3 月,韩国科学技术研究所附属海洋开发研究所(韩国海洋研究所前身)韩国海洋数据中心(KODC)设立。1980 年 8 月韩国海洋科学委员会(KOC)第二次全体会议决定将 KODC 移交给国立水产振兴院。1981 年 1 月国家渔业促进中心被指定为韩国海洋数据中心(KODC),2016 年获得质量管理体系ISO 9001。

1997 年 11 月,韩国社会科学数据中心(KSDC)成立,宗旨是收集与管理各类社会数据,为社会科学的学术发展服务。在全球化与信息时代,社会科学数据中心的成立更显示出其必要性。

2003 年,韩国极地数据中心(KPDC)成立,2010 年韩国政府制定了《韩国极地数据中心总体规划》,指导数据中心。自此,韩国极地数据中心一直致力于构建一个可靠的数字数据管理系统,该系统通过开发和运行元数据管理系统来实现,并为每个单独的研究领域提供数据管理服务,同时制定和实施极地数据管理政策。目前,KPDC 已经建立了多种类型的数据库,包括南极、北极、极光、气象、陆地和生态等多个领域的数据。其数据覆盖范围也在不断扩大,除了收集和管理韩国参与南北极科考的数据外,还与其他国家和地区的极地科学机构建立了合作关系,共同开展数据采集、管理和共享服务工作。

## 2.8.5　经费投资

在资金投入方面,韩国在 2015 年 ICT 预算中,将包括大数据、物联网、5G

网络、软件产业等在内的预算资金较上年提高 14.4%，达到 6444 亿韩元。在《2015 年国家情报化实行计划》中，对大数据相关预算比上年增加 54%，进一步为研发大数据尖端技术提供资金保障。

韩国科学技术信息通信部 2019 年 5 月 12 日对外宣布，未来三年将投入 1516 亿韩元，支持 10 个不同行业大数据平台及相关机构的 100 个大数据中心建设。2019 年计划分两批开展工作，总投入规模达 640 亿韩元[1]。

2021 年 7 月 22 日，韩国科学技术信息通信部表示，到 2025 年将投入 49 万亿韩元，用于在全产业链领域可使用的人工智能（AI）和 5G 专业网络研发，以此推动数字新政 2.0[2]。2021 年韩国政府预算为 2022 年"数字新政"的投资额度高达 1.7018 万亿韩元[3]。

2022 年韩国数据中心市场规模为 41.9 亿美元，预计到 2028 年将达到 62.4 亿美元的投资，2022～2028 年复合年增长率为 6.87%。韩国是主要的数字中心之一，这得益于政府的数字化倡议、多家软件公司的存在、与亚太地区和全球主要市场的强大海底光缆连接以及其他因素。

韩国国家研究财团为促进科学技术领域的研发提供规划和研究支持，2023 年预计投资 9.7376 万亿韩元。其中，国家政策研究中心共计 25325 亿韩元；人文社会领域的学术研究共计 2799 亿韩元；学术研究振兴和人才培养共计 38623 亿韩元；基础研究 26006 亿韩元；用于国际合作研究共计 1035 亿韩元。

## 2.8.6 人员情况

韩国在推进科学技术事业过程中高度重视科学数据中心建设，相关机构在数据中心的规划、建设和运营方面都十分注重专业人才的引进、培养和使用。例如，韩国信息化振兴院（NIA）在推进技术进步和基础设施建设的同时，把对社会、产业变化的核心人物的投资，作为"数字新政"的重要轴心。其在 2020 年投入 503 亿韩元，2022 年投入 1500 亿韩元，用于推进"全民数字力量强化教育事业"[4]。

韩国明知大学未来政策中心开设社会科学数据专家培训课程，开展理论和实

---

① https://www.sciencetimes.co.kr/? p = 190986&cat = 32&post_type = news.

② https://www.yna.co.kr/view/AKR202107211531000017? section = industry/technology-science.

③ http://www.ciia.org.cn/news/15443.cshtml.

④ http://www.dt.co.kr/contents.html? article_ no = 2020072302109931650006.

践教育，培养社会科学领域的青年研究人员。

韩国研究人员数据记录的主题领域以生物医疗领域为主，具体如表 2-28 所示。

**表 2-28　韩国主题领域研究人员数据记录**

| 主题领域 | 记录数 |
| --- | --- |
| Genetics Heredity | 16 429 |
| Biochemistry Molecular Biology | 12 631 |
| Social Sciences Other Topics | 20 |
| Oceanography | 14 |
| Science Technology Other Topics | 13 |
| Geology | 12 |

## 2.8.7　提供的数据服务

韩国重点通过建立的开放平台，实现统一的科学数据管理，向用户提供数据集共享服务，同时提供各类数据集存储支持服务，并在各数据中心之间建立平台，互动环境，实现与外部互连的快速联动数据服务和专门的数据处理服务。如：DataNest 作为韩国机构的研究数据储存库，是基于 DSpace 和 Fedora 共用资源，由韩国科学技术信息研究所基于社区，对增强现有功能和创建新功能所需内容的反馈而开发的。DataNest 社区请求流程如下：在元数据管理中，请求用户将自定义字段添加到现有的集合架构中。在互操作中，请求使用 OpenDOAR、ROAR、re3data.org、Databib 自动注册存储库。此外，数据提交应经电子邮件批准，需要在存储库之间进行互操作。在产品质量方面，系统应具备必要的安全功能。对于数据提交、摄入和管理，应该支持版本控制。个人资料应以安全的方式处理。此外，在共同作者的情况下，所有作者都有必要对数据进行检查和验证，或者提供有代表性的检查机制。除了管理权限之外，还应有每个集合的权限和对上载及重用模板的支持（Wani et al.，2018）。若要在特定集合中进行自定义搜索，需执行以下操作：搜索查询应该支持语法突出显示；未经授权的用户不能下载数据；只向特定用户提供原始数据；必须有一种方法来提取 SNS 数据；用户必须能够根据提供的配置文件配置系统。当提交数据时，用户必须能够将文件附加到所需的字段。搜索界面支持按组织或集合名称进行搜索，并支持处理数字数据的专门功能。最后，可以拆分和合并集合。

以韩国海洋数据中心（KODC）为例，KODC 进行元数据搜索时，设有逐级搜索限制。一级限制可选择"空间范围、时间范围、海域名称、参数、索引语、项目、资料中心……"，二级搜索限制包括"经度、维度、from、to、东海、西海、南海、水温、盐分……"。另外，KODC 不仅可以检索元数据；还可作为海洋观测资料，提供沿岸地点观测资料、旌善郡海洋观测资料、韩半岛周边海域的CTD 资料。KODC 致力于通过提供最高质量的海洋科学数据和信息来满足服务用户的需求。此外，通过数据和信息服务，寻求公共利益，如促进海洋科学研究，预防海洋和渔业灾害，以及为海洋工业和渔业的发展做出贡献。KODC 允许访问各种数据，包括"海洋观测数据"和"根据数据处理或间接获得的信息"。海洋观测数据是指通过科学技术或基于此类技术的仪器获得的科学量化的海洋值。目前，KODC 使用船舶提供原位观测数据、沿海静止观测数据、浮标观测数据和卫星观测数据，并且可以根据未来观测技术的发展增加观测数据的种类。KODC 网站以文本（ASCI）和 Excel 格式提供数据，这些格式被公众广泛使用，新的文件存储格式也将持续增加，如 NetCDF。

"国家研究数据平台服务"（Korea research data platform service）作为国内外研究数据信息服务的平台，以研究数据门户搜索研究数据、共享、管理提供多种机构的数据系统服务。2019 年 2 月 16 日开始由韩国科学技术信息研究院提供服务。与国家科学技术知识信息服务相联系，解决相关研究数据的计算和问题，研究数据被赋予 DOI 可以进行数据的识别、使用和使用追踪。

韩国研究数据存储库 DataON 是一个全国性的研究数据平台，系统地共享和管理研究数据，支持搜索、分析和利用服务，通过系统化管理研究数据，提供可靠、长期的方法。在数据平台上提供约 190 万份的数据，可以一站式搜索和利用整个平台的研究数据。平台数据分为关联数据和注册数据，关联数据从全球主要研究数据存储库中收集元数据，注册数据包括韩国政府资助的研究项目产生的数据以及国家科学技术分类系统科学技术与人文社会科学相对应的研究数据（元数据和文件数据）。除此之外，还对政府支持的研发过程中积累的研究数据进行系统化管理（访问、保存、存储、检索等）和共享利用。在国内外共享利用项目方面，确保与国内外数据存储库的互通性。DataON 发展数据存储和分发技术，实现数据分发历史的透明管理，防止伪造和篡改；建设计算、存储、网络基础设施，支撑国家科研数据平台运行和大小领域专业中心任务的执行。

## 2.8.8 数据相关知识产权保护

近代意义上较为完整的韩国知识产权保护法律体系建立于 20 世纪五六十年代。1957 年，韩国政府初次制定并颁布了《韩国版权法》，并在 1986 年全面修订（卫北，2015）。韩国知识产权保护工作走向国际化始于 1979 年，并于同年加入了《建立世界知识产权组织公约》；1980 年，韩国成为《保护工业产权巴黎公约》成员国；1984 年，韩国加入《专利合作条约》①。2009 年，韩国将《计算机程序保护法》并入《韩国版权法》，对数据库进行保护。同时，为了保护关键信息基础设施不受网络威胁和攻击，韩国于 2001 年制定了《关键信息基础设施保护法》（CIIP），并在国务总理室设立了关键信息基础设施保护委员会，协调各部门之间的相关事宜。

韩国的数据保护法律不仅参考了国际文件，还参考了欧盟等国家的法律法规。2011 年 3 月，韩国制定了《个人信息保护法》（PIPA），并于同年 9 月正式生效，主要适用于私人部门和公共机构处理个人信息的准则，成为韩国关于数据保护的一般法律。在韩国数据保护法律框架下，任何希望将个人信息转移到韩国以外的公司或政府机构都将受到限制。2020 年，韩国相继通过《个人信息保护法》《信息通信技术与安全法》《信用信息保护法》三部数据法律的修正案，并将数据保护条款纳入《网络法案》，至此，《个人信息保护法》最终成为一部真正意义上的数据保护法律。此外，韩国还通过了涉及不同部门或不同类型个人信息的数据保护特别法，如《信用信息法案》《本地信息法案》《医疗服务法案》等。

2021 年 10 月 12 日，韩国国务会议通过了《数据产业振兴和利用促进基本法》（以下简称《数据基本法》），旨在促进数据产业发展和振兴数据经济，是世界首部规制数据产业的基本立法，该法对数据的开发利用进行了规定。《数据基本法》明确规定建立国家数据指挥中心，即"国家数据政策委员会"，系统培育数据交易、分析服务商等数据专业企业，培育作为数据经济时代创新的推动者的数据经纪商，打造数据资产价值和得到保障权利的市场。2022 年 4 月，《数据基本法》法全面实施后，韩国发布了"数据产业振兴综合计划"，并成立了"国家数据政策委员会"，韩国总理为委员长，作为国家数据和新产业政策的管理机构，该委员会由各主管部门代表和个人信息保护机构代表共同组成。2022 年 9 月 14

---

① http://www.cutech.edu.cn/cn/zscq/webinfo/2005/12/1180951188201010.htm.

日，韩国总理韩德洙主持并召开了韩国国家数据政策委员会第一次会议，发布了8个数据领域、5个新产业领域的改善计划。此次会议与韩国政府同年9月28日推出的"韩国数字战略"相互呼应，最终目标是为韩国打造全球顶级水平的数字力量，扩大数字经济的覆盖范围，提升数字经济的包容性，构建政府数字平台和推动数字文化创新[①]。

## 2.8.9 国内国际合作

韩国科学数据中心通过建设开放数据平台，实施统一的科学数据平台管理，利用科学数据信息共享向用户提供 Web 门户服务。DataCite、Re3Data、Korea DOI Center、NTIS、极地研究所、韩国地质资源研究院、智慧城市物联网等与韩国 DOI 中心协同工作，提供科学数据注册和管理功能，对采用开放数据平台的机构提供框架联动环境。韩国科学技术信息研究所（KISTI）和极地研究所之间利用开放数据平台建立联动环境，提供海量存储和大数据分布式存储支持的存储库，利用 OAI-PMH、REST 实现外部数据互连，利用搜索引擎提供实现快速高效的搜索。

韩国海洋数据中心（KODC）在进行海洋学数据和信息的获取、处理、质量控制、存档、分析和传播的同时，也参与国际和国内海洋学数据交换合作，并担任政府间海洋学委员会（IOC）IODE（海洋学数据和信息交换）的联络点。此外，其还充当 NEAR-GOOS（东北亚区域全球海洋观测系统）的韩国国家延迟模式数据库（DMDB）[②]。

**（1）国际合作**

IMPC（International Mouse Phenotyping Consortium）是一个国际小鼠表型项目联盟，汇集了韩国及来自全球多个国家和地区的实验室。IMPC 的主要目标是通过对小鼠基因组中各个基因的系统性表型分析，探究基因与生物学过程的关系，研究基因在疾病发生、发展过程中的作用和机制，为科学研究提供数据支持。

韩国极地数据中心（KPDC）也开展国际合作，如参与南极数据管理常设委员会（SCADM）的活动，创建 SCAR 数据管理指南，共同开发数据管理系统，以及进行数据管理组织和极地数据交换。

---

① https://www.anquanke.com/post/id/282620.

② https://www.nifs.go.kr/kodc/eng//01_about/02.jsp.

为了满足韩国核数据需求，韩国原子能研究所核数据中心与国际核数据网络存在密切合作，进行核数据的汇编、评价、处理及验证，即在原子能机构/核数据系统的指导下将核数据汇编到 EXFOR 中，加入正式的核数据评估小组并参加国家能源署的核数据中心小组，用核子数据网络评估 $Np^{237}$、$Pu^{240}$、$Cm$ 同位素的核数据，用 BNL 评估 ENDF 改进的核数据（锆同位素和 KERCEN）等。

**（2）国内合作**

2019 年 5 月 12 日，韩国科学技术信息通信部对外宣布，未来三年将支持 10 个不同行业大数据平台及相关机构的 100 个大数据中心建设。目前，已经在 10 个领域征集受理了 44 个"大数据平台·数据建设项目"课题，最终遴选出 10 个课题，其中得分最高的课题是文化媒体领域，由韩国文化信息院联盟牵头。韩国文化信息院作为主管公共领域文化数据的核心机构，计划联合公共领域、民间团体旗下十个中心开展项目。另外，韩国有线或无线运营商 KT 也入选该项目，计划通过与 15 个中心合作，提供空间、生活、社交以及公共数据服务。韩国科技信息通信部将进一步推动大数据平台和运营数据中心的各机构之间的合作。为了给公共与民间数据行业提供各种合作机会，计划 2022 年 6 月份成立大数据联合体，并计划利用该项目联合体，完成各平台、中心数据标准化，建立平台间数据流通体系。韩国科技信息通信部计划利用大数据平台，以及各中心提供、流通的数据，开展服务征集、创业扶持、培训等活动，以提高这些数据的贡献度，让各个领域内新服务项目不断涌现，推动各产业领域的创新与发展[①]。

## 2.8.10 数据发展战略规划

大数据在实现"智慧城市"、保障国民安全、促进医疗体系革新发展方面发挥着不可替代的作用。韩国有着先进的科学研发能力，IT 电子行业在世界位居前列。同时，作为亚洲科技发达国家，韩国在大数据领域的发展战略非常值得借鉴。韩国政府极为重视大数据，制定了一系列有关的发展战略，将大数据技术研发视为"国家意志"的科技项目（表 2-29）。

1）2020 年 7 月份，韩国政府发布"新政"，"数字新政"是其中重要内容。据韩国科技部发布的消息显示，"数字新政 2.0"将重点打造"数据大坝"项目。韩国计划在 2025 年前，在"数据大坝"中打造出 1300 余个支持人工智能学习的

---

① https：//www.sciencetimes.co.kr/? p＝190986&cat＝32&post_type＝news。

数据库以及 31 个不同类型的大数据平台。

"数字新政 2.0"还将搭建开放性元宇宙平台，提供符合当地需求的人工智能服务。元宇宙作为一个虚拟空间和时间的集合，由增强现实（AR）、虚拟现实（VR）和互联网共同组成。韩国拟打造的开放性元宇宙平台目的是给今后企业制作元宇宙产品或研发元宇宙核心技术提供有力支持，并让企业在开发其他新产品和新服务时，能够便利地使用其积累的数据①。

2）2021 年 8 月 17 日，韩国科技部和韩国国防部表示，以完成国防领域第四次产业革命为目标，将构建人工智能、云计算、移动通信等新技术研发和普及的培训体系。此外，还将新设立支撑这一目标的国防 ICT 研究开发专门组织，并建立培养数字人才、确保网络安全的合作体系。首先，计划与数字新政相结合，推进国防全领域的数字化转型，通过民间测试平台验证的技术应用到国防领域，提高安保竞争力。其次，以将民间 DNA（数据·网络·人工智能）新技术应用于国防全领域为目标，并新增国防 ICT 研发专用项目。再次，推进对部队官兵的人工智能、软件教育。计划对士兵和预备转业人员进行不同水平的在线教育，退役后通过政府人才培养项目，将后续教育、就业和创业支持等联系起来。另外，双方还将加强无人机、机器人等无人移动技术交流及研发、实证、普及工作、国防网络安全合作、警戒系统科学化现代化等方面的合作②。

4）科技部在第四次工业革命总统委员会第 23 次全体会议上公布了"基于公私合作的数据平台发展战略"，其中包括计划到 2025 年在 15 个领域额外建立一个具有代表性的"大数据平台"，并使公众都可通过"集成数据地图"轻松查找和利用平台上积累的数据。此外，开发关于市场数据需求的"需求预测系统"，使数据供应商可以顺畅地向消费者提供定制化数据，以及可以自由分析各平台付费或未公开数据的"离线安全区"③。

表 2-29　韩国与科学数据发展的相关规划

| 战略规划 | 规划年 | 针对科学数据的事项 |
| --- | --- | --- |
| 《利用大数据的智能政府方案》 | 2011 年 | 强调利用大数据的政策流程革新，并列举了 5 个利用大数据的方案。即将通过探测灾难前兆、预防疾病、实现针对性福利、物价管理、科学技术及医疗先进化等，展望未来大数据的应用场景 |

---

① http://www.ciia.org.cn/news/15443.cshtml.

② http://www.dt.co.kr/contents.html?article_no=2021081802101231650001.

③ https://www.dongascience.com/news.php?idx=47237.

| 战略规划 | 规划年 | 针对科学数据的事项 |
|---|---|---|
| 《政府 3.0 基本规划》 | 2013 年 | 消除政府内部隔阂,为协作沟通改善政府运营,有效使用大数据,实现科学行政。综合提供需求者定制型服务,强化创业及企业活动一站式扶持,提高信息弱势群体对服务的接触,创造有效利用新型信息技术的定制型服务 |
| 《基于大数据的融合服务产业创建规划》 | 2013 年 | 目的是提出一种基于大数据的新型融合服务产业而不是单纯地利用大数据或专注于信息技术。以大数据为基础从创造融合服务产业的角度进行分析和研究,将重点放在整个服务业中的安全服务业 |
| 《电子政务 2020 基本计划》 | 2016 年 | 电子政务有四个新方向,以改善公共数据的访问。①效率/透明度与可持续发展;②行政领域民间合作;③分散的定制服务融合的个性化服务;④以互联网为中心,以人工智能为中心 |
| 《第四次科学技术基本计划》 | 2018 年 | 主要体现在四个方面:①在自由的研究环境中,研究人员能进行科技创新、创造知识;②在商业友好的环境中,企业将引领全球市场的发展;③通过享受科技成果,国民将享有更高的生活质量;④创新生态系统实现应对挑战、快速成长的良性循环 |
| 《人工智能国家战略》 | 2019 年 | 提出 3 大战略和 9 项行动项目,推动经济社会整体创新,通过整合整个政府的能力,包含人工智能时代的未来愿景和战略。目标是到 2030 年创造 455 万亿韩元的经济效益,并将韩国在全球的数字竞争力和生活质量排名分别提升至第三和第十 |
| 《基于数字的产业创新发展战略》 | 2020 年 | 目标实现通过数字创新跃升为世界四大产业强国之一,具体包括:①支持适时适当的数据获取;②产业数据与人工智能利用的价值链升级;③产业数据创新基础设施建设。计划通过结合产业数据-个人信息-公共数据,提升数据利用率 |
| 《数据保护核心技术开发战略》 | 2021 年 | 通过获取与掌握数据保护技术,激活数据使用并安全转换为数据经济。旨在利用数据保护技术减少数据泄露,通过数据安全流通带动数据生态安全,重点推进三大任务:①掌握具有全球竞争力的数据保护技术;②加强支持数据保护技术的市场落地;③建立数据保护技术可持续发展的基础 |
| 《韩国数据战略》 | 2022 年 | 该战略的目标是实现数字经济和社会的愿景。政府将推进 5 大战略、19 项详细任务:①全球最佳数字能力;②拓展数字经济;③包容性数字社会;④数字平台政府;⑤创新数字文化 |

续表

| 战略规划 | 规划年 | 针对科学数据的事项 |
|---|---|---|
| 《第5次科学技术基本计划（2023~2027）》 | 2022年 | 面向未来5年展望"科技创新引领大胆未来"，重点实施三大战略：①完善科学技术体系，实现高质量提升；②提升创新主体能力，建立开放型生态；③以科技支撑解决悬而未决的国家问题与未来方案 |

过去二十多年中，韩国在信息技术领域一直处于全球领先地位。当今计算机数据增长加快，数据形态日渐复杂，大数据成为新时代网络信息的代言词。为了在信息技术领域持续领跑，韩国政府在巩固信息产业竞争优势的基础上，积极制定大数据发展的计划，勾勒出未来信息产业发展新方向，朝着数据强国的目标迈进。2023年3月7日，韩国科学技术信息通信部在国务会议上发布了《第一次国家研究开发中长期投资战略（2023-2027）》。该战略是尹锡悦政府为未来五年韩国国家研发预算指明战略投资目标和方向而制定的首个法定计划与最高级别投资战略，并与韩国国政课题、《第五次科学技术基本计划》和《国家战略技术培育方案》等关键政策相挂钩。该战略以"2030年跻身全球五大科技强国"为愿景，以忠实履行主要国政课题、创造成果作为政策目标，计划五年内投资170万亿韩元（约9003亿人民币）用于研发，占政府总支出的5%。并预期到2027年，将韩国目前优于最高技术先进国约80%的技术水平提高到85%。研发投入在应对技术霸权竞争、气候变化、供应链危机等国际环境变化领域，同时也在解决人口下降、数字化转型、区域平衡发展等各种社会问题方面发挥着重要作用。

## 2.8.11 前沿研究方向与发展趋势

韩国的科学数据中心正在不断地探索新技术和方法，以更好地处理和管理科学数据，并为科学研究提供更好的支持，并促进科技创新发展。主要表现在以下几个方面：

**（1）数据管理**

韩国修订《国家研究开发事业成果评价与管理法》《国家研发项目评价标准指南》等相关规定，提出国家研究开发课题时，要提交数据管理计划。为有效地实施数据管理计划，并保持其持续性，研究人员需要各种支持条件。以结果为中心的科学技术评价模式，即以组织的发展方向和战略目标为核心制定项目目标，并客观测评项目目标达成程度，重点考察科研成果的应用效果和所带来的效益及竞争力等，如论文被引情况、产学研结合程度以及技术转化并产业化后给企业带来的效益和竞争力等。

**（2）人工智能**

韩国化学研究院的 ChemAI（KRICT AI Platform for Data-Driven Chemical Sciences）和中小企业部的制造 AI 平台（KAMP：Korea AI Manufacturing Platform），为人工智能的初步研究者提供了指南，通过输入研究数据，就可以提供算法推荐和分析结果。此外，AiiDA（Automated Interactive Infrastructure and Database for Computational Science）基于数据的研究开发环境，提供基于 AiiDA 材料科学领域的 Materials Cloud 及支持大量研究数据学习和分析的 Lemonade 平台。

**（3）云计算**

韩国的云计算市场正在快速增长，2021 年已超过 25 亿美元的收入。新冠疫情的暴发推动了韩国对云平台的采用，公共和私营企业以及教育机构都采用了云平台。2020 年韩国政府宣布到 2025 年将政府机构整个应用系统转移到云上，到 2023 年，软件即服务（SaaS）预计将引领云市场，占据 40% 以上的市场份额，其次是基础设施即服务（IaaS）细分市场。

**（4）开放科学数据平台**

为了促进科学数据共享和创新，韩国科学数据中心已逐步建立开放科学数据平台，为研究者提供公共科学数据集和工具。这些平台在促进科学研究合作和知识共享方面发挥重要作用。韩国科技部将建设一个用于人工智能研究的大规模计算数据中心，于 2025 年前向该中心投资 445 亿韩币（约 2.3 亿人民币），以整合地区大学、企业和研究机构的 AI 能力，并创建全球范围的国家 AI 研究网络。该中心位于高丽大学首尔校区，是一个拥有 35petaFLOPS（千万亿次）机器的计算实验室，最多可让 100 名研究人员同时开展项目。petaFLOPS 是用于评定超级计算机性能的测量尺度，而 1petaFLOPS 相当于 76 亿人每秒进行 130,000 次计算。而来自 203 个机构的 631 名学者和研究人员将在新数据中心参与国家资助的人工智能研究项目，其中包括超大规模深度学习、时空推理（spatial- temporal reasoning）和语音合成等领域。

**（5）数据安全和隐私保护**

韩国政府注重数据经济的产业属性，建立了个人信息保护监管机构"个人信息委员会"与各个产业主管部门的协调工作机制，个人信息委员会在此协调工作机制中需与产业主管部门协调推进工作，在具体行业数据利用中建立个人信息保护适当标准。这种"监管部门+产业主管部门"的工作机制可以为数据流通中"安全有序""隐私保护"之间的平衡提供有效的沟通协作平台。

# 2.9 日本国家级科学数据中心发展态势

## 2.9.1 概述

自 2013 年 G8 科学大臣会议签署关于开放科学研究数据的联合声明以来，日本在科学数据管理以及开放科学、开放数据方面蓬勃发展，不仅开始着力构建科学数据公共平台，还多次在科学计划和创新规划中提出构建研究数据共享平台，促进开放数据进步。

日本的科学数据中心主要以国家科研机构投资为主，管理共享各科研部门产生的研究数据，部分数据平台接轨国际数据共享平台，少数由国家公益性组织创建。其数据中心注重开放科学的数据共享模式，建立开放的数据管理平台，以支持研究人员从实验室的日常研究活动到公共资助的研究项目的数据管理。支持合作者能够跨组织管理共享数据外，抑制导致研究不当行为的操作，基于跟踪管理功能，记录系统中保存研究数据的操作历史，在研究结果发表之前预防研究不端行为，并作为正确发布和发现研究数据的起点，支持开放科学的未来发展[①]。

日本的国家级科学数据中心大多具有服务器自助管理系统、实时流量分析情报系统，具有技术创新、专业运维能力，具有提升设施管理水平、高效稳定的计算服务、以及先进的集群管理和系统优化技术等特点。数据中心主要针对某一领域的数据进行收集、存档、管理、分析，促进数据的开发和利用，提供数据获取平台，同时促进数据交流与合作，国内与国际数据共享。

日本设立开放科学和数据平台研究中心（RCOS），目标设定为开发和管理研究数据的基础设施。GakuNin RDM 是日本国家情报研究所（NII）于 2021 年 2 月 15 日推出的面向全国学术机构的研究数据管理服务系统，该系统基于美国非营利组织开放科学中心提供的开放科学框架的开源软件，并根据日本学术机构图书馆和信息系统部门的情况，从促进研究的角度扩展了各种功能。GakuNin RDM 的基本服务是研究人员管理日常研究活动中产生的数据并在合作者之间共享的存储

---

① https://rcos.nii.ac.jp/en/news/2021/02/20210216-0/.

服务，除了存储之外，还可以通过链接研究人员经常使用的源代码存储库和数据分析环境来创建一站式研究环境。除了研究人员管理其个人数据并在其机构内共享数据外，用户机构的研究人员还可以从考虑同时在机构之间共享数据。

最早建立的国家级科学数据中心是日本海洋数据中心（JODC），是日本海洋资源中心的（现海洋信息部）的一个下属组织，该机构成立于 1965 年 4 月 1 日，在当年 10 月 20 日召开的联合国教科文组织日本自然科学委员会第 15 次会议海洋分科会上首次被认定为日本国家海洋数据中心。自成立以来，日本海洋数据中心始终致力于海洋数据的收集、管理和提供。之后相继建成日本核反应数据中心（1974 年）、日本 DNA 数据库（1980 年）等。

随着新冠疫情的蔓延及发展，日本更加注重医疗、人类基因等生物医疗和人工智能的融合发展。通过公私合作推进特定领域战略发展，例如 AI 技术、生物技术、量子技术、材料、健康医疗、太空、海洋、粮食、农业、林业和渔业[①]。未来的建设趋势向人文社会科学领域学术研究加大投资力度，推进以人文、社会科学研究人员为中心，致力于研究课题的支援机制[②]。

## 2.9.2　总体布局

虽然日本政府数据开放较欧美发达国家起步较晚，但发展速度较快。2009 年，日本国内出现了开放政府的相关议题，并提供试运行网站。2012 年 7 月，日本高度信息通信技术社会发展战略本部（以下简称"IT 综合战略本部"）发布《数字行政开放数据战略》指出公共数据属于国民共有财产，国家应加强对政策体系的构建，以促进公共数据的利用。该战略文件拉开了日本政府构建数据开放政策体系的序幕。2013 年 6 月，日本内阁发布《创造世界最先进的 IT 国家宣言》其中提到应当推进面向社会公众的公共数据开放。2014 年 10 月，日本政府数据开放门户网站 data. go. jp 正式运行。2016 年 5 月，日本启动"开放数据2.0"计划，以实现能够解决实际问题的政府数据开放为目标，拓宽了政府数据开放的开放主体、开放对象和适用地区等，这标志着日本数据开放建设迈入新阶段。2016 年 12 月，日本内阁发布《推进官民数据利用基本法》，从法律层面对政府数据开放工作进行统一规定和指导，这是日本首部专门针对数据利用的法

---

① 日本内阁府官网 . 配置集成创新战略 2021. https：//www8. cao. go. jp/cstp/tougosenryaku/2021. html.
② https：//www8. cao. go. jp/cstp/siryo/haihui053/siryo1. pdf.

律。2017年5月，日本IT综合战略本部及官民数据利用发展战略合作机关共同决定通过《开放数据基本指南》，依据日本中央政府、地方政府及企业家在数据开放领域已有的尝试，归纳了开放数据建设的基本方针，成为日本政府数据开放的总指导文件。2019年12月，日本内阁会议通过《数字政府实施计划》，提出到2025年建立一个使国民能够充分享受信息技术便利的数字化社会，并将开放数据作为其中的重要一环加以强调。这标志着政府数据开放已成为日本向数字化社会转型的一大关键战略要素。目前，日本遴选出的国家级科学数据中心有20个，如表2-28所示，在WOS数据库中检索日本国家级数据中心发表的科技论文，20个国家级科学数据中心总计发文916篇（表2-30）。

表2-30　日本国家级科学数据中心名称及WOS发文量

| 序号 | 国家级数据中心名称 | 发文量（篇） | 网址 |
|---|---|---|---|
| 1 | 日本核反应数据中心 | 113 | https://www.jcprg.org/ |
| 2 | 日本DNA数据库 | 78 | https://www.ddbj.nig.ac.jp/index-e.html |
| 3 | 极地环境科学数据中心 | 20 | http://pedsc.rois.ac.jp/en/about#background |
| 4 | 世界地磁数据中心 | 14 | http://wdc.kugi.kyoto-u.ac.jp/index.html |
| 5 | 日本国立天文台天文数据中心 | 13 | https://www.adc.nao.ac.jp/E/index-e.htm |
| 6 | 日本海洋学数据中心 | 8 | https://www.jodc.go.jp/jodcweb/ |
| 7 | 国家生物多样性数据中心 | 27 | https://biosciencedbc.jp/en/ |
| 8 | 世界温室气体数据中心 | 0 | https://gaw.kishou.go.jp/ |
| 9 | 生命科学综合数据库中心 | 46 | https://dbcls.rois.ac.jp/index-en.html |
| 10 | 日本基因信息中心 | 88 | https://www.ddbj.nig.ac.jp/index-e.html |
| 11 | 日本长期生态研究网络 | 1 | http://www.jalter.org/en/whats/ |
| 12 | 有机化合物光谱数据库 | 0 | https://sdbs.db.aist.go.jp/ |
| 13 | 基因组网络数据库 | 2 | https://www.genome.jp/ja/ |
| 14 | 生命科学数据库 | 27 | https://dbarchive.biosciencedbc.jp/index.html |
| 15 | SIP医疗保健组共享数据库 | 2 | https://gr-sharingdbs.biosciencedbc.jp/shd |
| 16 | NITE生物资源中心 | 386 | https://www.nite.go.jp/en/nbrc/index.html |
| 17 | 信息学研究数据存储库 | 13 | https://www.nii.ac.jp/dsc/idr/en/ |
| 18 | 社会研究数据档案 | 9 | https://ruda.rikkyo.ac.jp/dspace/ |
| 19 | 材料数据存储库 | 5 | https://mdr.nims.go.jp/?locale=en |
| 20 | 日本对地观测中心 | 64 | https://earth.jaxa.jp/en/about/ |

日本的科学数据中心涵盖的领域主要有人工智能、物联网、信息安全、海洋、核科学、天文、测量、材料、地学、化学、能源、生物、信息、标准、极地、U 地磁 AE 指数数据、生命科学、导航、核苷酸序列数据、细胞、生物体、抗菌药物等，主要以自然科学领域居多，关于人文社科类的相对较少。

日本由于国土面积狭小却人口众多，建设数据中心困难重重。此外，日本处于环太平洋地震带区域，此地震带发生的地震约占全球地震总数的 80%，因此数据中心建设须考虑抗震能力，一般需要达到抗震等级 8 级，这进一步提升了数据中心的建设成本。这些因素都在阻碍日本数据中心产业的发展①。

## 2.9.3　数据管理政策

万维网基金会于 2013～2016 年发布的 4 份《开放数据晴雨表》(Open Data Barometer) 报告中，日本的全球排名从最初的第 15 名晋升到了第 8 名，在最新报告中仅次于韩国位列亚洲第二②。此外，该基金会于 2018 年 9 月发布的《开放数据晴雨表倡导国版：从承诺到进展》报告 (Open Data Barometer Leaders Edition：From Promise to Progress)，将签署了《G20 反腐败公开数据原则》的 30 个承诺国在开放数据方面的成绩分成了三个等级，日本与其他西方先进国家共同位列优秀级 (champions)③，足可见其开放数据政策是卓有成效的。

日本政府带头使用大数据，建立推动大数据使用的工作环境。由此不仅推出了电子政府，推动政府管理计算机化，还推出了专门的大数据网站，分门别类的各项数据向数据提供者和数据使用者开放。在网站中，还可以查询白皮书、地理空间信息、人群运动信息、预算和年终财务报告等各类数据。值得一提的是，网站还会定期公布案例，表彰用大数据为社会提供服务的机构④。

大数据时代个人信息保护问题越来越受到公众的关注。2015 年日本发布了《个人信息保护法》，在个人信息保护方面，日本采用"统分结合"的立法模式，即以 2005 年制定的《个人信息保护法》为基础法，确立个人信息保护的原则和方针，明确了政府机关、非行政机关等相关主体的权利义务，同时借鉴了美国的"行业自律"，设立了"自律认证制度"，如《安全管理系统评估制度》，政府使

---

① https://www.163.com/dy/article/G5D0KGGF0511A641.html.
② https://opendatabarometer.org/4thedition/?_year=2016&indicator=ODB.
③ https://opendatabarometer.org/doc/leadersEdition/ODB-leadersEdition-Report.pdf
④ https://news.gmw.cn/2018-05/29/content_29016438.htm.

用这种统一的评价体系，对相关企业的个人信息保护状况进行评估衡量，如该企业通过此类标准的认证，则会受到政府、社会的肯定。需要注意的是日本的"行业自律"与美国的"行业自律"是有区别的，日本更重视政府机关的作用，"行业自律"仅起到防范作用，在"行业协会"之外还设立了"个人信息保护审查会"进行监督，该审查会具有实权，可以针对企业等非政府组织进行管理和监督。2015 年日本为了适应互联网等技术的发展，对《个人信息保护法》进行了较为全面的修改，最重要的修改内容之一是增加了"敏感信息"这一概念，将"信仰、病史"等容易使个人受到不公待遇的敏感信息规定到该法律中。

表 2-31 概括了日本科学数据中心主要的数据管理政策。

**表 2-31　日本科学数据中心主要的数据管理政策**

| 政策名称（体系） | 时间 | 针对主题 |
| --- | --- | --- |
| 《数字行政开放数据战略》 | 2012 年 | 指出公共数据属于国民共有财产，国家应加强对政策体系的构建，以促进公共数据的利用①，该战略文件拉开了日本政府构建数据开放政策体系的序幕 |
| 《创造世界最先进的 IT 国家宣言》 | 2013 年 | 全面阐述了 2013 年至 2020 年间以发展开放公共数据和大数据为核心的国家战略，强调"提升日本竞争力，大数据应用不可或缺"。战略中包括了向民间开放公共数据、促进大数据的广泛应用等政策 |
| 《个人信息保护法》 | 2015 年 | 2015 年，日本的数据保护法进行了重大修订，进一步的重大修订将于 2022 生效；数据保护可能是法律中最活跃的领域，随着个人在日常交易中披露的个人信息范围的扩大和企业使用得越来越广泛，数据保护正在不断发展。修订后的法律规定了更广泛的数据传输义务，尤其是对离岸实体的数据传输，以及对数据泄露的处理② |
| "开放数据 2.0" 计划 | 2016 年 | 以实现能够解决实际问题的政府数据开放为目标，拓宽了政府数据开放的开放主体、开放对象和适用地区等，这标志着日本数据开放建设迈入新阶段 |
| 《推进官民数据利用基本法》 | 2016 年 | 从法律层面对政府数据开放工作进行统一规定和指导③，这是日本首部专门针对数据利用的法律 |

① https://www.kantei.go.jp/jp/singi/it2/pdf/120704_siryou2.pdf.
② https://www.dataguidance.com/notes/japan-data-protection-overview
③ https://www.kantei.go.jp/jp/singi/it2/hourei/detakatsuyo_honbun.html

| 政策名称（体系） | 时间 | 针对主题 |
| --- | --- | --- |
| 《开放数据基本指南》 | 2017 年 | 依据日本的中央政府、地方政府，以及企业家在数据开放领域已有的尝试，归纳了开放数据建设的基本方针[①]，成为日本政府数据开放的总指导文件 |
| 《数据利用和管理框架》 | 2022 年 | 日本经济、贸易和工业部（METI）于 2022 年 4 月 8 日发布了一个数据管理框架，用于协作数据利用和信任，以促进数据的价值创造。METI 强调，该框架旨在根据数据本身的可靠性实施全面的安全措施，识别整个数据生命周期的风险，并实施各种措施确保安全[②] |
| 《JST 关于开放获取研究出版物和研究数据管理的政策》 | 2022 年 | 该政策定义了 JST 关于开放获取研究出版物的基本立场，以及管理由 JST 资助的研究项目所产生的研究数据的基本措施。参与这些项目的研究人员必须按照该政策妥善处理研究结果。 |

## 2.9.4　建设现状

日本作为亚洲最发达的经济体，其对于数据中心的需求不断增长，伴随着云计算、大数据、人工智能等技术的迅速发展，数据中心的建设逐渐成为推动经济增长和创新的重要因素。日本数据中心的基础设施非常完善，电力供应稳定可靠，为数据中心的正常运行提供了有力支持；通信网络覆盖广泛，网络速度快，延迟低，可以满足数据中心高速传输的需求；还具备先进的冷却技术，以保证数据中心的高效运行。日本的数据中心主要集中在东京和大阪等大城市，这些地区不仅拥有完善的基础设施，还有充足的人力资源和科研机构支持，为数据中心的建设和发展提供了便利条件，其数据中心的建设也有一定的发展趋势：①绿色环保：在追求高效运行的同时，也注重绿色环保，近年来，日本数据中心普遍采用节能技术，如余热回收、风冷系统等，以降低能源消耗和环境污染。②多样化服务：云计算和物联网的快速发展，日本数据中心开始向多样化服务方向发展。除了传统的数据存储和处理功能，数据中心还提供云主机、云存储、云备份等服务，满足不同用户的需求。③安全与可靠性：数据安全是数据中心发展的重要关

---

① https://cio.go.jp/sites/default/files/uploads/documents/data_shishin.pd

② https://www.meti.go.jp/press/2022/04/20220408005/20220408005.html

注点。日本数据中心在物理安全、网络安全和数据保护方面都采取了严格的措施，以确保用户数据的安全和可靠性。④人工智能与自动化：人工智能技术的发展，日本数据中心开始分析人工智能在数据中心管理中的应用。通过自动化和智能化的手段，提高数据中心的运维效率和可靠性。未来的数据中心建设发展趋势将是实现区域分布更均衡，其他地区也将逐渐建设起完善的数据中心基础设施，以满足地方经济发展的需求①。

如图 2-4 所示，日本已经拥有 800 多个知识库，可在学术流通网络中形成超分布式体系结构，所有元数据聚合到机构知识库数据库（IRDB）中。

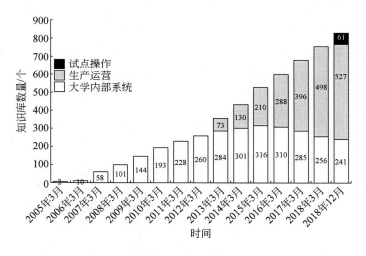

图 2-4　机构知识库在日本增长情况

## 2.9.5　经费投资

东京是中国以外亚洲最大的数据中心市场，目前仍处于早期增长阶段，特别是全球超大规模企业正相继进入此市场并进行扩张。根据 IDC 日本株式会社报道，2020 年国内运营商对数据中心建设和扩建的投资同比增长 64.1% 至 1642 亿日元，预计 2021 年小规模增长 4.3%，使投资规模达到 1712 亿日元，2019 年日本数据中心服务市场规模（销售额）为 2021.1 亿日元（同比增长 7.341%），2022 年日本数据中心服务的市场规模（销售额）将首次超过 2 万亿日元，比上

---

①　https：//www.a5idc.net/helpview_ 11187. html

年增长 275.15%。内阁府决定 2022 年投资 5.7 万亿日元,在"数字花园城市国家概念"下促进农村地区的 IT 实施。

日本普洛斯公司决定全面进军日本的数据中心业务,该公司计划在未来 5 年内投资约 1.5 万亿日元,提供 900 兆瓦的电力供应能力。亚马逊网络服务(AWS)已投资 3 亿日元用于日本数据中心的资本投资和运营改进,旨在振兴当地经济。自 2011 年以来,AWS 在日本两个基础设施地区的资本和运营投资总额已达 2.1 万亿日元。此外,从 1992 年到 2011 年的 20 年间,AWS 在日本地区的基础设施投资为日本的 GDP 带来了 11.1 万亿日元。

图 2-5 为日本 2017~2022 年为数据中心投入的经费情况。2017 年,日本数据中心投资转业率缩减 347.3%,降至 799 亿日元;2018 年,由于东京和大阪建立新的数据中心,投资增长 91.8%,达到 1502 亿日元;2019 年,投资有小幅下降;2022 年,日本数据中心投资为 1290 亿日元①。

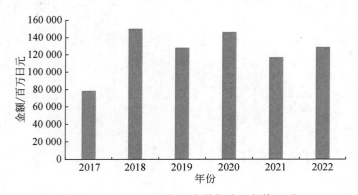

图 2-5　2017~2022 年日本数据中心投资经费

## 2.9.6　提供的数据服务

日本数据服务突出的特点是将数据融入政府管理、工业生产和人们的生活之中,并以开放科学为抓手,将数据作为科学研究基础设施,提供给社会各类机构,形成以不同类型数据中心,为平台的开放科学环境,加速科研进程,形成以数据为核心的服务模式,为应对未来的各类挑战提供支持。日本

---

① http://www.199it.com/archives/746621.html.

科学委员会（Science Council of Japan，SCJ）为促进科学领域进步与发展，使科学反映和渗透到行政、工业和人们的生活，加大了国家信息系统（National Information Infrastructure，NII）数据云定位 e-基础设施建设，以此管理、存储和发现研究数据及其他相关文档。为了提高公众对科学作用的认识，日本科学委员会（SCJ）定期举办公开讲座和座谈会，将科学和学术研究成果科普给公众。

开放科学和数据平台研究中心（RCOS）旨在开发和运营研究数据基础设施，从而为日本的开放科学奠定基础，通过学术界内外研究出版物和数据的公开协作和共享，推动转向一种新的研究范式，即开放科学，加快研究进展，迎接当今的社会挑战。日本海洋数据中心（JODC）收集和管理日本各个组织观察到的海洋数据，其中包括政府组织、大学和其他海洋研究机构，并保证数据质量，为各类用户提供海洋数据。日本国立天文台天文数据中心提供有关天文数据存档和数据分析系统。日本筑波尖端情报计算中心（TACC）负责向日本国立产业技术综合研究所（AIST）提供技术支撑，包括提供网络、计算能力以及数据库开发和运行服务。全部数据库通过网络提供免费服务，服务于科研机构，也服务于企业。极地环境科学数据中心（PEDSC）在日本极地科学研究中发挥数据活动的核心作用，创建以数据为中心的新极地科学，并为全球环境研究做出贡献。世界地磁数据中心向主要从事太阳地球物理学和地磁研究的科研人员，提供来自全球地磁观测站网络的地磁场数据，推动大学的数据管理活动，以及与从事数据存储库的其他机构的合作。日本 DNA 数据库为生命科学研究提供数据共享和分析服务。KEGG 基因组百科全书数据库用于分子级信息，特别是基因组测序和其他高通量实验技术生成的大规模分子数据集，了解生物系统的高级功能和效用，如细胞、生物体和生态系统。

## 2.9.7　数据相关知识产权保护

在日本的现行制度下，"数据库"受《版权法》保护，《著作权法》保护"创意数据库"和"选择或系统的组织信息"这两种情况；如果数据库被认证为"商业秘密"，则受《反不正当竞争法》的保护。由于《著作权法》保护数据库的著作权作品，因此在实践中，数据库著作权作品的侵权行为存在争议，但数据库作品保护的是数据库的框架（它的组成和它收集的数据），而不是它的内容。因此，除非是将数据库作为一个整体进行复制，否则在从数据库复制数据时应谨慎，因为尽管可能会侵犯数据的版权，但并不侵犯数据库中受版权保护的作品的版权。

创建现有数据库副本的行为，例如按原样将其删除，属于侵权行为，并可能要求损害赔偿。如果创建的数据库的结构被认为是创造性的，它可能受到版权法的保护。另一方面，如果采用通用结构或格式将其用于各种分析等，则认为独创性不被承认，不受著作权法的保护。即使这样的数据库不受版权法的保护，它也满足了保密管理的要求，例如只允许公司中有限数量的员工和被许可人访问，并且是对企业的业务活动很重要的私有数据库，它就是商业秘密，受到《反不正当竞争法》的保护。

2004 年 2 月东京大学也制定了知识产权政策，用于在全校范围内保护东京大学知识产权，包括将研究成果回馈社会，为社会做贡献；知识产权的归属和继承；智力创造循环的利用；开展新的研究活动；应进行制度管理和利用的知识产权等。

2007 年 3 月日本内阁府颁布《知识产权战略宪章》，以此作为日本政府实现"知识产权国家"的基本理念。《知识产权宪章》主要内容包括促进知识产权创造，在科学技术基本计划的基础上，推动创造专利的创造性研究和开发以产生核心技术研究，提高研究人员的流动性和多样性，以及改善研究设施等创造性活动。

2018 年 6 月 15 日，经济产业省（METI）发布了"人工智能和数据使用合同指南"（简称"经济产业省指南"），描述了数据法律方面防止未经授权使用数据的措施、数据合同的类型以及每种合同的法律问题等。

## 2.9.8  国内国际合作

### （1）国内合作

2013 年 6 月，日本与八国集团科技部长关于开放数据研究签署联合声明。2015 年，内阁办公室发布了第一份旨在促进开放科学的报告。随后在日本科学委员会（SCJ）和科学技术委员会第 5 次科学技术基本计划（2017～2021年）中，阐述了促进开放科学的政策，该计划规定了日本科学技术举措的基本政策①。

---

① https://rcos.nii.ac.jp/en/about/.

日本科学委员会（SCJ）与大约 1700 个合作科学研究机构携手合作，通过将日本划分为七个地理区域来组织地区会议，会议旨在鼓励与当地科学家进行积极的合作，同时促进学术界的发展，还举办产学府峰会，以促进部门之间的合作。

其中，根据 2004 年 4 月的法律修订，废除了规定成员必须由学术研究组织推荐的制度，SCJ 结束了传统的注册学术研究组织制度。2005 年 10 月，通过与公关合作学术机构的整合，SCJ 建立了科研合作机构体系，为 SCJ 的公关活动提供了帮助。

目前，约 1700 个合作机构正在熟悉 SCJ 的活动，努力保持和加强与各领域其他科研机构的密切合作关系，并配合公关活动。SCJ 在北海道、东北、关东、中部、近畿、中国/四国和九州/冲绳等七个地理区域组织地区会议，以促进当地科学家之间的交流并推动当地学术界的进步。这些会议由在相关地区工作或生活的会员和准会员参与，制定每个财政年度的项目计划，策划和准备学术讲座会议，然后对其实施采取行动，并发布地区会议新闻。地区学术交流大约每年两次，每个地区会议以符合当地要求的主题设立学术讲座，并邀请公众参加①。

**（2）国际合作**

CiNii Research 和 OpenAIRE 之间的国际合作使本系统从日本聚合节点（IRDB）向全球发现服务（OpenAIRE）提供数据。机构知识数据库（Institutional Repositories DataBase，IRDB）是 CiNii Research 的核心后端服务之一。作为日本国家研究和教育网络（National Research and Education Network，NREN），日本国立情报研究所（National Institute of Informatics，NII）为 800 多所大学和研究机构提供名为 SINET 的学术骨干网。

除此之外，日本科学委员会（SCJ）与其他国家科学院和国际学术组织合作开展多项国际活动。SCJ 于 2023 年 3 月召开的"G 科学学术会议 2023"为了向七国集团峰会提出科学政策建言，就气候变化、健康、海洋等问题签署了三项联合声明。每项声明均加入了具体的政策建议，将用于 G7 峰会和相关部长级会议。声明包括：①"以科学技术跨领域决策与应对气候变化带来的系统性风险"并提出 6 项建议；②"通过共享知识和创新增进老年人的健康和实现更好的福祉"中包括四个目标；③"再生以及恢复海洋和生物多样性"，提出三项建议，涉及

---

① https://www.scj.go.jp/en/dom/index.html.

加强全球观测网络和长期生态学研究（LTER）网站的国际合作，推进开放科学和数据驱动型科学。2020 年 G-science Academies 与美国签署完成了关于"基础研究、数字健康和学习健康系统以及全球昆虫数量减少和重要生态系统服务的潜在侵蚀的联合声明"。2019 年在法国比亚里茨 G7 峰会前夕，G7 国家的科学院敲定了 G-science 学院关于"科学与信任、人工智能与社会以及互联网时代公众科学的联合声明"；2018 年与加拿大在加拿大 Charlevoix 举行的 G7 峰会之前，G7 国家的国家科学院完成了关于"全球北极：海洋变化背景下社区的可持续性的联合声明"①。2023 年 1 月 18 日，日本经济产业省（METI）与欧盟委员会国防工业和空间总局签署了《促进卫星数据相互共享和利用的合作》，将加强日本与欧洲的卫星数据共享，进一步促进卫星数据的使用。具体合作包括在卫星数据平台"Tellus"和欧盟委员会运营的"哥白尼"之间开展数据协调，使卫星数据能够相互利用；开展数据处理，促进卫星数据的联合使用和服务发展，包括海洋和沿海地区监测、气候变化对策、水资源管理和减少灾害风险。

## 2.9.9 数据发展战略规划

随着大数据不断发展，日本认识到应该提高数据处理分析技术和加强专业人才培养。一是重视对数据的分析与应用，实现教育大数据实用化。二是企业、政府及学校三方联合推进教育大数据研究及相关产业发展，并在学校开展实践应用，以检测研究成果或产品服务的实用性，实现教育大数据体系化。三是重视跨学科融合，不仅局限于教育学等学科和计算机技术等，还融合了数据分析和数据挖掘相关学科，推动教育大数据发展全面化②。

《综合创新战略 2021》是日本创新发展的第一个年度战略，定位为第六个科技创新基本计划（以下简称"第六个基本计划"）的实施方案。第六个基本计划制订后，基于国内外科技竞争和应对气候变化措施发生重大变化的事实，"建设一个可持续的、有韧性的社会，保障人民的安全"和"以实现每个人都可以实现多样化福祉的社会为目标，致力实施科学技术和创新政策。"

实现社会 5.0 的科技/创新政策：①向可持续和有弹性的社会转型，确保公众的安全和保障。②加强研究能力，培育前沿知识；重建产生多元化和优秀研究

---

① https：//www. scj. go. jp/en/int/g-science. html.

② https：//xxzx. mca. gov. cn/article/xgzs/201812/20181200013773. shtml.

的环境，构建新的研究体系（促进开放科学和数据驱动研究等），推进大学改革和战略管理职能扩展。③实现每个人的多样化福祉与挑战的教育和人力资源开发①。

关于日本数据和数字战略与规划还包括：①组织机构建设，2021 年成立日本数字厅，旨在迅速且重点推进数字社会进程。②三大数字战略，《综合数据战略》《科学技术创新基本计划 2021–2025》《综合创新战略 2021》。《综合数据战略》：于 2021 年 6 月发布，由日本数字政府内阁阁员会议下设置"数据战略特别工作组"具体制定。内阁会议决定将该工作组成果与《面向实现数字社会的重点计划》合并为《综合数据战略》。《综合数据战略》旨在建设日本打造世界顶级数字国家所需的数字基础；明确了数据战略的基本思路，制定了社会愿景以及实现该愿景的基本行动指南。《第 6 期科学技术创新基本计划（2021–2025）》：由内阁会议于 2021 年 3 月提出科技创新目标为"确保国民安全和安心的可持续、坚韧的社会，每个人都能实现多种幸福的社会"；以及科学技术创新政策的建设途径：通过综合知识进行社会变革、对知识和人的投资、并构建良性循环。《综合创新战略 2021》是规定日本科学技术创新战略的基本方针和重点措施的一揽子政策，首版战略在 2018 年 6 月通过。2021 年版本于 2021 年 6 月通过，6 项具体内容包括：向着确保国民的安全和安心、可持续的强韧社会而变革；开拓知识前沿，强化作为价值创造源泉的研究力；官方民间联合推进各领域的战略；资金循环的活性化等。该战略是推动落实《第 6 期科学技术创新基本计划》科技创新政策的年行动路线方针，把在今后 1 年内应致力于的科学技术和创新政策加以具体化。③数字制度与政策：数字化转型、数据建设、管理和流通政策三个方面为企业的数字化转型开发工具"数字经营改革的评价指标"（DX 推进指标），可反映企业通过自我诊断以掌握经营和 IT 系统的现状及问题所在的程度；数据战略中，明确了数字厅将成为司令部，以实践来牵引该战略的实施。日本目前建立起较为全面系统的研发和创新战略、政策体制、法律法规等，并正在加大各方面投入，尤其重视对民间企业作为科技研发主体的重视，具有一定的参考借鉴意义②。

日本总务省发布《2022 年信息通信白皮书》，白皮书从九大方面研判了日本 ICT 产业的未来发展趋势，分别是产业领域、电信领域、广播领域、频率利

---

① https：//www8. cao. go. jp/cstp/gaiyo/sip/index. html.
② https：//www. secrss. com/articles/43787.

用、终端设备、平台服务、网络安全、数字应用、邮政通信①。在《人工智能战略 2019》与《人工智能战略 2021》中，更进一步关注人工智能产业化的社会实装应用，提出日本人工智能产业化的社会应用要在健康—医疗—护理、农业、国土强韧化、交通基础设施和物流、区域发展、制造业及金融等重点领域优先实施②。

表 2-32 为日本科学数据中心的一些发展规划。

表 2-32　日本科学数据中心发展规划

| 战略规划 | 规划年 | 针对科学数据的事项 |
| --- | --- | --- |
| 《人文社会科学研究数据的使用》 | 2021 年 | 从 2021 年 7 月起向公众开放，并允许用户使用高级搜索和分面搜索来搜索日本人文和社会科学机构的研究数据。该目录可以为研究数据提供搜索环境，将促进研究数据在研究和教育领域以及结合社会调查、政府统计和历史文献的跨学科研究中的利用 |
| 《活动计划项目》 | 2021 年 | ①建立一个统一的数据库系统，涵盖极地科学所有研究领域的所有数据②使现有数据库系统（科学数据库、ADS、IUGONET）升级并相互操作③促进每个研究领域中时间序列数字数据的归档、开放和共享 |

## 2.9.10　前沿研究方向与发展趋势

日本科学委员会（SCJ）和科学技术委员会在《第五次科学技术基本计划(2017～2021 年)》中阐述了促进开放科学政策。该计划规定了日本科学技术举措的基本政策。规定的前沿研究方向为：人工智能、物联网、区块链、量子计算机等领域。

**（1）人工智能**

2019 年，日本内阁的综合创新战略推进会议设立"人类中心的 AI 社会原则会议"，旨在把实现和共享 AI 的基本原则反映在 AI 战略中。2019 年 12 月，日本

---

① https://www.secrss.com/articles/46862.

② https://mp.weixin.qq.com/s?_biz = MzI0MzYzODY5NA == &mid = 2247494392&idx = 1&sn = 363445 da1c67abc77025d46f82511d40&chksm = e968a231de1f2b27cf72be1126b52cdc34f5fb75981c1d7cb6e76655caff7ec11 5c486313cce&scene = 27.

成立了人工智能研究开发网络（AI Japan R&D Network），根据日本政府战略设立，由产业技术综合研究所、理化学研究所、情报通信研究机构为中心运营，旨在加强大学和官方研究机构的沟通。2021 年 6 月，新能源产业技术综合开发机构公布了《人工智能（AI）技术领域的全局研发行动计划》（AI 行动计划），提出 12 项"应着重开发的 AI 技术清单"。

**（2）物联网（IoT）**

2020 年 6 月，修订《太空基本计划》，以"独立的太空利用大国"为目标，制定 10 年长期计划，提出科学技术、产业振兴、安全保障三大支柱。经济产业省从 2019 年 2 月开始运行卫星数据平台"Tellus"，并于 2020 年 12 月设置了"卫星遥感数据应用特别工作组"专门负责扩大利用卫星数据的工作推进。2018 年 10 月，日本在内阁府特命担当大臣下设置了超级城市恳谈会；2018 年 12 月，在综合创新战略推进会议上设置了"加速实现 Society5.0（智能城市）特别工作组"。2019 年 8 月，内阁府、总务省、经济产业省、国土交通省联合设立"智能城市官民合作平台"；并于 2020 年 3 月公布"智能城市参考架构"，于 2020 年 4 月制定了旨在实现智能城市的"智能城市实行计划"。

**（3）区块链**

日本曾两次修改《资金结算相关法律（资金结算法）》，第一次修改是 2017 年 4 月，第二次修改是 2020 年 5 月。2019 年 6 月，日本提出基于区块链技术的分散型金融系统治理相关问题；2020 年 3 月召开了关于区块链的新型国际会议"Blockchain Global Governace Conference（BG2C）"，设立了关于区块链的新型国际社区"Blockchain Governance Initiative Network（BGIN）"。

**（4）量子计算机**

日本政府各部门具体研发分工如下：内阁府、文部科学省和经济产业省研究量子计算机/量子模拟；文部科学省研究量子测量和传感；总务省研究量子通信和密码。2020 年 6 月，日本成立了"量子技术创新会议"；2021 年 4 月汇总了《量子技术创新战略跟踪 2020》。

未来日本数据中心的发展，将更加重视科学数据与产业的结合，为国家科学技术创新带来效益，并在全球发挥自身优势及科技影响力。在内容建设方面，更加主张小而精体系化发展。在建设技术方面，趋向于打造数据存储一体化，具有数据存储和分析兼备的功能，并致力于不断地提高数据中心的处理分析能力。在服务运行方面，更加注重数据挖掘、分析、应用等支持作用。

# 2.10 南非国家级科学数据中心发展态势

## 2.10.1 概述

南非的科学数据主要由南非科学研究委员会（NRF）等机构负责收集、管理和分享，政府部门致力于提高科学数据的可访问性和可利用性，注重科学数据的社会影响，将科学数据应用于解决社会问题和推动社会变革。南非科学数据中心特色主要体现在以下四个方面：一是从研究中心或合作伙伴中收集数据、信息和服务，建立数据存储系统，以确保产品受到保护。二是建立一个可以公开访问的在线平台，以进一步确保根据利益相关者社区的用户需求，创建知识产品和服务。三是为协作倡议或者计划提供平台和基础设施。四是促进、分析和实施区域模型和建模结果。南非科学数据中心战略性发展中具有竞争优势的优先科学领域，集中在物理、化学、生物和生命科学、地理和地质科学、人文和社会科学等基础科学的发展①。

目前，按照国家级科学数据中心指标遴选出包括南非国家海洋数据中心（SANODC）、南非开放存取数据中心（OADC）、南非 COVID-19 数据中心和南非 SKA 数据中心等 20 个国家级科学数据中心。

## 2.10.2 总体布局

基于 Web of Science 全库，检索南非科学数据中心数据相关的文献，共 989 篇，具体如表 2-33 所示。基于稳定的电力供应，非洲主要的科学数据中心基本都建立在南非靠近开普敦和约翰内斯堡的中心城市。约翰内斯堡是南非领先的数据中心市场，拥有 11 个第三方数据中心设施，占现有电力容量的 70% 以上，其次是开普敦②。

---

① https：//www. dst. gov. za/index. php/about- us/programmes/resarch- development- and- support.

② https：//www. techerati. com/features- hub/opinions/south- africa- holds- the- majority- of- african- data-centres/#：~：text=Currently%2C%20there%20are%2055%20data，of%20Cape%20Town%20and%20 Johannes-burg.

表 2-33　南非国家级科学数据中心名称及 WOS 发文量

| 序号 | 国家级科学数据中心名称 | 发文量（篇） | 网址 | 学科领域 |
|---|---|---|---|---|
| 1 | 南非国家海洋数据中心（NODC） | 11 | http//nodc-southafrica.odinafrica.org/ | 海洋学、生物多样性 |
| 2 | 南非开放存取数据中心（OADC） | 11 | https://sasscal.org/oadc-open-access-data-center/ | 气候变化、水安全、食物安全、土地利用、生物多样性 |
| 3 | 南非国家公园（SANParks） | 97 | https://www.sanparks.org/?home | 野生动物、海洋、动植物 |
| 4 | 南非卫生信息存储库和数据仓库 | 0 | — | 卫生信息 |
| 5 | 南非超级大数据库 | 0 | — | 空间科学、生物信息学、气候变化和古科学 |
| 6 | 南非数据密集型研究基础设施（DIRISA） | 0 | https://www.dirisa.ac.za/ | 大气、海洋、气候 |
| 7 | 南非数据门户 | 0 | https://southafrica.opendataforafrica.org/ | 人口、就业、GDP、行业GDP |
| 8 | 南非国家航天局（SANSA） | 179 | https://www.sansa.org.za/about-sansa/ | 地球观测、空间工程、空间业务和空间科学 |
| 9 | 南非气象局 | 360 | https://www.weathersa.co.za/ | 预测、气候、空气质量、航空 |
| 10 | 南非极地研究基础设施平台（SAPRI） | 0 | https://soos.aq/news/south-african-polar-research-infrastructure-sapri-platform | 生物学、地质学、卫星遥感、海洋物理、海洋化学 |
| 11 | 南非冠状病毒门户网站（COVID-19） | 0 | https://sacoronavirus.co.za/ | 传染病、疫情 |
| 12 | 南非数据档案馆（SADA） | 10 | http://sada-data.nrf.ac.za/ | 人口普查、健康研究、药物滥用、收入、群体关系、劳工和商业、教育和培训 |
| 13 | 南非国家生物多样性研究所（SANBI） | 183 | https://www.sanbi.org/about/governance-sanbi | 生物多样性 |
| 14 | 环境指标数据库（DFFE） | 21 | http://enviroindicator.environment.gov.za/ | 环境治理、大气与气候、生物多样性 |

| 序号 | 国家级科学数据中心名称 | 发文量（篇） | 网址 | 学科领域 |
|---|---|---|---|---|
| 15 | 南非环境观测网络开放数据平台（SAEON ODP） | 0 | https://catalogue.saeon.ac.za/ | 环境观测、数据管理和教育推广 |
| 16 | 南非数字语言资源中心（SADiLaR） | 0 | https://www.sadilar.org/ | 人文和社会科学、语言技术、自然语言处理、计算机科学 |
| 17 | 西开普大学研究资料库（KIKAPU） | 0 | https://kikapu.uwc.ac.za/ | 研究数据、学术成果 |
| 18 | 开普敦大学研究资料库（ZivaHub） | 0 | https://zivahub.uct.ac.za/ | 研究数据、学术成果 |
| 19 | 开普半岛科技大学研究资料库（CPUT） | 116 | https://esango.cput.ac.za/ | 研究数据、学术成果 |
| 20 | 罗德大学研究资料库 | 1 | https://researchdata.ru.ac.za/ | 研究数据、学术成果 |

　　基础科学发展和支持框架的主要目标是促进人力资本发展，建设物理、数学、化学、统计、计算机科学、生物科学和地质科学等学科的研究能力，以促进知识生成和知识开发，促进南非社会经济的可持续发展。南非的科学数据中心涵盖的学科领域主要为海洋、生物多样性、海平面观测、水产、医疗健康、天文等。

　　研究能力发展需要通过参与非定向或定向研究来解决，这些研究与国家优先发展的事项一致，并倾向于加强地理优势领域，如天文学（SKA、SALT）、古生物学、生物多样性和环境。除了以上领域，也可以通过参与国家设施进行的研究。此外，南非数据中心还注重在跨学科的研究领域进行合作，如计算科学（物理、化学、数学、生物、统计等）；在多学科的研究领域注重数据中心合作，如纳米科学和技术、生物技术、光子学等也得到大力鼓励。

## 2.10.3　数据管理政策

　　自从 1996 年南非发布《科学技术白皮书》以来，南非政府一直致力于利用科学、技术和创新（STI）来发展国家。2019 年南非政府批准通过《科学、技术和创新白皮书》作为政府政策，该白皮书阐述了南非政府为科学、技术和创新部门制定的长期政策。这份由内阁批准的白皮书，是基于对 NSI 各个方面的广泛审查，以及与相关政府部门、公民社团、商界和学术界等广泛角色参与者的磋商，强调了包容、转型和伙伴关系的核心主题。旨在解决政策一致性、人力发展、知识扩展、创新绩效和增加投资等问题。白皮书将通过一系列十年计划来实施，这些计划还将与工业界、学术界、社会公众和政府的相关角色合作制定。

南非信息监管机构也实现了对数据资源的高效管理，从而确保数据透明度和问责制，提高其可靠性、可用性、真实性和完整性。1994 年以前的科技创新系统规模小，之后，南非政府开始了全面发展科技创新政策的时期，不仅通过了 1996 年的《南非科技白皮书》、2002 年的《南非国家研发战略》《南非十年创新计划（2008—2018 年)》，还在先进制造技术、生物技术和人力资源开发等领域采用了各种部门性和跨部门性科学和技术创新战略[1]。《南非国家开放科学政策草案》也适用于所有公共资助的研究成果，并要求获得机构和国家规模的基础设施，以支持数据和元数据的存储、发现和传播。

表 2-34 列举了南非数据中心的主要管理政策。

表 2-34　南非主要数据管理政策

| 政策名称（体系） | 时间 | 针对主题 |
| --- | --- | --- |
| 《南非国家科学技术与创新法案》 | 2008 年 | 为南非的科学、技术和创新发展提供了框架，并提出了促进科学数据管理和共享的要求 |
| 《国家综合 ICT 政策白皮书》 | 2016 年 | 白皮书是南非的信息、通信和技术（ICT）政策，其主要目标之一是为实施南非政府对开放治理和开放数据的承诺提供框架 |
| 《非洲开放科学平台：科学的未来和未来的科学》 | 2018 年 | 该文件提出了一项战略草案，并为非洲开放科学平台（AOSP）提供了科学依据。其目的是作为创建平台的详细工作的框架，还概述了平台的拟议治理、成员和管理结构、初始供资方法及启动前的目标 |
| 《科学、技术和创新白皮书》 | 2019 年 | 白皮书基于对国家创新体系（NSI）的广泛审查，设定了南非政府的长期政策方向，以确保科学、技术发挥越来越大的作用，以及更加繁荣和包容的社会中的创新（STI） |
| 《2020—2022 年行动计划》 | 2021 年 | 履行南非政府开放数据承诺。南非政府的三项承诺是：开放数据；财政透明度和公开合同；实益所有权透明度 |

---

[1]　https：//www.dst.gov.za/images/2019/WHITE_PAPER_ON_SCIENCE_AND_TECHNOLOGY_web.pdf.

| 政策名称（体系） | 时间 | 针对主题 |
| --- | --- | --- |
| 《国家数据和云政策草案》 | 2021 年 | 该政策草案旨在将南非经济转变为数据密集型和数据驱动型的数字经济。特别是，为提供数据和云服务创造有利环境，以努力"走向南非数据密集型和数据驱动型"，确保社会和经济发展的包容性 |
| 《南非共和国数据保护法》 | 2021 年 | 南非共和国已采取重大步骤，执行与保护数据和个人信息有关的法律和法规。新冠肺炎大流行强调了需要制定法律来规范由于使用数字服务而导致的数据和个人信息的扩散。南非共和国的第一部具体数据保护法于 2021 年 7 月 1 日生效，与世界其他国家一道，在第四次工业革命的数字时代保护隐私权。 |
| 《南非国家开放科学政策草案》 | 2022 年 | 该政策适用于所有公共资助的研究成果，并要求获得机构和国家规模的基础设施，以支持数据和元数据的存储、发现和传播。 |

## 2.10.4　建设现状

南非是非洲核心的数据中心所在地，在疫情的推动下，互联网和社交媒体渗透率的提高、5G 的部署、内陆连接的改善、以及低电价和低地价，使南非成为有吸引力的数据投资市场。

南非数据档案馆（SADA）拥有来自区域、国家和国际研究的大规模人文和社会科学数据，可以提供获取、分类和保存人文社科数据，并提供元数据建设指引和传播，制定数据政策和推广数据使用方面的最佳路径。南非的其他数据存储库包括：①南非国家公园（SANParks）数据存储库，存储 SANParks 收集的数据及其相关的元数据；②国家卫生信息存储库和数据仓库，整合了来自国家和地方卫生部门等多个来源的数据；③"南非超级大数据库"（South African Very Large Database），这是南非科技部的一个政府项目，面向来自空间科学、生物信息学、气候变化和古科学研究的"大数据"；④南非数据密集型研究基础设施（DIRISA），该设施也为大数据提供存储设施，包括大气、海洋和气候数据。

除此之外，南非建设卓越中心。南非国家研究与发展战略确定需要在包括社会科学在内的科学技术领域建立"卓越中心网络"，作为人力资本和政府政策转型层面的关键组成部分。这些中心将激发研究领域的持续差异化，同时培养高素质的人力资源能力，从而对关键的国家和全球知识领域产生有意义的影响。

## 2.10.5 经费投资

为了满足非洲对数字服务的需求、跟上数字化转型的步伐,非洲数字基础设施尤其是数据中心行业发展迅猛。2020 年,南非数据中心市场投资额为 13.16 亿美元。非洲数据中心(Africa Data Centres)从美国国际开发金融公司(DFC)于2021 年批准的 3 亿美元战略投资中提取了 8300 万美元,用于扩大 ADC 在南非的数据中心。根据 Arizton Advisory and Intelligence 发布的《非洲数据中心市场》报告数据,2021 年非洲数据中心市场投资规模达到 26.63 亿美元,其中南非、肯尼亚、埃及、尼日利亚和埃塞俄比亚投资规模处于领先地位。预计到 2027 年,非洲数据中心市场收入将达到 54.64 亿美元,容量将达到 267 兆瓦。2022 ~ 2027 年期间,非洲数据中心市场规模的复合年增长率为 12.73%。随着行业巨头亚马逊AWS 在 2020 年宣布非洲首个云数据中心在南非开普敦启用。全球数据中心行业的领先企业纷纷将非洲视为重要的战略市场,并迅速采取行动以确保竞争地位。2021 年 10 月,Vantage Data Centers 宣布进入非洲地区,投资约 10 亿美元用于建设数据中心,并在南非最大的城市与经济、文化中心约翰内斯堡建设一个大型园区。2022 年 1 月,Digital Realty 宣布正在收购 Teraco Data Environments 的多数股权,预计交易将于 2022 年上半年末完成。非洲的超大规模时代已经到来,非洲数据中心行业得到了来自欧洲和当地的资本持续加持。当地运营商也在加快数据中心的投资步伐。肯尼亚新锐数据中心运营商 IXAfrica 公司在 2021 年 3 月宣布开始对肯尼亚数字经济进行重大投资,在内罗毕黄金地段建设一个世界领先的可持续园区。与此同时,非洲数据中心服务商 Africa Data Centres(ADC)正在尼日利亚拉各斯建立 10MW 数据中心。整个非洲大陆的数据中心数量也在激增,从2014 年到 2017 年几乎翻了一番。根据非洲 IXP 协会的数据,大约有 45 个活跃的互联网交换点(IXP),互联网基础设施公司的物理位置,例如互联网服务提供商(ISP)和内容交付网络相互连接。截至 2019 年底,横跨非洲 33 个国家,在过去十年中增长了 275%。南非已经拥有许多云服务提供商,包括亚马逊、微软和华为。

## 2.10.6 提供的数据服务

2021 年,南非通信与数字技术部向国会提交了一份《加快数字与云技术发展》的议案，旨在增强国家数字服务能力，提高政府数据分析研判水平，保障南非数据主权与安全。南非还将新建一个高性能计算与数据处理中心，用于整合现有公共数字资源，为国家各部门、各级机构、企业、大学、民间组织等提供数字云服务。为确保该中心数据服务的稳定性及连续性，政府还将建设两个数据备份中心和独立的配套供电系统，确保系统不间断运行①。

南非国家海洋数据中心可为政策制定者、资源管理者、研究人员、教育机构、非政府组织和私营公司就海洋数据和信息来源问题提供各种支持，以便促进对肯尼亚沿海资源的研究和管理。SASSCAL 开放存取数据中心（OADC）的建立旨在通过提供公开数据、信息和知识来支持对气候变化的应对，通过研究管理、人力资本开发和服务，加强区域气候变化与适应性土地管理决策制定和使用科学知识产品及服务的能力。在科学与创新部和科学与工业研究委员会的指导下，南非建立了一个 COVID-19 数据中心，为国家决策提供信息。该平台的核心是健康数据，未来打算将该系统与其他类型的数据集成在一起，以便提供一个更强大的平台，可以为国家指挥中心提供整体决策支持。

南非数据档案馆（SADA）大规模的人文和社会科学数据，可为区域、国家和国际提供元数据服务、数据服务的同时，也提供人文和社会数据的分类、获取与保存服务，提供元数据传播服务。南非国家公园（SANParks）数据存储库、国家卫生信息存储库和数据仓库、南非数据密集型研究基础设施（DIRISA）等，为南非及全球提供面向空间科学、生物信息学、气候变化和海洋气候等数据②。

## 2.10.7 数据相关知识产权保护

南非拥有较为完善的知识产权管理和保护中介服务机构，从国际标准来衡量，其知识产权立法被认为相当先进，世界知识产权组织的 LESSER（2001）将南非知识产权制度列为发展中国家的首位③。随着非洲数字基础设施的不断完善，数字技术已渗透延展到非洲各国的政治、经济和军事等各个领域。因此，加强个人信息保护，保障数据安全已成为南非建设数据中心的重中之重。为此，南非也通过不断完善数据保护立法，以实现维护国家的数据主权，保障国家的安全、促进经济健康发展。目前，非洲国家除南非外，肯尼亚、卢旺达等国也制定

---

① https://www.imsilkroad.com/news/p/450408.html.
② https://www.tandfonline.com/doi/pdf/10.1080/00048623.2014.951910? needAccess=true.
③ https://zhuanlan.zhihu.com/p/99182334

了全面的数据保护法律，但南非《个人信息保护法》最具特色（表2-35）。

南非于2013年通过了《个人信息保护法》（POPIA），但推迟了执行以留出时间准备和建立所需的监管机构。该法律旨在保护南非个人数据免遭滥用。南非是一个拥有良好专利记录的国家并已采取措施加强其知识产权制度。2018年，通过《南共体知识产权区域框架和指导方针》，以促进在改革国家知识产权制度方面的相互合作。

南非议会于2020年12月2日通过了《网络犯罪法案》，它包含网络犯罪的全面规定，并将以下犯罪行为定为刑事犯罪：非法访问数据、计算机程序、计算机数据存储介质或计算机系统（通常称为"黑客攻击"）；非法拦截数据；非法或故意使用或拥有用于实施网络犯罪的软件和硬件工具；网络欺诈；网络勒索；网络伪造和口述；恶意通信。

表2-35　南非数据相关知识产权保护法律

| 名称 | 年份 | 相关内容 |
|------|------|----------|
| 《个人信息保护法》（POPIA） | 2013年 | 是南非第一部全面的数据保护法，也是南非隐私保护领域的重大进步，通过规范自然人和法人的信息处理行为、为南非处理个人信息的企业设置更多义务，使南非在数据保护立法方面与国际接轨 |
| 《南共体知识产权区域框架和指导方针》 | 2018年 | 在区域和国家层面就技术转让、知识产权对当地和土著知识的影响、科学、技术和创新有关的知识产权等方面提供指导 |
| 《网络犯罪法案》 | 2020年 | 其主要目标是制订与网络犯罪有关的罪行和处罚，将传播有害数据信息界定为违法行为，规定这些（有害）信息的临时保护（阻止进一步传播）以及进一步规范网络犯罪的司法权 |

## 2.10.8　国内国际合作

2002年，国际科学技术数据委员会（CODATA）组建"发展中国家科学数据保藏与共享工作组"（CODATA-PASTD）的建议获得批准。该任务组采取地区系列研讨会的方式先后在中国、巴西、哥伦比亚、古巴、蒙古、南非、肯尼亚、埃塞俄比亚、印度等组织召开研讨会和培训班，先后以发展中国家科学数据共享战略（2002—2008 年）、能力建设（2008—2014 年）和基础设施建设（2014—）作为重点任务①。

世界数据中心（World Data Center or System，WDC or WDS）古气候数据中心已经在南非、中国、印度、阿根廷和肯尼亚建立数据镜像系统，并通过 OAI-PMH（Open Archives Initiative-Protocol for Metadata Harvesting）元数据收割服务协议实现整个 WDC 系统的一站式数据搜索和共享服务②。

经联合国全球信息通信技术与发展联盟（UNGAID）批准，由中国科学院领衔，国际科学技术数据委员会与发展中国家科学数据保护与共享工作组、巴西国家环境参考信息中心、南非国家基金会、美国哥伦比亚大学国际地球科学信息网络中心、中国科学技术协会、中国互联网协会等共同参与的"促进发展中国家科学数据共享与应用全球联盟（e-SDDC）"计划启动会于 2021 年 5 月 7 日在巴西圣保罗召开。这项计划将由 5 项具体实施行动组成，包括组织智囊团网络、建设科学数据中心网、技术转让和技术援助网、在线培训网和应用示范网。其中，应用示范网将重点集中在减灾防灾、脱贫和公共健康领域，实施将在 UNGAID 的组织框架下，以建设"非中心化的网群网"为主要方式，以拉美地区、非洲地区、亚洲太平洋地区作为重点地区，配合 UNGAID 区域网络建设计划和其他相关前沿领域启动计划开展工作③。

2021 年 10 月 22 日，由中国科学院计算机网络信息中心联合欧洲网格基础设施 EGI、CODATA 共同主办的第二届全球开放科学云（Global Open Science Cloud，GOSC）研讨会在线成功举行。南非开放科学云 SAOSC 等分享了开放科学基础设施建设进展，与会代表就 GOSC 计划的国际化团结协作、协同联合进行了探讨④。

SKA 望远镜由约 2500 个高频碟形天线架设在南非及非洲南部 8 个国家，包括中国在内的 13 个正式成员国及多个观察员国参与建设，是目前为止历史上最大的综合孔径射电望远镜。凭借超高灵敏度、超大视场、超快巡天速度和超高分辨率，将人类视线拓展到宇宙深处，有望在宇宙起源、生命起源、宇宙磁场起源、引力本质、地外文明等自然科学重大前沿问题上取得革命性突破。SKA 不仅

---

① http：//www. geodoi. ac. cn/WebCn/HTML_INFO. aspx？Id＝06774afe-84e8-4ba1-915f-e8dae2ef5873.

② http：//zghjgl. ijournal. cn/ch/reader/create_pdf. aspx？file＿no＝20150610&year_id＝2015&quarter_id＝6&falg＝1.

③ http：//www. dongfangwanju. com/zhuantibaodao/200810/20-41. html.

④ https：//cnic. cas. cn/zhxw/202110/t20211026_6229629. html.

承载着孕育世界级科研成果的使命，还将产生世界上最大规模的海量数据①。

## 2.10.9 数据发展战略规划

南非科学与创新部（DSI）于 2011 年提出技术创新计划。该计划旨在促进战略和新兴重点领域（空间科学、能源、生物技术、纳米技术、机器人技术、光子学和本土知识系统）的研发、知识产权管理、技术转让和技术商业化，以促进通过实施有利的政策工具，从研发产出中实现商业产品、流程和服务。

战略目标有以下四点：一是在战略性科学技术（S&T）创新重点领域领导、告知和影响政策制定；二是监督和规范关键政策工具，包括制度安排、支持战略和新兴领域的干预；三是协调与支持战略和新兴领域的研究及高端技能发展；四是支持、促进和倡导将科学研发成果转化为商业产品、流程和服务，从而促进经济增长和提高生活质量。

2021 年起，南非科学与创新部（DSI）更加重视推动创新议程，目前正在开展品牌推广活动，以符合其扩大的职责及其在科学、技术和创新（STI）引领提高生产力、经济增长和社会发展方面的作用。DSI 制定了一项核心政策，通过 STI 在能源、医疗保健、教育、气候变化、食品安全和制造业等领域的举措推动积极的社会经济成果②。

表 2-36 列举了南非科学数据中心部分相关发展规划。

**表 2-36 南非科学数据中心发展规划**

| 战略规划 | 规划年 | 针对科学数据的事项 |
|---|---|---|
| 《科技白皮书》 | 1996 年 | 该白皮书旨在建立国家创新体系，包括建立科技自主能力，创造性地解决与科技有关的国家重大问题，根据优先科技领域建立重新分配政府拨款机制，建立国家研究机构与竞争性拨款机制。同时，加快制定国家长期科技规划的预算，推广研究机构改革经验和采纳合理化管理建议等 |
| 《南非国家研究与开发战略》 | 2002 年 | 该战略的目标是以深刻但实际的方式解决国家研发方面的弱点，包括为国家创新体系提供适当资金，政府主导的科学和技术的分散管理 |

---

① http://news.cctv.com/2019/08/17/ARTI4AdD6v8PF6Yzf9JTRagQ190817.shtml.

② https://www.dst.gov.za/index.php/new-dsi.

| 战略规划 | 规划年 | 针对科学数据的事项 |
|---|---|---|
| 《南非十年创新计划（2008—2018年）》 | 2007年 | 该计划涉及社会、经济、政治、科学和技术效益等诸多方面，旨在激发多学科思维、创建新学科和开发新技术 |
| 《技术创新计划》 | 2011年 | 该计划旨在促进战略和新兴重点领域的研究和开发，通过实施有利的政策工具，促进研发产出商业产品、流程和服务，还包括影响战略科学和技术创新重点领域的政策制定，协调和支持战略以及新兴领域的研究和高端技能发展 |
| 《中期战略框架（2014—2019年）》 | 2014年 | 该框架指出建设和维护经济基础设施在推动发展方面发挥关键作用。将继续扩大现代化、提高信息通信基础设施的可负担性和可访问性，且所有国有信息技术机构的工作都将与这些目标保持一致 |
| 《2020/2021—2024/2025年战略计划》 | 2020年 | 该战略计划指出，为了弥补数据差距，将在未来五年优先考虑"保持国家指标的质量，为循证决策提供信息；立法改革以加强国家的统计协调；推动转型和变革议程，以优化、创新和多样化组织在数据生态系统中运营 |
| 《南非国家数字及未来技术战略》 | 2020年 | 该战略规定了数字技能应受到关注的多个层面，以及提高数字技能的许多机制。该战略还考虑到数字技能的多样性、优先技能领域及数字技能与主题知识相融等方面内容。 |

## 2.10.10　前沿研究方向与发展趋势

南非科学数据中心的前沿研究方向为物理、数学、化学、统计、计算机科学、生物科学和地质科学。南非在发展或积极参与诸如 SKA、CERN 等全球项目。南非在天文学方面的投资令人印象深刻，该国成功地吸引了大部分 SKA 在本土建立实体基地。同样，作为一个向国际用户开放的全球设施，对 SALT 的大量投资表明了南非利用物理研究基础设施（RI）开展和吸引世界级科学的重要性[①]。其发展前景为将南非的科学大数据集中在云应用和数据平台、人工智能（AI）从模型成熟到操作用途等主题上。

---

① https://www.dst.gov.za/images/pdfs/SARIR%20Report%20Ver%202.pdf.

南非通信和数字技术部宣布，将合并现有多个数据中心并建立一个全新的国有大型数据中心。新数据中心将为中央及省市各级政府、大学、研究中心、民间组织和企业提供按需使用的云服务。该数据中心不仅可以访问原有数据中心，还可以访问国家电力公司、铁路和港口等机构数据库。同时，为确保在主要中心遭受网络攻击的情况下的业务连续性和有效的备份，还将建立两个类似的中心，以备份高性能计算数据处理中心（HPCDPC）数据①。

# 2.11 印度国家级科学数据中心发展态势

## 2.11.1 概述

受全球数字经济加速发展的影响，印度逐步加强对数据中心的政策支持和产业投入，已成为拉动全球数据中心需求增长的重要增长极。2015年启动的"数字印度"计划为印度的数字化发展提供持续助力，大数据中心建设是该计划的重要内容之一。②

印度的科学数据中心主要由政府建立，科学和工程研究委员会（Science and Engineering Research Board，SERB）也为科学数据中心建设提供资金支持，并设立印度数据管理办公室进行监管，国家政府部门持续关注科学数据的管理和共享，鼓励科学家共享数据并支持科学数据管理和存储的发展。印度还采用独特的平台化战略，通过公共数字平台提供一定规模的数据服务，推动数据治理，并促进全方位的发展。

在印度，政府是最大的数据存储库，政策框架的制定必然不可或缺，随着数据保护和主权问题不断深化，国家政策及法律法规也不断修改更替。2022年5月26日，印度电子与信息技术部（MeitY）发布关于"国家数据治理框架政策"（National Data Governance Framework Policy，NDGFP），在草案中提到要建立大型的印度数据集库，推动充满活力的人工智能和数据治理的研究和初创生态系统的建立，要实现这一点需要建立收集数据、访问匿名的非个人数据的指南、规则和标准，让印度有越来越多的数据集，推动印度数字经济的发展。③

---

① https：//baijiahao. baidu. com/s? id=1695881177571647274&wfr=spider&for=pc.
② Http：//www. caict. ac. cn/kxyj/qwfb/bps/202204/P020220422707354529853. pdf
③ https：//www. meity. gov. in/content/draft-national-data-governance-framework-policy

印度最早建立的国家级科学数据中心是印度空间研究组织（Indian Space Research Organization，ISRO），是印度的国家航天机构。该组织创建于 1969 年，其总部位于班加罗尔。该组织总共雇佣约两万名员工，主要从事与航天和空间科学有关的研究。除此之外，印度的科学数据中心涵盖的学科领域还包括航天和空间科学、遥感应用、通信技术、生命科学、海洋学、地理学、气候变化、气候环境监测等方面的研究。

## 2.11.2　总体布局

2015 年，印度科技部生物技术局（DBT）正式发布《国家生物技术发展战略 2015—2020：促进生物科学研究、教育及创业》。该战略提出 5 大发展愿景和 10 大发展路径，并关注生物科技创新的全链条、全领域布局。并对印度生物技术产业提出新的愿景：提供激励，实现对生命过程的全新理解，并利用新知识和手段达成新的发展优势；开展应用导向性工作，加大对环境安全、健康与保健、生物制造和生物产品的开发、清洁能源和生物燃料、生产技术的投入，提高效率和生产率；面向生物经济，健全研发及商业化基础设施；打造印度无可比拟的科技人力资源；将印度打造成面向发展中国家及发达市场的世界级生物制造中心。因此，DBT 致力于打造世界级设施，并在全印度范围内都能够使用，除向高校及研究院提供重要设备支持外，优先发展网络资源及技能，促进现有机构、核心设施、国家研究院、数据中心、资源库五大领域的建设。具体途径比如设立卓越中心专攻重要领域，如育种、海洋资源生物产品、疫苗研制、慢性疾病、基于器官系统的病原生物学、再生医学、生物工程等；创立并巩固关于疾病监管、流行病、疾病负担等的国家数据中心；设立天然产品药物研究所、海洋生物技术研究所、农村发展研究所等；设立资源促进国家中心、跨学科传染科学研究中心及生物设计跨院校中心等。

印度还将增加基础科学、跨学科的研究机会，优先事项包括：一是为基础科学提供持续的支持；二是鼓励生物学的多学科研究；三是吸引非生物学家来处理生物问题；四是个体智慧与团体智慧结合，共同完成任务，将基础研究投入转化为实际应用；五是鼓励新兴技术，如合成生物学和系统生物学，纳米生物技术，先进的蛋白质组学，成像、数据密集型发现和生物信息学。不仅如此，还建立透明高效的监管体系。DBT 承诺将确保生物技术研究过程及产品的安全性，以使其生产目标终端用户最终接受监管体系。另外，DBT 继续鼓励国内与国际合作研究来促进发明，采用新方法来应对长期挑战，加强同民营企业的合作以获得更多竞争优势。

印度国家数据中心是由印度政府建立，属于国家电子政务计划（NEGP）中电子政务的核心基础设施项目。该规划为全国28个邦和7个中央直辖区创建坚实的服务，应用和基础设施，提供政府对政府（G2G）的高效电子化数据中心，以及政府对公民（G2C）和政府对企业（G2B）的服务[①]。

按照国家级科学数据中心遴选指标，遴选出印度15个国家级科学数据中心，WOS发文总计3564篇，详情见表2-37。

表2-37 印度国家级科学数据中心名称及 WOS 发文量

| 序号 | 国家级数据中心名称 | 发文量（篇） | 网址 | 学科领域 |
| --- | --- | --- | --- | --- |
| 1 | 印度空间研究组织 | 742 | https://www.nrsc.gov.in/aboutus.html | 空间研究、航空航天 |
| 2 | 国家遥感中心 | 1081 | https://www.nrsc.gov.in/ | 地理空间服务、遥感应用、土地利用、土地覆盖监测、海洋研究、天气应用 |
| 3 | 印度空间科学数据中心 | 917 | https://www.issdc.gov.in/ | 空间科学、航空航天 |
| 4 | 印度生物数据中心 | 0 | https://ibdc.rcb.res.in/ | 生命科学 |
| 5 | 印度国家数据和分析平台（NDAP） | 0 | https://ndap.niti.gov.in/ | 农业、工业、经济、气候、通信、科学、政务等综合数据库 |
| 6 | 印度地球科学数据门户 | 0 | https://incois.gov.in/essdp/ | 大气、两极、海洋、地理科学 |
| 7 | 印度健康热图 | 0 | https://healthheatmapindia.org/ | 社会发展、公共卫生、健康状况、传染病 |
| 8 | 印度国家海洋信息服务中心 | 661 | https://incois.gov.in/ | 海洋物理、化学、生物、地质 |

---

① https://www.idcbest.com/idcnews/11000346.html.

| 序号 | 国家级数据中心名称 | 发文量<br>（篇） | 网址 | 学科领域 |
|---|---|---|---|---|
| 9 | 印度生物多样性门户 | 0 | https://indiabiodiversi-ty. org/ | 动植物学、生物学、濒危物种 |
| 10 | 国家数据存储库 | 0 | https://www. ndrdgh. gov. in/NDR/ | 地质数据、岩石物理数据、天然气、地震数据、油井和测井数据、空间数据、储层数据、重力和磁力数据 |
| 11 | 印度通信和信息技术部 | 0 | https://www. dot. gov. in/ | 通信技术、信息 |
| 12 | 国家地震中心 | 0 | https://seismo. gov. in/ | 地震学、地质、灾害 |
| 13 | 海洋生物资源与生态中心 | 54 | https://www. cmlre. gov. in/repository/data-center | 海洋学、生物学 |
| 14 | 国家地球科学研究中心 | 4 | https://ngdc. ncess. gov. in/ | 地球科学、自然灾害、空气污染 |
| 15 | 国家极地和海洋研究中心 | 105 | https://ncpor res. in/ | 两级研究 |

## 2.11.3 数据管理政策

1999 年，印度信息产业部以联合国国际贸易法委员会的《电子商务示范法》为蓝本，制定了《信息技术法》。该法 2000 年 5 月经印度国会通过，10 月 17 日正式生效。《信息技术法》是印度颁布的第一部有关网络活动的基本法，此后印度成为在计算机和互联网领域拥有立法的国家。

2013 年 7 月 2 日，印度通信与信息技术部发布了《印度国家网络安全政策》文件，旨在组建国家网络安全治理机制。

2017 年 11 月底，印度电子信息技术部发布《印度数据保护框架白皮书》，向社会公众征求意见。白皮书为数据保护提供固定法律框架，也为后续起草数据保护法做准备，旨在推动数字经济增长，保护公民个人数据安全。

2018 年 7 月 27 日，印度"数据保护专家委员会"起草的《个人数据保护法案》公布并公开征求意见；2019 年 12 月 4 日，印度联邦内阁批准了修改后的法案，即《2019 年印度个人数据保护法案》（2019 年第 373 号法案）。该法案旨在为印度"确立强有力的数据保护框架，设立数据保护局，赋予印度公民相关个人数据权利，以确保他们关于'隐私和个人数据保护'的基本权利"。

2020 年，印度政府电子和信息技术部发布了《2020 年数据中心政策草案》，该政策旨在加快当前的数据中心增长速度并推动印度成为全球数据中心。其愿景是使印度成为全球数据中心的枢纽，促进该领域的投资，推动数字经济增长，启用可信任的托管基础架构，以满足本国日益增长的需求并促进向公民提供最先进的服务。任务有以下五点：一是确保国家的可持续和可信的数据中心能力，以满足在增长最快的经济体中产生的巨大需求；二是加强印度作为数据中心最有力的国家之一，建立最先进的数据中心；三是鼓励国内外投资；四是为国内和全球市场的数据中心相关产品和服务的制造与发展提供研发服务；五是促进国内制造业发展，包括非 IT 和 IT 组件，增强国内增加值，减少对数据中心进口设备的依赖。印度政府通过这一政策推动的关键目标包括：一是推动必要的监管、结构和程序干预使其能够轻松地在该领域开展业务，吸引投资，加速数据中心增长的现有速度；二是通过各种财政和非财政激励措施促进部门竞争力；三是促进国内初创企业、中小企业和其他印度 IT 公司的发展，为本土制造和非 IT 设备提供动力；四是便于获得不间断和具有成本效益的权力，这是操作数据中心的最关键的方面之一；五是开发在国内和国际上对网络回程进行必要改进的措施；六是通过促进在印度信任（安全）数据中心的投资来满足数据安全需求；七是促进数据中心的标准化发展；八是通过与各种技术/人力资源开发项目的联系，促进该行业的能力建设①。2022 年，印度政府发布《2022 年数字个人数据保护法案》。该法案旨在确保个人数据的安全，在用户同意的情况下，表明收集信息的目的并确切分类。表 2-38 列举了印度科学数据中心的数据管理政策

表 2-38　印度科学数据中心数据管理政策

| 政策名称（体系） | 时间 | 针对主题 |
| --- | --- | --- |
| 《印度个人数据保护法案》 | 2019 年 | 旨在保护个人数据，同时征求用户的同意 |
| 《2020 年数据中心政策草案》 | 2020 年 | 该草案旨加快数据中心增长速度并推动印度成为全球数据中心 |

---

① https://www.algindia.com/summary-draft-data-centre-policy-2020-meity/#:~:text=The%20Ministry%20of%20Electronics%20and%20Information%20Technology%20%28MeitY%29%2C,data%20localization%20provisions%20of%20the%20Data%20Protection%20Bill.

| 政策名称（体系） | 时间 | 针对主题 |
| --- | --- | --- |
| 《2022 年数字个人数据保护法案》 | 2022 年 | 该法案旨在确保个人数据的安全 |
| 《国家数据共享和可访问政策》（NDSAP） | 2021 年 | 该政策借鉴了 2005 年《知情权（RTI）法案》和《联合国环境与发展宣言》（里约热内卢 1992 年），其中明确承认了开放数据在提高公众意识和参与决策过程方面的作用 |

## 2.11.4　建设现状

印度的科学数据中心建设成本是数据行业发展的最大障碍。数据中心托管于具有高速互联网的云服务器，依赖跨区域的数据中心构建解决延迟问题，使用户可以无缝访问云服务，为印度的数据中心提供企业云、为特定用户或企业预留数据中心资源，为数据中心提供公共云使多个用户能够共享相同的云资源。

印度政府希望通过在印度建立数据中心园区，使印度成为全球数据中心枢纽。目前，印度的数据中心占地面积约为 1100 万平方英尺[①]；到 2030 年，可能会发展到 3000 万平方英尺，到 2060 年可能会跨越 1 亿平方英尺，包括 5000 个边缘数据中心。根据阿里斯顿的研究表明，到 2024 年，印度数据中心市场的估值预计达到 40 亿美元左右。

## 2.11.5　经费投资

印度中央政府和各地方政府正在修订其数据中心政策，通过税收补贴支持印度数据中心的基础设施发展。根据国家政策框架，IT 部打算提供高达 15000 亿卢比的激励措施，印度政府计划在未来五年内在数据中心生态系统中投资高达 30 亿卢比。

印度的数据中心外包市场价值超过 20 亿美元，预计复合年增长率高达 25%。到 2023～2024 财年，将达到 50 亿美元。

2015～2020 年，印度数据中心市场的 IT 基础设施投资，包括服务器、存储、网络、安全和虚拟化等的总支出增长约 21.4%，其中，企业网络占有最大份额，

---

① 1 平方英尺 ≈0.093 平方米。

其次是服务器。该市场在 2015 年服务器支出为 6.58 亿美元（折合约 42 亿元人民币），而 2020 年则提高到 8.6 亿美元（约 55 亿元人民币）。预计在 2021 年至 2025 年期间，印度数据中心市场将获得持续增长。

2022 年 3 月，微软宣布，印度的海德拉巴将成为其最新数据中心区域的所在地。在印度，现有三个地区用于微软的数据中心，分布在浦那、孟买和钦奈。海德拉巴的数据中心将成为该网络的新组成，将促进整个 Microsoft 云产品组合、数据解决方案、人工智能（AI）、生产力工具和客户关系管理（CRM），面向企业、初创企业、开发人员、教育机构和政府组织，提高数据安全性。

## 2.11.6　提供的数据服务

在技术层面上的数据存储传输模式方面，2020 年，印度终端用户在软件即服务（SaaS）云应用服务上的支出增加 21% 以上。2021 年，80% ~ 90% 的使用基础设施即服务（IaaS）云计算服务模式的全球企业客户采用多云方式。例如，思爱普（SAP）在印度的数据中心推出了其业务云，预计到 2023 年，该公司将拥有 55 亿欧元的市场机遇，用户体验、移动性、云计算等方面将满足公司的需求。

印度国家信息中心（National Informatics Centre，NIC），其在印度国家、州和地区为政府部门的电子政务应用起到关键作用，并改善政府服务，增加了政府透明度。几乎所有的印度政府网站都是由它来开发。

在提供数据服务角度方面，提供计算机辅助设计、数字签名认证、地理信息系统、gov.in 和 nic.in 域名注册、生物医学信息学、专利信息学、农村信息学、农业信息化（包括水文）、互联网数据中心、数学建模与仿真、计算机网络、办公自动化程序、网络安全、视频会议、网站托管和网站开发、上网服务等。

## 2.11.7　数据相关知识产权保护

许多行业专家认为，印度对数据中心的需求主要来自数据安全和本地化有关的法规，如《个人数据保护法案》（2018 年）。该法案涉及的重要方面如下①。

---

① https://www.moneycontrol.com/news/business/here-are-7-things-you-should-know-about-data-protection-bill-7772481.html #:~:text=1% 201% 20Exemption% 20for% 20the% 20government% 20Section% 2035,6% 20Hardware% 20...% 207% 207% 20Data-breach% 20reporting% 20.

1）政府豁免。该法案第 35 条将政府及其机构排除在拟议法律的范围之外。第 12 条规定政府可以在未经同意和议会批准的情况下处理非个人数据。这可能导致信息误用问题的发生。

2）社交媒体。该法案宣布社交媒体中介为出版商，督促它们对在其平台上发布的内容负责。联合议会委员会认为，这是因为"IT 法案未能跟上社交媒体生态系统不断变化的性质"。

3）数据保护机构。负责对个人和非个人数据执行该规则的数据保护机构，将由一名主席和不超过六名由联邦政府任命的全职成员组成。该法案的第一稿建议政治部作为一个独立的监管机构。

4）纳入非个人数据。当该法案在 2018 年首次提出时，委员会建议为非个人数据单独制定一项法案。最终的法案草案将个人和非个人数据混为一谈。非个人数据包括政府机构、非营利组织和私营部门收集的信息。信息通常以匿名格式存储。

5）数据本地化。该法案要求企业以有时限的方式在印度存储敏感和关键数据的镜像副本，并随着时间的推移发展基础设施，以促进印度的数据存储。

6）硬件。随着制造业向全球扩散，委员会建议硬件也应该受到监管，因为硬件制造商正在收集数据。报告写道："委员会强烈建议政府努力为所有数字和物联网设备建立正式认证程序机制，确保所有此类设备在数据安全方面的完整性。"该委员会建议政府建立一个专门的实验室或测试设施，在印度各地设立分支机构，为所有数字设备的完整性和安全性提供认证。

7）数据泄露报告。该法案试图通过强制要求企业在 72 小时内向监管机构报告违规行为来实现这一权利。法案草案认为"首要目标是通知受影响的用户，以便他们能够采取足够的措施来保护他们的信息"。这一直是信息安全界的一项关键任务，因为在印度，数据泄露是不公开的，这会给用户数据带来风险。

## 2.11.8 国内国际合作

### （1）国际合作

1997 年，印度与孟加拉国、缅甸、斯里兰卡、泰国、尼泊尔和不丹七个南亚和东南亚国家达成 BIMSTEC（孟加拉湾多部门技术和经济合作倡议）区域合作机制，主要在贸易环境及气候变化、安全等方面展开深入合作，印度在其中的"安全"部门处于领先地位，该部门包括反恐和跨国犯罪、灾害管理和能源三个子部门，BIMSTEC 天气与气候中心（BCWC）隶属于"灾害管理"子部门。BCWC 组织活动以加强与成员国在灾害管理和减少风险方面的合作与协作，每年组织一次研讨会和培训计划，以促进 BIMSTEC 成员国的能力建设，并与 BIMSTEC 成员国实时共享各种气候相关的模型预测产品（包括确定性和概率性）。

印度与美国于 2022 年签署《地理空间合作基本交流与合作协议》，美印士地理数据，提升印度武器精度①。澳大利亚—印度全面经济合作协定（为印度和澳大利亚加强数字贸易关系提供了重要而独特的机会。尽管某些括跨境数据流/数据本地化、电子传输关税以及数字产品的非歧视。例贸易便利化、在线消费者保护、网络安全、垃圾邮件、人工智能等方面边数字贸易创建一个稳健、可靠和高效的框架。此外，关于服务贸易促进缔约方之间的数字贸易流动，并解决各国已作出相关承诺的服务本地化措施。澳大利亚可以通过各种方式鼓励印度参与数字贸易谈于数字发展和包容的整体方案，放开印度信息技术人才的供应，监管对话与合作机制。

**（2）政企合作**

印度国家信息技术学院、印度索玛科技有限公司与中国区于2015 年签署《大数据与软件服务外包实训项目实施协议和战标志着印度与中国大数据相关产业合作进一步密切②。

## 2.11.9 数据发展战略规划

印度空间研究组织（ISRO）主席表示，在 2020 ~射 10 颗对地观测卫星。2022 年执行 10 次任务，包括 4 次极轨运火箭的首次飞行，利和 RLV-LEX 飞行，GSLVMk-III 和 GSLVMk-II 任务各一次，以及小型工（HRSAT），即将发射的用 PSLV 运载火箭以一箭三星的形式发射高分辨率~-1A、RISAT-2A）、海洋对地观测卫星包括雷达成像卫星（RISAT-2BR2~urcesat-3s）。ISRO 表示，印卫星（OceanSat-3）、资源卫星（Resourcesat-3~颗导航卫星在轨运行，其服务度当前有 19 颗对地观测卫星、18 颗通信卫星

① https://baijiahao.baidu.com/s? id=168186273928~6097&wfr=spider&for=pc.
② http://www.cac.gov.cn/2015-12/16/c_11174797~htm? from=groupmessage.

领域涵盖广播、电话、互联网服务，与天气和农业有关的预报，安全、灾难救援和基于位置的服务。

2022 年 4 月 15 日，印度国防部国防研究与发展组织（DRDO）主席兼国防研究与发展部（DDR&D）秘书表示，人工智能（AI）将在印度国防技术中发挥重要作用，DRDO 未来开发的所有国防平台将采用 AI 技术。

表 2-39 列举了几个印度科学数据中心的发展规划。

表 2-39    印度科学数据中心发展规划

| 战略规划 | 规划年 | 针对科学数据的事项 |
| --- | --- | --- |
| 《ISRO 2021—2030 十年计划》 | 2021 年 | 印度空间研究组织（ISRO）将为小岛屿国家创建一个特殊的"数据窗口"，生成和传播卫星数据，帮助这些国家加强抵御气候灾害的能力[②] |
| 《河流保护计划》 | 2012 年 | MoEF & CC 的国家河流保护计划（NRCP）旨在防止河流污染和改善水质。用户可以获得关于各种河流的具体行动计划、污水处理厂的详细情况、水质监测和执行机构的信息[③] |
| 《年计划》 | 2016 年 | 计划的重点是以合理的价格提供世界一流的电信设施；在农村地区提供电信服务，实现经济加速发展和社会变革[④] |

## 2. 前沿研究方向与发展趋势

印度科学数据中心的前沿研究方向为：育种、海洋资源生物产品、疫苗研究、慢性病等器官系统的病原生物学、再生医学、生物工程、疾病监管、流行病等。

印度科学数据中心的生物学；纳米生物技术趋势为：鼓励新兴技术，如合成生物学和系统信息学等。先进的蛋白质组学、成像、数据密集型发现和生物

② https://affairscloud.com/overview- ...ros-plan-for-the-decade-2021-30/.
③ https://www.india.gov.in/informatio... tional-river-conservation-plan? page = 1.
④ https://dot.gov.in/sites/default/files/... %20Five% 20Year% 20Plan. pdf? download = 1.

# 2.12 巴西国家级科学数据中心发展态势

## 2.12.1 概述

在巴西，负责推广和使用国际信息报告的实体是巴西科学技术信息研究所（IBICT），该研究所将知识库概念化为"存储、保存、传播和提供科学界知识生产的信息系统"。巴西的科学数据主要由巴西国家科学和技术发展基金会（CNPq）等机构负责收集和管理，政府机构积极促进科学数据的开放共享和互联互通，同时推动科学数据的跨领域应用，将科学数据与社会经济发展相结合，促进可持续发展和社会进步。科学数据存储库或科学数据共享平台作为公共机构，依托研究所、大学，以项目形式启动研发，采取本国与国际合作的形式，在巴西科研项目申报与管理、教育绩效评价等方面发挥重要作用，成为国家科技与教育发展的战略基础资源，公众也能够快速在这里获得数据。

巴西的科学数据中心涵盖的学科领域主要包括生物学、农业、林业、园艺、兽医、生命科学、化学、计算机科学、电气与系统工程多个领域。

巴西最早建立的是勘探与生产数据库（BDEP），成立于2000年5月，负责存储、组织和提供地球物理、地质及地球化学信息。该数据库收集和管理的数据保证了巴西能够掌握碳氢化合物等知识。在当前的技术和市场形势下，巴西的科学数据中心市场正越来越快地从集中式科学数据中心迁移发展到地理位置更分散的基础设施。

## 2.12.2 总体布局

巴西的科学数据存储库或科学数据共享平台大部分位于巴西里约热内卢及圣保罗等城市中心（表2-40）。国家级科学数据中心较少，且目前还没有形成一定体量与规模。

巴西国家科学、技术与创新的发展规划中，优先领域主要在扩大与巩固国家科技创新系统，促进企业技术创新。国家战略领域的研发和创新（包括生物技术、纳米技术、卫生健康、信息和通信技术、生物多样性和自然资源管理、亚马孙地区、能源及全球变暖、核能、空间和国防等），促进了巴西科技、社会经济的可持续发展。

表 2-40　巴西科学数据中心统计表

| 序号 | 国家级科学数据中心名称 | 发文量（篇） | 网址 | 学科领域 |
|---|---|---|---|---|
| 1 | 巴西国家空间研究院（INPE） | 3659 | https://www.gov.br/inpe/pt-br | 空间信息、卫星数据、数值预报、空间工程 |
| 2 | Ipeadata（伊皮亚数据） | 0 | http://www.ipeadata.gov.br/Default.aspx | 经济、金融、人口、地理、公共安全 |
| 3 | 地理（SGB） | 120 | https://geosgb.sgb.gov.br/ | 地质学、遥感学、水文气象学、古生物学 |
| 4 | 巴西国家气象数据库（INMET） | 48 | https://bdmep.inmet.gov.br/ | 气象学、气候学、气象模拟 |
| 5 | CEDAP 研究数据存储库 | 44 | https://www.ufrgs.br/cedap/ | 研究数据的数字化 |
| 6 | 巴西全国科技人才履历表数据库平台（Lattes） | 123 | https://www.lattes.cnpq.br/ | 知识、科学、技术、艺术生产 |
| 7 | 巴西食品工业协会（ABIA） | 14 | https://www.abia.org.br/ | 生产、进出口 |
| 8 | 巴西地理与统计研究所（IBGE） | 161 | https://www.ibge.gov.br/pt/inicio.html | 地理学 |
| 9 | 自动恢复系统（SIDRA） | 53 | https://sidra.ibge.gov.br/home/ipca15/brasil | 人口、经济、环境 |
| 10 | 维基-里马大西洋森林信息网络（Wiki-Rima） | 0 | https://rede.inma.gov.br/dokuwiki/doku.php | 动植物 |
| 11 | 开放研究数据@PUC-Rio | 2306 | https:\www.maxwell.vrac.puc-rio.br | 综合数据库 |
| 12 | 巴拉那联邦大学科学数据库（BDC/UFPR） | 1 | https://bdc.c3sl.ufpr.br/ | 收集科学论文、研究数据等 |
| 13 | UNESP 机构存储库（UNESP） | 0 | https://repositorio.unesp.br/handle/11449/183294 | 科学、艺术、技术 |
| 14 | Redape-Embrapa 研究数据存储库（Redape） | 0 | https://www.redape.dados.embrapa.br/ | 动物生态学、农业、林业、生物学、生命科学 |

| 序号 | 国家级科学数据中心名称 | 发文量（篇） | 网址 | 学科领域 |
|---|---|---|---|---|
| 15 | Unicamp 研究数据存储库（REDU） | 0 | https：//redu. unicamp. br | 艺术与人文、生物医学 |
| 16 | Arca Data | 7 | https：//arcadados. fiocruz. br/ | 医学、地球与环境科学、社会科学、计算机、农业 |
| 17 | IBICT Dataverse 存储库（IBICT） | 9 | https：//repositoriopesquisas. ibict. br/ | 地球与环境科学、计算机与信息科学、社会科学、化学 |

巴西已建立了全球气候数据中心、巴西环境信息参考中心、巴西新冠数据共享平台、研究数据存储库、开放研究数据平台等。

巴西国家空间研究所（INPE）提供了潘塔纳尔、潘帕、大西洋森林和卡廷加生物群落卫星森林砍伐监测计划（PRODES）的数据，这些数据与亚马逊和塞拉多生物群落已经存在的数据一起构成了巴西 PRODES。

巴西巴拉那联邦大学科学数据库（BDC/UFPR）是科学计算和自由软件中心（C3SL）与 UFPR 图书馆系统（SiBi）之间联合建立的，旨在收集 UFPR 社区在论文、学位论文、期刊文章和其他书目材料中发表的研究中使用的科学数据。除了论文、学位论文和其他专著外，该存储库还有一个科学数据库、数字期刊图书馆、科学活动数字图书馆及数字图像和声音库。

## 2.12.3 数据管理政策

巴西形成以《巴西联邦宪法》为中心，合规监管双发力的立法体系。巴西《联邦宪法》提出"个人隐私权不可侵犯"的要求，成为数据安全立法基石。2018 年，《巴西通用数据保护法》颁布，形成巴西数据安全行政法规、规章法律框架，成为巴西主要的个人数据保护法律。巴西围绕数据安全和个人信息保护，还颁布了《巴西信息获取法》和《巴西网络民法》，对规范互联网法律框架及巴西公共信息获取提出保护要求。

巴西对于特定行业也有关于数据保护的法规，如受巴西中央银行（BCB）监管的实体必须遵守《巴西银行保密法》和《巴西网络安全条例》。根据《巴西银行保密法》，金融实体必须对"其所有的信贷和借记交易以及提供的服务"保密，《良好数据法》《政府第 9936/19 号法令》《巴西中央银行第 4737/19 号决议》都有对规范包含个人或法人实体支付记录信息的数据库的创建和管理的规定，旨在建立信用记录。表 2-41 列举了部分巴西科学数据中心数据管理政策。

表 2-41　巴西科学数据中心数据管理政策

| 政策名称（体系） | 时间 | 针对主题 |
|---|---|---|
| 《巴西联邦宪法》 | 1988 年 | 不仅保护包括通信、电报、电话和数据通信保密性在内的隐私权，还涉及消费者保护 |
| 《巴西良好数据法》 | 2011 年 | 规范了包含个人或法人实体支付记录信息的数据库的创建和管理，旨在建立信用记录 |
| 《巴西信息获取法》 | 2012 年 | 对政府部门和机构提出要求，要对信息进行管理、保护和开放，尤其是机密信息和个人信息的保护。对联邦宪法规定的公民享有的"对信息获取的权利"做出了具体的阐释，是保障公民获取政府信息权利的最直接和最具有实践操作性的法律 |
| 《巴西开放数据政策》 | 2016 年 | 目标：一是以可持续、有计划和结构化的方式，以公开数据的形式，促进公共机构和实体的数据发布；二是促进数据的使用和重用，以创建新的服务，并使政府更加透明；三是向公民开放访问；四是促进联邦公共行政机构和各级政府机构与实体之间的数据交换 |
| 《巴西数据保护法》 | 2018 年 | 《数据保护法》规范了个人或法律实体（无论是公共还是私人）处理个人数据，包括通过数字方式处理个人数据 |
| 《研究数据管理、共享和开放政策：原则和指南》 | 2020 年 | 该政策为作为公共产品的研究数据提供了指南，这些数据应在考虑到国家科学研究的战略政策，机构利益和当前的监管标准的情况下以合乎道德、整体开放的方式提供。 |
| 《巴西数据监管战略》 | 2021 年 | 巴西数据保护局 ANPD 确立了作为数据保护监管机构的三个主要目标 |

## 2.12.4　科学数据支持与监管机构

巴西政府通过推动开放数据政策，鼓励政府机构和研究机构将数据公开共享，促进了科学研究的透明度和合作，同时也促进了社会创新和经济发展。巴西的国家级科学数据研究中心的基础设施还未形成统一的系统，其研究数据存储主要通过国际合作项目或者高等教育机构共同建设领域的数据研究存储库、共享平台等实现。例如，亚马逊（Amazon）于 2021 年在巴西塞阿拉州建设新的数据中心，此次新建的基础设施除了数据中心，还包括一个配送中心。

随着大量科学数据产生和科学数据的广泛应用，巴西相应建立了科学数据的支持与监督机构。巴西除了拥有大量的基金资助机构，还包括权威的数据信息监管机构，如巴西圣保罗研究基金会"数据管理计划"，也针对科学数据提出一系列要求，提交数据时必须遵循项目产生成果及元数据描述，明确保存和共享政策以及保留和提供数据的保护期限，描述存储数据产品的机制、格式及标准，以便第三方能够获取。在科学数据支持与监管方面，其机构和职能如表 2-42 所示。

表 2-42　巴西科学数据支持与监管机构

| 机构名称 | 职能 |
| --- | --- |
| 国家数据保护委员会（National Personal Data and Privacy Protection Committee，CNPD） | CNPD 作为一个独立的行政实体，具有公法规定的法人资格和权力，具有行政和财政自主权，与议会合作，旨在保障个人数据隐私安全，以便在处理其个人数据时捍卫自然人的权利和自由 |
| 国家个人数据保护局（Agency National Personal Data Protection，ANPD） | ANPD 是巴西联邦公共行政机构，负责确保个人数据的保护，并指导、规范和监督对立法的遵守。其职能旨在为改善个人数据处理代理监管的举措提供广泛的透明度和可见性，并介绍所包含的每个项目的进展情况，以便向社会提供最新信息 |
| 国家科学技术发展委员会（CNPq） | CNPq 是与科学、技术、创新和通信部有联系的公共基金会，在制定和实施科学、技术和创新公共政策方面发挥着关键作用。其职能旨在促进科学、技术和创新研究，并促进培养合格的人力资源，以便在所有知识领域进行研究 |
| 圣保罗研究基金会（FAPESP） | FAPESP 管理和共享基金会资助的项目所产生的科研数据成果，以确保为科学、技术、社会经济和文化进步带来最大利益。除使资源合理化外，对数据的适当管理还有助于研究的可重复性，并允许促进新的研究，以提高数据资源的共享和重用性 |

## 2.12.5　经费投资

科学数据平台的建设以国际合作为主，联邦政府、州政府与地方政府分级签署科学、技术与创新国家发展规划、产业研究计划与创新项目等来实现。数据存储平台与开放数据平台的建设正是这些项目的成果，因此，在这一框架下支持基础科学的很大一部分成本是通过战略捆绑现有拨款（或部分拨款）来实现，其中公共基金是主力。

新建国际科技局直接隶属于总统府领导，确立了国家科学技术发展委员会在总统直接领导下跨部门协调全国科技活动的地位。现今，巴西联邦政府的科学基金管理机构主要包括：科学技术与创新部下属的科学技术发展委员会（CNPq）和技术创新与发展局（FINEP），教育部下属的高等教育基金委员会（CAPES）。虽然巴西联邦政府卫生和能源等部委每年都有大量科研经费，但他们一般都把计划和预算转到联邦科技部下属的基金管理委员会，如 CNPq 或 FINEP 等，由业务部门组织协调全国相关专业科研人员来实施这些具体项目。

2021 年巴西数据中心市场规模为 22 亿美元，在各种人工智能数据中心项目上花费约 4 亿美元，预计到 2027 年将达到 37 亿美元，2028 年达到 44.3 亿美元，2022~2027 年的复合年增长率为 8.7%。2021 年，巴西的私有云支出约为 6 亿美元，比 2020 年增长 10%。

巴西是拉丁美洲领先的数据中心市场，占该地区总投资的 40% 以上，2020 年创造了 6.8 亿美元的收入。2020 年，巴西在 IT 行业和电信行业的投资分别约为 400~500 亿美元，2020 年 4 月 - Digital Colony Management LLC 宣布成立 Scala 数据中心，这是一个总部位于巴西圣保罗的超大规模数据中心平台，价值为 3 亿至 4 亿美元。巴西 2020 年在圣保罗投资四个小型数据中心，投资额约为 2.95 亿美元。亚马逊网络服务（AWS）计划在未来两年内投资超过 2.3 亿美元，以扩大其在巴西的数据中心业务，并加强其在拉丁美洲的云基础设施。2022 年，巴西的投资比 2020 年增长了 45%，这要归功于 Ascenty、Scala Data Centers 和 ODATA 等托管提供商以及 GlobeNet Telecom、Ava Telecom 和 Embratel 等电信运营商的投资。

## 2.12.6 提供的数据服务

巴西科学数据中心提供的数据服务模式除了纯数据服务外，还有二次加工数据服务。例如，CEDAP 研究数据存储库，旨在收集研究中使用的科学数据，并提供文件，以提供一个研究数据使用和重用方法的环境。再如，南里奥格兰德联邦大学（UFRGS）的佩斯基萨文献中心（CEDAP），旨在收集研究中使用的科学数据，涉及各个知识领域，包括大型数据记录。CEDAP 与 UFRGS 的数据处理中心保持合作关系，以制定政策、规划、管理、描述、评估、存储、传播和重新使用数据。该研究数据库创建于 2017 年 6 月，实现了巴西的共享需求。

巴西全国科技人才履历表数据库平台（Lattes），其信息价值巨大，受到越来越多用户的使用和关注。CNPq 将允许通过其提取器的网络系统提取数据，该系统允许从 Lattes 数据库和研究小组目录中提取公共数据。要申请使用 Lattes 提取器的资格，机构的法定代表人必须填写申请表格和责任条款及具体指南，并以数字方式提交给 CNPq，同时必须提交签署的原始请求，以便与 CNPq 进行会商和存储。

## 2.12.7　数据相关知识产权保护

作为金砖国家成员国，巴西的知识产权保护体系相对比较健全。例如，巴西政府第 9936/19 号法令颁布于 2019 年 7 月 24 日，提出了要保证存储数据的完整性和机密性，而且相关认证至少每三年更新一次，且需要进行年度审查，以证明政策在责任确认方面是有效的，尤其是在信息的保密和保护、客户数据的隐私保护，以及诈骗预防处理等。

除此之外，颁布于 2019 年 7 月 29 日的巴西中央银行第 4737/19 号决议，主要用来规范数据库管理人员的综合素养，并对数据库管理人员的行为进行有效监督。该法令规定了数据库管理人员获得注册的要求及取消数据库管理者的情况，并强调了数据库管理人员的任职要求：一是拥有无瑕疵的声誉；二是没有被判犯有逃税罪、渎职罪、腐败罪等相关的刑事处罚；三是未被宣布为无资格或被暂停行使权力的财务委员会委员、董事会成员、执行官或金融机构授权经营的其他机构的管理合伙人；四是未被宣布破产。

## 2.12.8　国内国际合作

巴西国家科研和教育网（RNP）已与亚马逊国家研究所（INPA）在亚马逊州首府马瑙斯合作建立一个共享的数据中心，用来存储其森林博物馆项目中收集的科学数据。该数据中心的建设资金来自日本国际协力机构（JICA-Brazil），建成后巴西相关研究机构将与日本京都大学共同进行研究。共享数据中心由巴西国家科研和教育网（RNP）运营，每月处理平均 1TB 的数据需求。在建成这个数据中心之后，巴西将拥有一个为学术界专用的网络、数据处理、以及存储基础设施。这个数据中心主要用于传播知识，并帮助开发合作研究，为巴西和国外的研究人员提供一个大型数据库。

巴西国家科研和教育网（RNP）和巴西科学、技术、创新和通信部（（MCTIC）与欧盟委员会一起合作，其管理的项目涉及云计算的国内和国际学术机构，其中包括安全方面，高性能处理和实验平台项目等，并计划协同开发应用程序和虚拟的全球社区的项目①。

1988 年 7 月，中巴签署的关于核准研制地球资源卫星的议定书掀开了中巴地球资源卫星合作的序幕，中巴地球资源卫星项目成为中巴两国政府间合作的重要内容。中巴双方联合研制了 6 颗中巴地球资源卫星，提高了两国航天管理和技术的水平，卫星数据广泛应用于两国农业、林业、水利、国土资源、环保和防灾减灾等行业，为拉美、非洲、东盟等地区的诸多发展中国家提供了 50 余万景遥感卫星数据，打造了中巴地球资源卫星国际品牌②。在巴西政府 2004 年实施免费获取公共数据的政策后，巴西国家空间研究所发布了超过 200 万张地球资源卫星图像。地球资源卫星收集的数据在巴西不仅供政府使用，也被其他机构用于城市规划、精准农业、环境监测、采矿等③。

2022 年 5 月 25 日，金砖国家成立航天合作联合委员会，正式开启了金砖国家遥感卫星星座联合观测及数据共享合作。星座由金砖国家现有 6 颗卫星组成，包括中国的高分六号卫星和资源三号 02 星、中国和巴西联合研制的中巴地球资源卫星 04 星、俄罗斯老人星五系 1 颗星以及印度资源卫星二号和二号 A 星。巴西航天局局长卡洛斯·莫拉表示，金砖国家航天机构之间建立"遥感卫星虚拟星座"，建立数据共享机制，将有助于应对人类面临的全球气候变化、重大灾害和环境保护等挑战。

## 2.12.9 数据发展战略规划

巴西没有实行"整体突破"战略，而是试图通过对具体领域实施重大科技计划，作为提高自主创新能力的突破口。巴西在《2012—2015 科学、技术与创新国家发展规划》中，明确了该国科技创新优先领域依次为：信息通信、医疗卫生、石油天然气、国防航天、核能、生物、纳米、绿色经济、可再生能源、生物多样性、气候变化、海洋海岸、社会发展等。巴西政府期望通过《国家知识平台

---

① http://www.d1net.com/datacenter/news/439351.html

② http://www.xinhuanet.com/politics/2018-11/22/c_ 1123754544.htm

③ https://finance.sina.com.cn/tech/roll/2023-01-06/doc-imxzenkv8917019.shtml

计划"（PNPC）》，调动以数亿美元计的资金，在未来几十年中将巴西打造为世界性知识前沿。首先将设立科技创新领域的国家级大型计划，遴选 20 个重点领域持续支持，即在 10 年之内建成 20 个重点领域平台（表 2-43）。目前已经选定的领域有：能源（石油钻探平台、基础工程和生物能源）、农业（畜牧养殖和气候变化）、医疗（疫苗和制药）、ICT、亚马逊雨林研究、航空（绿色飞机）、国防、海洋和海底装备、先进制造、公共安全和信息安全及矿物。

除此之外，巴西政府还出台了《2020 年至 2022 年期间的数字政府战略》，以期通过数字技术实现政府转型。2022 年 3 月 14 日修订第 10.996 号法令，除了使《2020 年至 2022 年期间的数字政府战略》合法化外，还向所有公共行政机构和社会宣传该战略计划。《巴西数字化转型战略（2022）》提出将数字、科学、技术和工程视为数字经济的三重形式，促进数据经济的生态系统建设，激励数据中心的基础设施建设。在数据治理方面，联邦、自治政府和基础公共行政部门的数据治理目前受顶层设计制约，依赖于中央数据治理委员会，该委员会控制管理活动的规则和程序。通过这种方式，促进信息的相互操作性和公共服务的集成。

表 2-43　巴西数据战略规划概览

| 规划名称 | 规划年 | 主要内容 |
| --- | --- | --- |
| 《2007—2010 年全国科学、技术和创新计划》 | 2008 年 | 该计划的战略目标是扩大、完善国家科学技术和创新体系并使之现代化；创造使企业加速推进创新的氛围；加强战略部门的科研、创新，包括能源、航天、公共安全、国防的科研；推进科学普及和教育以及新技术的推广 |
| 《2012—2015 年科学、技术与创新国家发展规划》 | 2012 年 | 该发展规划指出在 2012~2015 年拟发展的重点领域，按重要性依次为：信息技术、制药和相关医疗产业、空间等；创新前沿领域（生物技术和纳米技术）、绿色经济相关领域及社会发展领域的科技创新（科技创新扩散、科技教育、包容性创新、社会技术、可持续城市技术等） |
| 《国家知识平台计划》（PNPC） | 2014 年 | 该计划旨在科学知识和商业基础之间建立联系，促成教育、科学和技术促进发展，以科学技术和先进创新的基础设施为基础，促进知识平台成果产出 |
| 《气候技术计划》 | 2018 年 | 该计划的目标是促进气候变化，以及建立科学研究所；促进科学和技术的发展，包括气象学家和气候学家，特别是科学和技术研究所，以及预防自然灾害和实施国际合作 |
| 《ANPD 战略规划 2021—2023 年》 | 2022 年 | 该战略旨在为国家数据保护政策制定指导方针，就数据保护问题与国家和国际机构加强合作，通过国家理事会保障个人资料及私隐安全 |

## 2.12.10　前沿研究方向与发展趋势

巴西的数据中心研究趋势主要倾向于物联网、人工智能、大数据分析、云计算、移动系统、社交和协作网络、网络物理系统、深度学习、信息安全、网络安全、高性能计算、量子计算等。

巴西政府多年前就加强了"数字政府"建设，并取得了积极成果。目前，巴西数字经济正进入一个全新的产业周期，信息通信技术、数字技术和数字基础设施得到了广泛的应用。

2021 年，巴西继续推进人工智能实验室建设，同时完善国家创新网络，该创新网络由巴西科技创新部联合巴西工业研究与创新公司共同创建，旨在推动人工智能技术在各生产部门的应用，提高巴西国内公司的生产能力和竞争力。"巴西 WI-FI""北部和东北部互联""智慧城市"等计划正在实施中，以期尽快弥补数字鸿沟，推动经济和民生进一步实现数字化。

此外，新冠疫情释放了巴西数字经济的潜力，依托智慧农业、智慧旅游、智慧物流等数字经济新业态，以及不断加大以第 5 代移动通信网络等为代表的新型基础设施投资力度，巴西国内网购、电子支付、远程教育、在线服务、农业数字化、电商物流配送等数字经济产业迅猛发展，数字经济成为巴西经济增长新亮点，有效促进经济发展并惠及民生。

《G20 国家数字经济发展研究报告》显示，巴西的数字经济规模在世界上位居前列，占国内生产总值的 10%～30% 。政府正大力推动信息通信技术建设，积极向数字服务转型，努力推进物联网发展战略，重点打造智慧城市、现代医疗、绿色农业和高端制造等核心产业[1]。

巴西在科学技术与创新部下有两个专业领域管理机构，即核能管理署和空间管理署，目的是加大在核能、空间和国防、能源和气候变化、生物多样性和自然资源管理、信息和通信技术、生物技术、纳米技术、卫生健康等领域的国家战略研发和创新。

---

① https：//www.sohu.com/a/515424541_ 121106832

# 3 | 发展模式：案例剖析

## 3.1 美国雪冰数据中心

### 3.1.1 发展模式

美国雪冰数据中心（NSIDC）发展至今有其典型的发展模式：由政府研究计划任务牵引组建，开展的冰川学信息收集保存和服务为主，逐步在 USGS、NOAA、ONR、NSF 等多个机构的联合支持下，依托科罗拉多大学博尔德分校负责运营，发展壮大，形成拥有专职数据工作、研究人员、学生及其他机构和社会联动的全球具有学科特色的数据研究中心。

国家雪冰数据中心起源于 1957～1958 年国际地球物理年（International Geophysical Year, IGY）的项目牵引，由美国地理协会 William O. Field 领导，为了存档所有冰川学信息数据，在美国博尔德成立了世界冰川学数据中心（WDC），其主要发展过程如下：

1957 年：由美国地理学会建立的世界冰川学数据中心（WDC），主要功能是存档所有可用的冰川学信息。

1971～1976 年：由美国地质调查局（USGS）运营。

1976 年：USGS 将 WDC 移交给国家海洋和大气协会（NOAA）数据和信息服务中心，之后该中心又转移至科罗拉多大学博尔德分校（CUBoulder）。在科罗拉多大学博尔德分校，WDC 在高山和北极研究所落户。

1980 年：转移到环境科学合作研究所（CIRES）。

1982 年：NOAA 将该中心指定为国家雪冰数据中心（NSIDC）。

1982～20 世纪 90 年代，在海军研究办公室（ONR）、美国宇航局和美国国家科学基金会（NSF）的资金支持下，NSIDC 开始得到快速发展。

至今：NSIDC 已是一个由 90 多名员工，主要由研究人员和学生组成，因其数据管理和冰冻圈研究而享誉全球。

NSIDC 最初仅有 2 名工作人员，以存档为主要任务的实体图书馆，通过扩展逐渐成为享誉全球的数据管理中心。同时其研究范围也在逐渐扩大，形成了一个既做数据分析又做极地、高山实地调查的强大研究团队。如今 NSIDC 的科学家不拘于传统的科学研究，经常通过参与面向各种受众的传播和外联项目获得更多资助，但其高影响力的数据与研究主要还是来源于相关的科考项目或任务。

## 3.1.2　管理模式

目前，美国雪冰数据中心由美国国家宇航局 NASA、美国国家海洋和大气局 NOAA、美国科学基金会负责建设，NSIDC 包括多个数据中心、数据管理项目和数据计划。中心有专业的数据管理人员领导这些计划和项目，管理层精通数据管理实践，经常参与有关数据管理相关的活动与研究，为管理组合形成独特的教育、经验和兴趣，确保中心内部管理的最佳实践。NSIDC 制定了数据管理政策，确保数据管理的规范、及时、安全和永久性。

NSIDC 由中心自行组织管理，且管理实行组织内部的多样化、公平性、包容性（diversity，equity，andinclusion，DEI）；设置内部讨论论坛，供员工分享他们的想法和建议，以支持多样性和包容性；鼓励多样性和包容性的征聘和聘用程序，包括搜索和职位公告。

人员是 NSIDC 数据管理和科学任务的关键。NSIDC 建立了数据项目管理、科学研究、科学偏移、数据操作、数据分析、数据系统、数据 web 技术、信息架构规划、数据专业管理的通信、外联和用户服务方面的专业队伍，总体由科学家，管理团队和数据技术团队组成。其中技术文档工程师、科学传播工程师、软件开发工程师、系统运维工程师，为 NSIDC 的云数据管理、云计算、基础设施，集成应用程序、数据操作、科学传播、自动化等提供重要支持。

## 3.1.3　支持模式

NSIDC 通过国家部委的拨款与承担项目的形式来获得政府和行业之间的联合支持。其科学研究经费主要来源于美国宇航局（NASA）、美国国家科学基金会（NSF）、美国国家海洋和大气管理局（NOAA）和能源部（DOE）；而项目支持主要体现在 NSIDC 与公共、私营和非营利部门等各类组织的广泛合作。

其资金支持来源于不同的组织，具有标志性意义的资助如下。

1983 年：获得美国宇航局的资助以进行存档 Nimbus7 无源微波数据。

1990 年：获得 NSF 资助，支持北极系统科学（ARCSS）数据协调中心（ADCC）成立。

1996 年：获得 NSF 资助，支持南极科学数据协调中心（ADCC）成立。

1999 年：获得 NSF 资助，支持南极冰川数据中心（AGDC）建立。

2002 年：在国际北极研究中心（IARC）的支持下成立冻土数据中心。

目前 NSIDC 的主要运行经费支持来源于 NOAA、NSF、NASA、DOE 的联合项目支持，也有部分来源科罗拉大学博尔德分校环境科学合作研究社（CIRES）的部分承担项目支持，形成科技发展的多源资金支持的发展模式。

## 3.1.4　合作模式

NSIDC 研究发展合作对象广泛，涉及各行各业，方式多样且一直寻求新的合作伙伴与方式。

NSIDC 长期以来与公共、私营和非营利部门等各类组织保持合作，且中心的科学家们一直在寻找新的方式与其组织之外的人合作。包括软货币（softmoney）和早期职业科学家。例如，NSIDC 的几名科学家参与了冰冻圈为重点对象的大型组织，如北极大学、南极研究科学委员会、国际北极科学委员会、美国地球物理联盟、美国永久冻土协会、美国气象学会和美国科学促进会等，并参加了研究北极气候的多学科漂流天文台（MOSAIC）探险。此外，还参加了国际思韦茨冰川合作项目（International Thwaites Glacier Collaboration），该项目由美国和英国联合开展，旨在研究南极最不稳定的冰川之一——思韦茨冰川；与此同时，NSIDC 的几名科学家还担任海冰预测网络（SIPN）的领导团队成员，这是由科学家和利益相关方组成的网络，致力于改进和传播海冰预测知识和工具；NSIDC 还参与 CIRES 访问学者计划，邀请早期职业研究员和资深访问学者在特定的时间范围内与 NSIDC 的研究人员就不同的主题进行合作。

除此之外，NSIDC 还与社会保持良好的合作，与社会一起构建北极本地的特殊文化，气候等数据资源，并开展科普宣传，建立如今日积雪等专栏，与政府部门等机构开展新闻传播合作。

## 3.1.5 服务模式

NSIDC 的服务模式是倡导开放，包括四个方面：开放数据、开放代码、开放访问论文和开放审查。NSIDC 主要服务模式归纳为：科学数据搜索服务、数据管理与保存服务、科学研究服务、数据分析与支持服务、数据发布与工具支持服务、数据征集与接受服务、联合项目研究服务、技术研发应用支持服务、社会联动与科普传播服务，可以说 NSIDC 的服务涉及科学研究活动的全过程，NSIDC 是一个典型的研究型、生产型、服务型科学数据中心。

开放科学鼓励多样性和可获得性，使科学更具全球性和协作性，为了促进开放科学，更好地为受众服务，NSIDC 的研究人员和工作人员致力于以下工作：①通过主机数据教程，帮助人们了解如何使用 NSIDC 数据。②通过创建和托管工具帮助公众使用和理解 NSIDC 数据，如 Charctic 交互式海冰图和 QGreenland，这是一种支持以格陵兰岛为重点的跨学科研究的免费制图工具。③与 UNAVCO、斯克里普斯海洋研究所和加州大学圣地亚哥分校超级计算中心协调，开发 Open Altimetry 平台，允许发现、访问和可视化来自美国宇航局 ICESat 和 ICESat-2 任务的数据。Open Altimetry 通过使复杂数据易于访问和可视化（即使是非专家）来体现开放科学。④其研究团队还不断向期刊提交科学研究论文，并在 NSIDC 网站以及 GitHub 和 Bitbucket 等公共存储库上提供软件和代码。

## 3.1.6 内容建设趋势

NSIDC 数据建设内容由最初专业的冰川存档数据发展至今，逐步扩展到气候变暖影响下的冰冻圈变化的其他各类数据。

NSIDC 作为科罗拉大学博尔德环境科学合作研究所（CIRES）的一部分，致力于进行创新研究并提供开放数据，从事地球冰冻圈区域的数据管理和科学研究，其科学家和数据专家与 CIRES 内部的科学家以及世界各地的合作者合作发表研究成果，以促进对冰冻圈如何影响当地、区域和全球环境以及人类与这些环境的关系的理解。同时，还为冰冻圈科学界及其他领域提供相关的、高影响力的数据。其研究和数据主要集中在构成地球冰冻圈的雪、冰、冰川、冻土和气候相互作用上。

其数据内容经历了以下过程：

1982 年：NOAA 接管 NSIDC，将其作为一些项目的数据存档场所，扩大了其馆藏使命。研究工作主要分布在海冰、永久冻土及格陵兰岛和南极冰盖地区。

2000 年以后：数据集中于气候变暖对极地地区、永久冻土、季节性雪和冰川的日益增加的影响，NSIDC 也逐渐成为公众和科学兴趣的首选中心。

2011 年：在 NOAA 气候数据记录（CDR）项目的支持下，NOAA/NSIDC 海冰浓度气候数据记录版本 1 发布。CDR 是一种持续生成的数据记录，其长度足以使可检测到的趋势具有气候研究意义。

2012 年：NSIDC 推出 Charctic（一个流行的交互式图形），提供可视化北极和南极海冰条件随时间的变化。

NSIDC 因其科学家不拘于传统的科学研究，经常参与面向各种受众的传播和外联项目，获得更多更可靠的数据资源。例如，NSIDC 的科学家会与外部组织的科学家协调，定期发布关于冰冻圈如何变化，以及这些变化的驱动因素等易于阅读的科学分析，如《北极海冰新闻与分析》《格陵兰今日冰盖》和《今日雪》等栏目。NSIDC 还定期举办开放交流的冰冻圈研讨会，NSIDC 的科学家与来宾分享其冰冻圈的研究和发现。此外，NSIDC 科学团队成员通过在国会作证、公开演讲、撰写气候变化如何影响世界冰冻地区的书籍以及访问 K-12 学校（让学生直接接触冰冻圈科学和科学家），分享他们在极地地区的专业知识。与此同时，NSIDC 的科学家还定期撰写冰冻圈变化的相关报告，包括美国国家海洋和大气管理局（NOAA）的北极报告和美国气象学会的气候状况报告。

# 3.2 英国海洋数据中心

英国海洋数据中心（British Oceanographic Data Service，BODC，下称海洋数据中心）是英国自然环境研究理事会全权所有的英国最大的综合型海洋学数据研究和技术机构。作为世界公认的顶级海洋研究机构，其在海平面科学、沿海和深海研究与技术开发领域取得了举世瞩目的成就。

## 3.2.1 发展模式

英国海洋数据中心正式成立于 1989 年 4 月，现为英国国家海洋中心（NOC）下属机构。海洋数据中心的起源可以追溯到 1969 年。该中心在满足海洋数据管理跨学科需求的科学和信息技术方面经验丰富。

1969 年：英国自然环境研究理事会（NERC）创建了英国海洋数据服务

（BODS）。在沃姆利设立国家海洋研究所，其目的是：充当英国国家海洋数据中心（NODC）并作为国际海洋学委员会（IOC）国家数据中心网络的一部分，参与数据的国际交流。海洋数据中心保持着这一角色直至今日。

1975 年：海洋数据中心被转移到威勒尔半岛的比德斯顿天文台，成为新成立的海洋科学研究所的一部分。

1976 年：海洋数据中心成为海洋信息与咨询服务（MIAS）的数据银行部门。在由能源和工业部门资助的四年中，此中心的主要活动是管理来自英国离岸运营商协会的网络的气象船、石油钻井平台和大型数据浮标所收集的数据。

80 年代末：此中心负责汇编波浪、系泊流速计、离岸测潮站和 CTD 数据的档案。在此期间开发的方法在很大程度上支持了海洋数据中心目前的运营。开创了处理海洋数据的通用方法，最终形成了 IOC 国际通用格式第 3 版（GF3）。

1989 年 4 月：当时海洋信息与咨询服务（MIAS）的数据银行部门经过重组，正式成立了英国海洋数据中心（BODC）。使命是"作为一个支持英国海洋科学的世界级数据中心"

2004 年 12 月：海洋数据中心搬到利物浦大学。在此期间由普劳德曼海洋实验室（POL）托管。

2010 年 4 月 1 日：普劳德曼海洋实验室（POL）和南安普敦国家海洋中心（NOCS）合并成英国国家海洋中心（NOC）。海洋数据中心开始由英国国家海洋中心托管。

英国海洋数据中心是英国大规模、长期并持续研究海洋学的国家级科学中心，为了履行其国家职责，海洋数据中心在地球系统背景下开展具有国际竞争力的海洋科学研究，旨在管理、开发、协调和创新高质量的大型的研究基础设施、设备库、数据库和其他科学支持功能，以造福整个英国科学界，为之提供具有影响力的优秀科学数据。如今的海洋数据中心活跃于国际舞台，并作为英国政府和欧洲项目的合作伙伴。

随着海洋事务在国际政治和经济议程内关注度的迅速上升，推动了可信且高质量科学数据和建议需求的增加。《联合国 2030 年可持续发展议程》《联合国海洋科学促进可持续发展十年》《巴黎协定》《联合国世界海洋评估经常程序》《七国集团海洋未来倡议》《英联邦蓝色宪章》等主要协议框架和计划表明，海洋问题在国际论坛上的重要性日益突出。因此，海洋数据中心目前在提供科学和技术建议方面发挥着至关重要的作用，同时为英国在国际海洋事务中的各种利益提供支持。为了实现这一目标，海洋数据中心在广泛的学科领域内吸收了大量独立、独特的科学和技术专业，并利用这些资源与国际舞台上的合作伙伴进行接触。

## 3.2.2 管理模式

海洋数据中心由英国自然环境研究理事会（NERC）资助并实行管理，是一家典型国立非部属科研机构。海洋数据中心的管理模式区别于英国国内的英国政府部门直接管理下属执行机构的模式以及政府所有－委托管理制度，而是按照英国特有研究理事会管理模式进行管理。研究理事会属于非政府部门公共机构（NDPB），作为独立法人拥有独立的政策制定、经费使用和管理权，独立管理并对英国议会负责。作为具有准政府职能的自治性科研管理机构，研究理事会负责在全国范围内推动高质量基础性、战略性和应用性研究发展。这种体制下，政府负责研究理事会宏观发展战略制定，但是对于研究理事会的具体工作不做干预，政府通过支持研究理事会的科研活动达到对海洋数据中心的支持。[①]

海洋数据中心的科研工作与管理工作都是以自然环境研究理事会为主导，但是，从自然环境研究理事会到海洋数据中心具有一定运营独立性。海洋数据中心的外部治理由自然环境研究理事会全权负责，其内部管理组织各部门负责人也由自然环境研究理事会任命，执行董事等均在自然环境研究理事会管理委员会中任职，这也成为了现今大部分英国非部属大型公立科研机构的管理模式。海洋数据中心员工聘用和解聘由自然环境研究理事会执行，薪酬制度均遵循自然环境研究理事会的人事薪酬制度。海洋数据中心固定员工人数维持在560人左右，除了固定员工外，海洋数据中心还有一定比例的流动员工，这部分员工多为海洋数据中心的博士后研究员。[①]

海洋数据中心接受自然环境研究理事会的监督管理，并由执行董事直接领导。其执行董事是自然环境研究理事会的执行委员会成员，由海洋数据中心的各部门高层领导团队和咨询委员会提供支持，其管理团队由部门董事和部门副董事组成。其中，执行董事是自然环境研究理事会执行委员会成员，其他管理团队成员的任命方式实行推荐上岗制，即由海洋数据中心执行董事推荐、自然环境研究理事会任命。此外，海洋数据中心另设利益相关者咨询委员会和海事设备咨询委员会两大顾问团队。利益相关者咨询委员会专门负责海洋数据中心战略发展以及社区共同体（决策者、行业和公众）参与海洋数据中心合作的咨询服务；海事

---

① http://journals.istic.ac.cn/qqkjjjlw/ch/reader/view_abstract.aspx? file_no=202012005&flag=1.

设备咨询委员会的任务是制定海洋科学未来设备要求的中长期整体战略，汲取海洋科学界观点建议并反馈给海洋数据中心执行董事，并评估目前和未来资金使用状况。科技总监负责监督管理下设 5 个科研部门，分别是海洋地球科学组、物理海洋与海洋气候组、海洋系统建模组、海洋生物地球化学与生态系统组、海洋技术与工程组。国家海洋设施总监负责监督管理下设的 5 个国家海洋设施团队，分别为物流和仓储组、海洋自主和机器人系统、方案管理组、研究船只管理组以及科学工程组。[①]

## 3.2.3 支持模式

作为自然环境研究理事会支持的六个中心之一，海洋数据中心的主要经费来源是自然环境研究理事会，同时也有其他多样的经费来源，包括自然环境研究理事会竞争性资金、参与欧盟项目资助、设备对外开放收费以及与外部部门合作所资助，而且海洋数据中心还对外提供咨询服务、数据分析服务、设备设施租赁等一系列商业服务以获取一定运营资金，海洋数据中心内部设立了专门的分配规则。海洋数据中心 2012 年接受的非自然环境研究理事会科学基金份额占总经费的 27%，其目标是到 2016 将所占份额提高至 40%；同时，将其中非公共来源的比例从同期的 25% 提高到 40%。2016 年，海洋数据中心的总经费为 2700 万英镑，包括来自自然环境研究理事会投资自动化、传感器及商业项目的投资达 1500万英镑（约占总经费的 56%），同时还包括在研的合作类研发项目价值 800 万英镑。2017 年，海洋中心的总经费达到了 4910 万英镑，如图 3 所示，总经费中的56% 来自英国研究理事会，39% 来自政府工业竞争性经费，其余 5% 来自其他合作类科研项目。目前，海洋中心经费投入主要集中于设备维护与更新、中心管理、科研项目投入（其中包括资助与其协作单位）以及人才培养（包括研究生教育、研究人员培训以及员工薪酬等）等方面。[②]

国家能力大型研究基础设施（NCLRI）计划为海洋数据中心资助了专门的大型研究基础设施，使其能够在国家和全球范围内的环境科学方面取得卓越成就并产生影响。大型基础设施计划的一个特征是其确保在有效运作且经济可行的前提下，在运营、技术和法规合规方面提供一致的质量。NCLRI 项目的运营成本、资

---

① http://journals.istic.ac.cn/qqkjjjlw/ch/reader/view_abstract.aspx?file_no=202012005&flag=1.
② 同上。

本购置和维护费用由其他资金来源提供。英国自然环境研究理事会（NERC）要求大型研究基础设施对整个英国研究界开放，并支持所有自然环境研究理事会资金流的研究。这种基础设施是英国独一无二的重要资产，它使英国能够参与全球领先的国际研究项目和合作关系，以及国际基础设施互换项目。

## 3.2.4　服务模式

英国国家海洋科学数据中心主要开展海洋研究专业设施、知识、咨询、成果转化、信息数据、软件及分析等服务。主要服务模式可概括为：一是为管理机构和社会公众提供海洋信息和自然环境的监测和预测服务；二是为企业发展和社会经济发展提供多部门联合开展海洋相关研究，形成企业发展的转化成果，从而实现数据驱动的社会经济发展；三是针对私营部门的特殊性和针对性需求，提供海洋相关数据定制服务，并为私营部门创造数据驱动形成的价值。

海洋数据中心通过其下设的公司为其用户提供相关的服务。

首先，海洋数据中心创新有限公司为各种客户提供、专业知识、设施和指导。所有工作的开展都以其致力于开发和使用先进技术，进行海洋测量和科学研究的承诺为基础。主要目的在提高对海洋相关风险和危害的理解，降低深海钻探的风险，并为保险业提供数据，同时还支持季节性和气候预测，利用一流的数据建模能力，开展自然环境变化的监测和预测。

其次，海洋数据中心兼顾科学与商业相关需求得以满足。致力于与行业、其他研究机构和公共部门机构合作，以帮助最大限度地应用其研究来影响社会经济发展。海洋数据中心正与广泛的商业部门建立联系，以确定与其研究战略存在协同效应的地方，寻求突出合作的关键领域。其他企业在与其合作的过程中，可以获得丰富的专业知识、专业设备，测试设施及一系列海洋学学科的研究成果，并通过海洋机器人创新中心向一系列行业合作伙伴提供评估。同时可以帮助其他机构开发新产品或调查，或方便获取新的知识和技术，及克服问题，获得影响行业的新机遇。

最后，海洋数据中心一直为公共和私营部门提供信息、软件和建议。其能够评估科学数据和结果，以便进行有价值的分析，为企业带来实际利益。通过定制的咨询服务，辅以易用的软件，确保客户以容易理解的形式获得所需数据；多样化的产品涵盖多个行业领域，从海上石油和天然气行业，沿海港口和港口到出版和娱乐，从传统的高低水位时间和高度的潮汐表到最先进的海上建模软件。

## 3.2.5 内容建设趋势

为了助力英国保持从海岸到深海的全球海洋科学的研究前沿，海洋数据中心一直致力于海洋技术开发创新研究，实现从海洋表面到海洋最深处和最远的自主、自适应和持久的观测，来获取最前沿的海洋数据。其重点开展海洋数据获取传感器、测量仪器、深海测量平台、深潜自动无人航机器人等观测设备研发，同时开展数据驱动的海洋气候和气象的监测预测的方法和技术研究，发展海洋数据的人工智能研究，预测预警路径和技术体系。推动海洋数据赋能企业和社会经济发展，并为形成海洋数据经济提供基础和引领支持作用。

根据应用的不同，海洋数据中心的技术仪器开发部署时间从数小时到数十年不等，开发的技术范围从能够测量海洋中化学参数的指甲大小的传感器，到能够携带多种仪器和传感器并能够从表面到海洋深处进行测量的大型深潜平台，且设备均需承受各种环境条件，包括破碎压力、低温和海洋不断变化的天气条件，为科学界提供可靠且可重复使用的数据，帮助解决了许多重大科学问题。以海洋数据中心的船舶自主机器人系统为例，海洋学家推动了机器人和自主系统在海洋环境中的广泛使用和接受，且平台的使用改变了其监测海洋的能力，实现了从海洋表面到海洋最深处和最远的自主、自适应和持久的观测。

总之，英国海洋科学数据中心向着技术创新引领、成果转化推进深海科学研究和产业发展的研究型和服务型数据中心发展。

# 3.3 德国地球科学数据中心

德国地球科学数据中心是地球和环境科学领域的研究数据存储库，托管于德国波茨坦的德国地球科学研究中心（GFZ）。德国地球科学数据中心对地球和环境科学的研究数据和科学软件开放。自 2004 年以来，德国地球科学研究中心（GFZ）为数据集分配数字对象标识符（DOI）。这些数据集由德国地球科学数据中心存档并通过中心发布，涵盖所有地球科学学科。数据集范围从具有实时数据采集的数据密集型全球监测网络衍生的大型动态数据集，到由单个研究人员或小型团队收集的大小规模不一的数据集，这些数据集代表了总科学产出的重要组成部分。

德国地球科学研究中心，又名德国波茨坦地学研究中心（Helmholtz-Centre

Potsdam-German Research Centre for Geosciences，GFZ），隶属于德国亥姆霍兹联合会，于 1992 年 1 月 1 日成立。GFZ 在大地测量学、地球物理学、地质学、矿物学、地球化学、物理学、地貌学、地球生物科学、数学和工程学方面积累了全面的专业知识，在全球过程、地球表面与气候作用、板块边界系统、自然灾害、地球资源等诸多科学领域的研究中产出了一大批具有影响力的成果，是国际地学研究领域最具影响力的国家实验室之一。

## 3.3.1　发展模式

德国地球科学数据中心是 GFZ 的一部分，随着 GFZ 的发展而发展。德国地球科学研究中心（GFZ）是直接由政府宏观统筹指导建设合成，通过统一的管理模式与发展目标逐步发展壮大（刘文浩等，2017）。

1992 年：GFZ 正式成立，作为当时"大型研究机构工作组"的三个新的大型研究机构之一。研究重点是高度复杂的地球系统内的地圈及其进一步的子系统相互作用的子周期以及广泛的因果链网络。其与相关科学学科，如物理学、数学、化学、生物学以及岩石力学、工程水文学和地震学等工程科学学科有着诸多跨学科的合作。

20 世纪 90 年代：在尼奥勒松的地震测量和卫星轨道跟踪方面开展合作。

2000 年：7 月 1 日发射了 GFZ-Satellite CHAMP（具有挑战性的微型卫星有效载荷）。

2001 年：GFZ 在挪威新奥尔松（Ny-Ålesund）运营着一个卫星接收站，该站自 2001 年以来一直从极地轨道上的研究卫星接收数据。

2002 年：3 月 17 日发射 GRACE（重力恢复与气候实验）串联卫星。

2005 年：亥姆霍兹协会代表德国科学和教育部，在 GFZ 的领导下，于 1 月开始建立印度洋海啸预警系（GITEWS）。GITEWS 作为联邦政府洪水援助计划的一部分，于 2004 年 12 月 26 日和 2008 年 11 月的海啸之后开始运作，2011 年 3 月 29 日，GITEWS 移交给印度尼西亚政府。

2008 年：波茨坦地质研究中心于 6 月 17 日更名为"亥姆霍兹波茨坦中心——GFZ 德国地球科学研究中心"。

2013 年：1 月 11 日亥姆霍兹地球表面地球化学实验室 HELGES 落成，新的 SIMS 实验室（Sekundary 离子质谱仪）于 8 月 20 日成立。

2018 年：发射卫星任务"GRACE 后续"。

2019 年：亥姆霍兹创新实验室："3D 地下地震实验室"和"FERN 实验室–遥感促进可持续资源利用"将获得总计 380 万欧元的资助。

2021 年：GEOBIOLAB 落成。"亥姆霍兹综合地球科学生物学研究实验室"（简称 GeoBioLab）开业。其主要目的是研究深层生物圈以及生物圈与地圈和气候的相互作用。

## 3.3.2　管理模式

德国地球科学数据中心的管理模式严格遵循严格执行 GFZ 的行政管理模式，即遵循"小体量，大能量"的管理机制，层级分明，权责清晰。GFZ 设定有 36 个研究室，分属于以下 7 个部门：大地测量部、岩土部、地球物理部、地球化学部、大地构造学部、地球档案部（Geo-archives）和地质服务部。研究室与七大部门由执行局协调管理。此外，还在执行局下分设科学执行局和管理执行局进行协同管理。GFZ 的组织管理机构具体分布如下：

**（1）董事会**

董事会是 GFZ 的最高决策层，决定基金会的一般事务和财务事务，同时听取科学咨询委员会的意见，并监督基金会业务管理的合法性，便利性和财务效率。下设主席 1 名、副主席 1 名，现任主席是德国联邦教研部（BMBF）官员 MinDirig´in Oda Keppler，副主席由中心所在地勃兰登堡州的科学、研究和文化部（MWFK）秘书 Tobias Dünow 担任。此外有 6 名董事会成员，科学顾问委员会主席也是其中之一。

**（2）执行局**

执行局是 GFZ 的业务管理机构，对 GFZ 的所有业务与决策全权负责。执行局内设执行委员会，委员会共由 2 名董事成员组成，即科学执行主任与管理执行主任，分别负责科学执行局和管理执行局。科学执行主任指导董事会并在外部代表基金会，科学执行局主要任务有：知识和技术转让、国际事务、项目资助、任命管理、法律事务和公共关系，以及建立和维护网络、科学与技术转移、公共关系、第三方资金管理、国际办公室、预约管理等。管理执行局则为各部门提供科学执行局之外的管理服务。执行局在执行委员会、中心内外的科学界、中心的行政部门和亥姆霍兹协会之间进行协调和沟通。7 个学科部门与这 2 个执行局一起受执行局的管理。

**（3）科学顾问委员会**

GFZ 科学咨询委员会就所有研发领域向董事会和执行委员会提供建议，主要包括研发工作的战略和规划、成果的利用、与国家和国际机构的合作以及任命事项等。设主席 1 名，副主席 1 名，此外还有来自不同国家的 8 位科学家担任委员。

**（4）内部科学委员会**

内部科学委员会是一个选举产生的内部委员会，就具有基本科学重要性的事项向执行委员会提供建议。委员会共有 10 位成员，其中由 7 个主要学科部门主管担任董事，并从中产生一名主席。此外，设有一名副主席。

**（5）监察员**

监察员负责维护良好的科学实践，对 GFZ 的科学研究和规划的实施进行监督。

**（6）项目办公室**

项目办公室主要业务包括提供专业的项目设计和管理计划，制作提案文本模板，提供有关政治策略专题问题的指导，短期课程培训教育、宣传，协助寻找合作伙伴，帮助预算计算，会议和活动的组织，图形支持，编辑和文字帮助等。

**（7）其他行政管理部门**

主要包括人力资源部门、财务部门、采购部门、一般技术服务等部门。

GFZ 的行政管理单元较小，但对整个 GFZ 的正常运行提供了强大的支撑，对于各个环节的决策和管理过程做到了权责分明，监督有效。这种"小体量，大能量"的行政管理体制对于科研工作的高效开展意义重大，对于 GFZ 数据服务模块及时有效的存储并共享数据也是十分关键。

## 3.3.3  支持模式

德国地球科学数据中心资金支持来自 GFZ，而 GFZ 的资金支持主要来自政府、部委科研院所和第三方机构。例如，2015 年 GFZ 的年度经费为 8980 万欧元。其中 5520 万欧元来自基金计划支撑（90% 来自德国联邦教研部（BMBF）；10% 来自勃兰登堡州科学、研究和文化部（MWFK））；其余的 3460 万欧元来自第三方资金支持。值得注意的是，这部分由 GFZ 通过合同形式获得来自利益相关的公共和私营部门赞助的经费占全年经费的 38.5%，可见对利益相关方市场资金的吸引和利用对于国家实验室的经费保障意义重大。

GFZ 内部设立人才项目对研究人员进行资助：①亥姆霍兹青年研究人员项目。为了促进青年研究人员早期学术独立性，提供安全的职业前景，创新性地设立了亥姆霍兹青年研究项目，也是德国唯一一个面向提升青年研究人员早期学术研究能力的项目。GFZ 的青年科学家目前在研的该类项目有：陆地地下微生物群落：在更新世和全新世期间的存储功能和分布格局研究；地球气体的交换追踪：多尺度上大气系统（TEAM）；从微震到大地震：地震灾害评估、碳存储和可持续资源管理的研究。②欧盟资助的青年研究人员项目。欧洲研究委员会（ERC）启动的资助计划旨在支持未来能够建立研究团队并在欧洲范围内能独立开展研究的科研人员。该计划重在培养具有领导潜力的精英，并支持优秀创新团队的建设。目前 GFZ 获得 ERC 资助的青年研究人员在研项目为基于多种方法研究岩浆的流动和侵入物理机制。③德国科学基金会事业初期支撑项目。德国科学基金会（DFG）事业初期支撑项目又称"艾米洛特计划"，用于支持年轻研究人员在其早期阶段实现科研独立。博士后可在 DFG 资金支持期间获得高校的教学资质，带领团队开展研究。GFZ 科学家目前在研的该类项目有为 GlobFluo 项目，是一种基于叶绿素荧光太空监测方法的植物光合作用综合评价体系建设。

## 3.3.4 服务模式

德国地球科学数据中心提供的数据服务模式，主要是与利益相关者进行协商来满足研究人员的数据需求，开发维护了一个提供数据集、数据产品发布和数据服务的数据存储库，并提供数据的 DOI 注册，德国地球科学数据中心主页如图 3-1 所示。

截至 2023 年 11 月，德国地球科学数据中心主页共提供 7659 个数据集，涵盖地球科学、地球环境和空间科学等类别，页面提供按主题和经纬度进行数据查询。此外，还提供按照数据中心检索，包含德国信息系统与数据中心（ISDC）等在内的 GFZ 自建或合作的 24 个数据中心，具体如图 3-1 中"Datacenters"所示。

GFZ 的中心服务包括数据的发布和归档。GFZ 的 DOI 注册也作为一项服务提供给 GFZ 的其他存储库，如 GEOFON。GFZ 发布的数据集涵盖了诸多数据出版物，数据可以作为期刊文章的补充材料发表，在"数据期刊"上发表描述性数据文章，也可以作为数据独立实体发表。德国地球科学数据中心于 2011 年推出系列数据报告，对独立发布的数据集进行规范描述。数据发布客户端要求系统能够处理各种不同的元数据架构，并对系统及其馆藏的访问权限提供灵活和细粒度

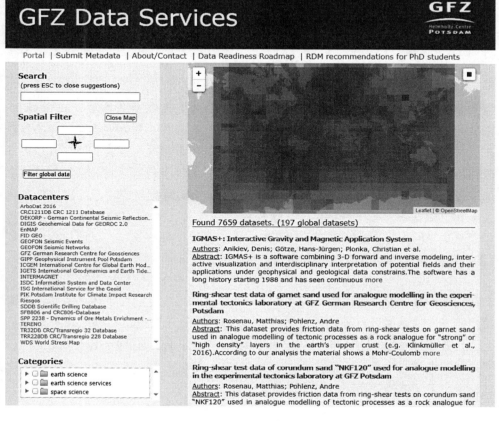

图 3-1　GFZ 数据服务主页界面

的管理。特别是在研究数据开放获取需求日益增加的情况下，保存和管理研究数据集，在项目使用期限和项目结束后，维护定制的数据管理软件是中心的主要任务。为此，中心储存库被构建为一个模块化系统，以适应不断变化的形式，能够处理数据类型的高度变异性，并能适用 GFZ 各种地球科学学科，这种模块化方法允许其随着时间的推移更改部分服务，而不需要对系统进行完全重新设计。同时，GFZ 数据服务系统提供了三种不同格式的数据说明方式；杂志文章、数据期刊中的文章和数据报告。GFZ 数据服务系统还提供了各自发布数据的步骤，为个人或者小团体提供数据。

### 3.3.5 主要发展趋势

GFZ 在数据建设方面最出色的是其在研究数据处理原则方面的建设。GFZ 在研究数据处理的过程中遵循以下原则：①致力于对知识、成果和技术采取开放的原则；②坚持良好科学实践原则；③向地球科学界开放基础设施的使用，并为国家和国际服务做出贡献；④发起并协调国家和国际地球科学网络。具体而言，GFZ 认为推动研究数据再利用有益于学术界和整个社会，未来也将在国内外继续扩大研究数据的使用力度。同时，GFZ 支持长期保存和基本开放获取公共资助研究提供的研究数据。此外，GFZ 考虑到研究人员的科学和法律利益以及对第三方的义务（与合作伙伴的合同协议），原则上标准化实时数据应在国际网络框架内立即和直接获取。在项目结束后，数据和数据产品（处理过的数据）的获取可以通过适当的保护期暂时限制访问获取，保护期最长可达三年，以便提前能够进行适当的科学数据评估、出版和资格认证工作。

GFZ 提供研究数据基础设施，支持数据归档、与合作伙伴的交流、数据发布和数据的长期保存，可以结合国家和国际背景下的特定主题提供解决方案。正确使用研究数据需要以标准的形式提供记录和充分的元数据。在国际标准的基础上，元数据目录的制定也将考虑到特定主题的要求，使跨学科使用成为可能。研究数据的可联网性及其后续使用的潜力是 GFZ 工作重点，还需要考虑研究数据在特定研究领域的生命周期和使用场景。

## 3.4 法国等离子体物理数据中心

法国等离子体物理数据中心（CDPP）是法国空间等离子体领域的国家级数据中心，主要目的是确保长期保存太阳系中自然发生的等离子体物理相关的数据，尤其是来自法国或有法国参与的实验数据。目前，CDPP 存档了基于卫星或地面观测超过 40 年时间跨度的地球、其他行星环境及太阳风相关的等离子体数据。CDPP 致力于促进这些数据的科学利用，以及空间等离子体重大科研任务的数据汇总、管理及分发。为此，CDPP 开发了一系列有助于数据提取、处理和分析的工具及服务。

## 3.4.1　发展模式

CDPP 是由法国政府科研机构统一组织创建，之后通过第三方监督以及项目合作逐步发展而来。1998 年，CDPP 由法国国家空间研究中心（CNES）、法国国家科学中心（CNRS）和法国地球科学与天文研究所（INSU）联合创建。2006 年，CDPP 基于 CNES 的产品信息系统工具（SITOOLS）和信息、保存和访问数据的系统（SIPAD–NG）完全重建了其数据系统。2014 年，CDPP 受保罗·萨巴蒂尔大学和巴黎天文台的行政监督，并成为法国国家太阳–地球方案（PNST）和 ASOV（道德观察行动计划）的成员。

## 3.4.2　管理模式

CDPP 由法国国家空间研究中心（CNES）、法国地球科学与天文研究所（INSU）、保罗·萨巴蒂尔（Paul Sabatier）大学和巴黎天文台之间联合协议管理，每四年更新一次。

目前，CDPP 日常运行管理由天体物理学和行星学研究所（IRAP）、空间研究和天体物理仪器实验室（LESIA）和法国国家太空研究中心（CNES）组成的工作组联合开展，设置了 IRAP 科学小组和 LESIA 科学小组及 CNES 技术团队。CDPP 设有 1 个执行主任（现主任为 2020 年 2 月 26 日被任命的尼古拉斯），2 个科学家兼执行董事，2 个永久研究员，2 个助理研究员，2 个技术管理员，并配有一个由 3 人组成的 CNES 技术团队。

此外，CDPP 设有用户委员会，目的是从用户那里得到反馈，以预测用户需求，并评估要开发的新工具或服务。

## 3.4.3　支持模式

CDPP 从 CNES、INSU、IRAP 和 Paul Sabatier 大学获得基本运行经费，同时这些大学提供人员和办公区。此外，CDPP 主要通过不同建设目标的合作项目来获取多方资金支持并发展。主要项目与建设支持成效如下。

1）CDPP 和虚拟天文台（VO）。CDPP 可提供专业的分析工具和丰富的数据库，拥有构建虚拟天文台的两个基本要素。通过参与国际标准定义联盟（IVOA、

IPDA、SPASE)，CDPP 建立了使这些要素能够进行通信的协议。因此，CDPP 参与了虚拟天文台在行星学、日光物理学和空间天气等科学领域的几个国际项目，获得初步发展的资金与数据资源支持。

2）EuroPlaNetFP7。作为 EuroPlaNet 项目（2006～2009 年）的一部分，CDPP 参与了综合和分布式信息服务。该项目是在欧盟委员会第六框架计划"构建欧洲研究区"研究基础设施行动的支持下发起的。作为能力特定计划或研究基础设施的一部分，欧盟委员会第 7 个框架计划、欧洲行星研究基础设施（资助协议 228319）支持其发展成为国际研究支持环境（2009～2012 年）。集成和分布式信息服务（IDIS）的目标是为行星科学界提供虚拟天文台工具，用于访问来自实验室测量、地面和空间观测以及建模结果的数据和信息，从而可以对行星物体和环境进行比较和多学科研究。CDPP 与奥地利格拉茨空间研究所（IWF）一起负责 IDIS 的行星等离子体节点，并与 VO-Paris 合作开发标准和工具，将 IDIS 转变为虚拟天文台。

3）HELIO。太阳物理学综合天文台（HELIO）由欧盟委员会第七框架计划（FP7；授权号 238969）资助。该项目部署了一个分布式服务网络，满足太阳物理学研究人员的广泛需求；提供该领域最全面的综合信息系统。其目标是允许探索太阳-太阳系的联系，因此需要联合开发太阳、日光层、行星磁层和电离层观测。HELIO 是围绕面向服务的架构而设计的。在这种情况下，所需的功能被拆分为许多任务，这些任务作为单独的服务实现，可以根据需要组合在一起。该项目是全球整合太阳物理学数据努力的一个关键组成部分，并与国际组织密切协调，以利用与互补领域的协同作用。CDPP 为 HELIO 项目做出了重大贡献，特别是参与了旨在定义适当的太阳物理学数据模型和标准的任务；负责日光层传播工具的科学定义；开发了网络服务，使 HELIO 能够远程访问 CDPP 的 AMDA 工具的几个关键功能（绘图和自动数据搜索）。

4）HELCATS。日光层编目、分析和技术工具（HELIOSPHERIC CATALOGUING，ANALYSIS AND TECHNIQUES SERVICE，HELCATS）是太阳、日光层和行星科学界可以使用的一种新的交互式工具，用于跟踪日光层中的太阳风暴、流和高能粒子。该工具由天体物理学和行星学研究所（IRAP）及天体物理学空间研究所（IAS）的工作人员通过与 IT 服务公司 Inetum 签订的分包合同和法国国家空间研究中心的资金支持进行定义和开发。它是 FP7 HELIO 项目开发的传播工具的延续和补充。

5）欧洲航天局（ESA）/空间态势感知（SSA）计划。SSA 计划始于 2009

年，在 2016 年欧空局部长理事会上将该计划的任务期限延长至 2020 年。2020 年，该计划的当前阶段资金为 9500 万欧元。为了建立太阳系专家服务中心（H-ESC），CDPP 将与其合作伙伴展开进一步的合作，将其 AMDA（Automated Microarray Data Analysis，自动化多数据集分析）和传播工具与欧空局的门户网站联合起来。

6）IMPEx。IMPEx（行星探测综合介质）是一个 2011 年 6 月启动的 FP7 项目，目的是实现观测或模型数据的相互比较。CDPP 负责 IMPEx 的 WP2"数据和模型环境"，包括提供用户需求文件和结构文件，以及开发分析工具和模拟及模型数据库之间的接口。

7）VISPaNet。ViSpaNeT 是空间天气虚拟天文台的原型，在 ESA/欧洲空间研究与技术中心（ESTEC）合同的框架内开发的，并在 Etamax 公司的领导下与几个欧洲合作伙伴合作。在该项目中，CDPP 负责定义整体系统架构，并开发了一项允许基于 AMDA 分析太阳风数据的服务。在 ViSpaNeT 中，为用户提供了连接到中央节点的各种服务，具体包括：分析、临近预报和数据提供、预测、实时监控和警报。

8）EuroplanetH2020。EuroplanetH2020 研究基础设施由欧盟的地平线 2020 研究和创新计划资助，该新项目是欧洲行星系列的第三个项目，于 2015 年 9 月 1 日正式启动，为期 4 年。它聚集了 30 多个研究所，旨在支持整个欧洲的行星科学。CDPP 参与：①VESPA（虚拟欧洲太阳和行星访问），关于虚拟天文台活动；②Planetary Space Weather Service（PSWS），将为行星空间天气提供服务。

9）EuroplanetH2024。CDPP 参与了欧洲星球系列的第四个项目。项目于 2020 年 2 月 1 日正式启动，为期 4 年，聚集超过 55 个研究所，目的是促进整个欧洲行星科学的发展。CDPP 主要参与其中 2 个工作计划：VESPA（虚拟欧洲太阳和行星访问）和 SPIDER（太阳–行星相互作用数字环境随需应变）。

## 3.4.4 服务模式

CDPP 存档和可供访问的数据是近 40 多年的时间跨度内通过卫星或地面观测站从地球或地球周围、行星环境或太阳风获取的。CDPP 依靠 CNES 的基础设施、服务和工具来确保 CDPP 数据的长期保存，并将这些数据分发给最终用户，CDPP 数据存档主页面如图 3-2 所示。

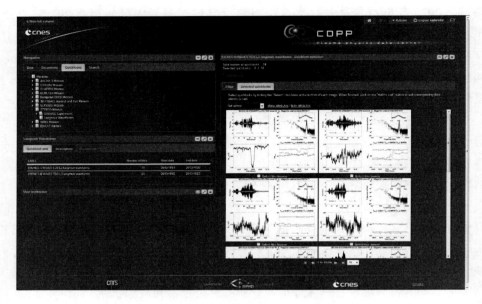

图 3-2　CDPP 数据存档主页面

数据存档。CDPP 数据存档于 STAF 中，STAF 是 CNES 的长期存储设施，由 CNES 数据中心管理。这项服务确保了数据的有组织存储、数据的保存和物理介质的管理、数据的隐私和完整性、数据的恢复。

数据分发。CDPP 使用 SIPAD 工具，通过 Web 界面轻松实现存档数据访问。SIPAD 是法国国家空间研究中心开发的用于保存、存档和访问数据的通用软件。SIPAD 允许访问 CDDP 数据文件，快速查看和与数据相关的文档。若要搜索数据，用户可以浏览数据目录、浏览快速查看或使用搜索条件。大多数可用数据都是公开的。订购公共数据只需要一个有效的电子邮件地址，而订购私人数据需要完成注册并征得 CDPP 团队的同意。

服务工具。CDPP 提供六种主要服务工具，如图 3-3 所示。Amada 是用于空间物理的多功能网络工具；3DView 是可立即提供航天器位置和姿态、行星星历表以及科学数据表示（观测和模型）的 3D 可视化科学工具；传播工具（Propagation Tool）一种新的交互式工具，可供太阳、日光层和行星科学界使用，用于跟踪日光层中的太阳风暴、气流和高能粒子；空间天气工具（SpaceWeather Tool）用于改进空间天气预报所采用的技术，由磁通绳（HELIO-XM）、背景太阳风和太阳高能粒子的不同演化模型组成；TREPS 系列能够在日光层参考系的选择中变换矢量时间序列（磁场、速度、位置等），输入数据可以是本地文件

（ASCII、CDF、netCDF、VOTable）、URL，也可以是来自手动版本或通过 SAMP 协议，该工具还可以处理不同的常见时间格式；MAGLIB 是一套使用 Tsyganenko 模型计算地磁场的程序；SIPAD 是法国国家空间研究中心开发的用于保存、存档和访问数据的通用软件。

图 3-3　CDPP 服务工具

　　此外，CDPP 提供一些强大的工具允许用户在线开发其数据库，且这些工具是通用的，需要处理标准化的、描述充分的数据。为解决这一问题，CDPP 开发了本中心内部格式和相应的 API，用于与常用格式（CDF、CEF、NetCDF、ASCII）相互转换。CDPP 开发的 AMDA 是一个用于自动化多数据集分析的集成工具，用户可通过 AMDA 向 CDPP 现有的分析提供补充数据，可以轻松地提取和合并数据，并进行可视化数据展示，根据可编辑的数学标准对数据内容进行自动搜索。用户还可以交互地执行视觉搜索，这些搜索工具生成的时间表可以以各种格式（文本、xml）下载。

　　数据的增值服务鼓励科学地利用存档数据，从而将数据中心与简单的存档中心区分开来。这是一项庞大的工作，必须不断调整，以满足科学用户群体不断变化的要求和愿望。开展的服务主要有，在存档的数据文件中选择跨越用户所要求的精确时间间隔的数据；从某些数据集中包含的众多参数中提取用户所要求的特定参数，以及与以表格形式存档的标准相关联的数据搜索。所有这些操作都是由通用软件（即不特定于任何一个数据集的软件）执行的。其他服务正在准备中，其中包括数据格式的转换，以便应要求提供 ASCII 平面文件或 PDF 文件，以便于数据的开发；矢量和张量坐标系统的转换；用户定义的图形显示等等。

## 3.4.5 发展趋势

CDPP 重视互操作性，CDPP 是 SPASE 联盟的创始人之一。SPASE 致力于构建一个基于最新网络技术的科学数据系统模型，旨在成为具有异构平台和系统组合的分布式数据系统。

CDPP 提倡虚拟天文台的概念并致力于虚拟天文台（VO）的创新发展。在太阳物理学领域，CDPP 参与向欧盟提交构建 VO 相关方案。在国家层面，与法国太阳数据库 BASS2000 等合作开发太阳/日光层监测器。在行星学领域，CDPP 是等离子体节点的共同领导机构。

# | 4 | 文献计量补充分析

文献计量学是对科学研究进行定量分析的有效方法之一，可以实现对某一研究领域发表文献的相关分析。采用文献计量学可定量评价作者、研究领域、机构或国家的研究产出情况，得出关于研究进展和趋势的有效信息，帮助科研人员充分认识某研究领域的研究现状，并进一步拓展新的研究方向。本章基于 Web of Science 核心数据库中的 SCIE 及 CPCIS 文献，借助文献计量学方法对"科学数据"相关领域的文献进行定量分析。其中，科学数据是指狭义上的定义，具体分析结果如下所述。

## 4.1 检索策略

分析对象：科学数据领域相关 SCI 论文及会议论文。

数据库来源：Science Citation Index Expanded（SCI-EXPANDED）、Conference Proceedings Citation Index-Science（CPCI-S）。

分析指标：年度发文趋势、研究力量分布、研究方向布局、发文期刊、重点研究机构等。

文献类型：论文、会议论文、综述论文、在线发表、会议摘要、数据论文、软件评论。

分析工具：Microsoft Excel 软件、美国汤姆森科技信息集团的 Derwent Data Analyzer（DDA）分析工具、VOS viewer 及 Citespace V 分析软件。

检索式：根据科学数据领域相关关键词构建检索式：（TI＝"scien * data * " not（"citizenscien * data * " or "socialscien * data * " or "webofscien * data * "）） or（AB＝"scien * data * " not（"citizenscien * data * " or "socialscien * data * " or "webofscien * data * "）） or（AK＝"scien * data * " not（"citizenscien * data * " or "socialscien * data * " or "webofscien * data * "）），然后进一步在检索结果的 Web of Science 类别中排除社会科学相关领域的研究类别：Sport Sciences or Psychology or History Philosophy Of Science or Management or Social Issues or Transportation

Science Technology or Business or Social Sciences Biomedical or Ergonomics or Social Sciences Mathematical Methods or Primary Health Care or Anthropology or Transportation or Urban Studies or Agricultural Economics Policy or Economics or Audiology Speech Language Pathology or Art or Law or Psychology Applied or Linguistics or Health Care Sciences Services。

检索时间段：数据库所有年限。

检索时间：2022 年 2 月 16 日。

# 4.2 分析内容

## 4.2.1 年度发文趋势

科学数据相关领域总发文量截至检索日期共计有 12 051 篇，总被引频次为 248 264 次，篇均被引为 20.60 次。第一篇文献发表于 1921 年，但是一直到 1990 年相关发文仍然较少，每年发文不超过 10 篇。图 4-1 展示了 1990～2021 年该领域发文总量及被引总量情况。全球发文量在 1990 年之后，呈现出持续增长的趋势，1990～2008 年增速相对缓慢，2009 年～2021 年发文量快速增长，2021 年的发文量已经突破 1000 篇，达到 1182 篇。年度总被引量同样逐年增长，且同样在

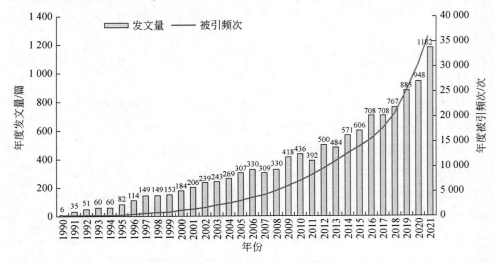

图 4-1　1990～2022 年科学数据相关领域发文量及被引次数年度分布

2009 年后出现明显的更加快速的增长趋势，2021 年多达 35 411 次。说明该领域正逐渐引发研究者的关注并将持续成为研究热点。

## 4.2.2　国家或地区分布

图 4-2 展示了全球科学数据相关领域发文在世界各国国家（地区）的分布情况。其中，美国的发文量排名第一，发文量为 4578 篇，占据全球发文总量的 37.99%，且远高于其他国家，在此领域拥有绝对的优势。

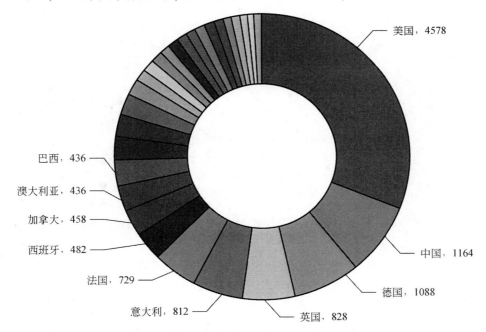

图 4-2　科学数据相关领域发文国家（地区）分布情况

注：只显示排名前十的国家及其发文量

中国排名第二，发文量为 1164 篇，占据全球发文总量的 9.66%。其他排在前十的国家，还有德国、英国、意大利、法国、西班牙、加拿大、澳大利亚及巴西。除中国、澳大利亚和巴西外，都是欧美发达国家。另外对排名前五的国家的发文趋势作图，如图 4-3 所示。美国的发文起始时间最早，本领域的第一篇文献来自美国，1990 年之后，除中间有些年份发生轻微波动，整体发文呈现快速发展的趋势，2013 年之后，每年的发文已经超过 200 篇。中国的发文起始时间在前五位中相对落后，1998 年才有相关文献，而且在 2010 年之前发文增长较为缓慢，但是后续的发展呈现出较强的增长趋势，尤其是 2017 年之后，增长飞速，与排名第一的美国发文量差距逐年减小，可以预见最终将会实现赶超。其他国家的发文也呈现出波动中增长的趋势，但增速较为平缓。

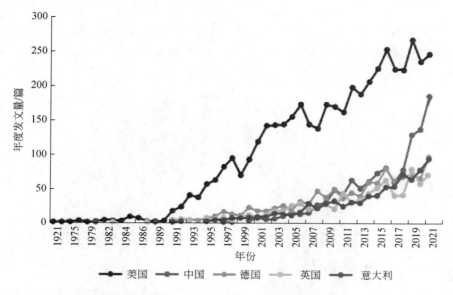

图 4-3　科学数据相关领域发文排名前五的国家发文趋势（1921～2021 年）

## 4.2.3　机构分布

科学数据相关领域发文量排名前十的机构如表 4-1 所示。其中，排名第一的为美国国家航空航天局，发文量高达 811 篇，占据整体发文量的 6.73%。中国科学院排名第五，发文量为 246 篇，为其所含各个研究所的发文量的总和。排名前十的机构中，美国的机构占据 6 位，排名前五中有 4 位。其他的前十的机构中，还有法国的国家科学中心、欧洲航天局及德国亥姆霍兹联合会，可以看出，这些机构均为综合性的科研机构。美国的机构发文量在此领域占有较大的优势地位。如图 4-4 所示的发文机构的合作网络分析可以看出，美国的机构对外的合作也是最多的，其中美国国家航空航天局对外合作最多，对外合作机构有 108 家，合作频次为 464 次，合作次数超过 10 次的机构有科学系统与应用公司、加利福尼亚州理工大学、约翰霍普金斯大学、科罗拉多大学、乔治梅森大学及马里兰大学巴尔的摩分校。中国科学院对外合作频次为121次，合作次数较多的机构有北京大学、上海交通大学及武汉大学。此外，美国的加利福尼亚州理工大学、斯坦福大学、约翰霍普金斯大学、卡罗拉多大学也是合作次数较多的机构，对外合作频次都超过100次。

**表4-1　科学数据相关领域排名前十的机构**

| 序号 | 机构 | 国别 | 发文量/篇 |
|:---:|:---|:---:|:---:|
| 1 | 美国国家航空航天局 | 美国 | 811 |
| 2 | 美国能源部 | 美国 | 445 |
| 3 | 加州大学系统 | 美国 | 421 |
| 4 | 加州理工学院 | 美国 | 373 |
| 5 | 中国科学院 | 中国 | 246 |
| 6 | 法国国家科学中心 | 法国 | 232 |
| 7 | 欧洲航天局 | 法国 | 165 |
| 8 | 哈佛大学 | 美国 | 155 |
| 9 | 约翰霍普金斯大学 | 美国 | 148 |
| 10 | 亥姆霍兹联合会 | 德国 | 143 |

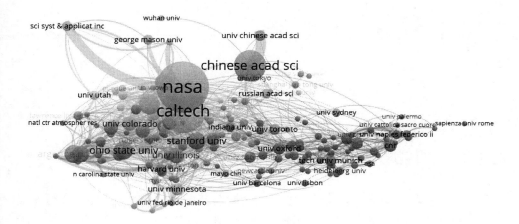

图4-4　科学数据领域发文机构共现网络分析

## 4.2.4　作者分布

科学数据相关领域发文量排名前十的作者如表 4-2 所示，所有的作者全部来自美国的机构，且大部分属于美国能源部或者国家实验室。排名第一的来自橡树岭国家实验室及美国能源部的 Klasky，发文量为 36 篇。整体来看，本领域发文较为分散，各作者间的差距较小。

**表 4-2　科学数据相关领域排名前十的作者**

| 序号 | 作者 | 所属机构 | 国别 | 发文量 |
|------|------|----------|------|--------|
| 1 | S. Klasky | 橡树岭国家实验室、美国能源部 | 美国 | 36 |
| 2 | Wu Kesheng | 劳伦斯国家实验室、美国能源部 | 美国 | 28 |
| 3 | G. Agrawal | 俄亥俄州立大学 | 美国 | 22 |
| 4 | Xiong Xiaoxiong | 美国国家航空航天局 | 美国 | 21 |
| 5 | N. F. Samatova | 北卡罗来纳州立大学 | 美国 | 19 |
| 6 | Shen Hanwei | 俄亥俄州立大学 | 美国 | 19 |
| 7 | F. Cappello | 芝加哥大学、阿贡国家实验室、美国能源部 | 美国 | 19 |
| 8 | Di Sheng | 芝加哥大学、阿贡国家实验室、美国能源部 | 美国 | 18 |
| 9 | I. Foster | 芝加哥大学 | 美国 | 17 |
| 10 | N. F. Samatova | 芝加哥大学、橡树岭国家实验室、美国能源部 | 美国 | 17 |

# 4.3　研究方向分布

## 4.3.1　学科类别

科学数据相关领域的发文涉及的研究领域众多，有 195 种，其中发文量排名前二十的如图 4-5 所示，最多的为计算机科学理论方法，前二十位中计算机科学相关的有五位且都排在前十，其他四位分别为计算机科学信息系统、计算机科学跨学科应用、计算机科学软件工程及计算机科学人工智能。发文量排在第三的研究方向为天文天体物理，发文量接近1000，同属物理领域的电子电气工程排在第四位，航空航天工程以及光学、遥感等也都榜上有名。前二十位的研究类别涉及较多的学科还有医药领域相关的药物药理学、公共环境职业卫生、化学药物及中西医结合方向。其他涉及的方向为排在第五位的环境科学、第十一位的地球科学多学科、第十六位的植物科学、第十七位的仪器仪表及第十八位的影像科学摄影技术。

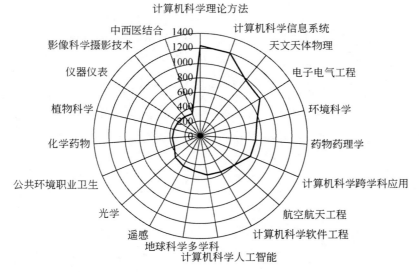

图 4-5　科学数据相关领域发文 Web of Science 研究类别排名前 20 的方向分布

　　同样对2017～2021年发文的研究领域进行分析，结果如图4-6所示。2017～2021年发文前两位的分别是环境科学与药物药理学，排在前十位的研究领域中，计算机科学相关领域相对减少且排名靠后，而药物化学、植物科学、中西医结合的排名明显提升，说明近年来本领域发文的研究热点，由计算机科学数据的处理方法技术等，向各种科学数据的应用领域转移。

## 4.3.2　关键词分布

　　通过 VOS viewer 软件提取所有发文中出现次数至少 20 次的作者关键词，共得到 123 个节点，其出现频次及各关键词间的关联如图 4-7 所示，其中圆圈越大表明出现次数越多，连线线条越粗表明关系越密切。"meta-analysis" 是出现频率最多的关键词，共计141次，与其他关键词的联系也非常密切，共计有84次关联，33个连接点，说明其为本领域一直以来研究的热点。除此之外，出现频率较高的关键词还有："systematic review"（115次）、"big data"（101次）、"datamining"（83次）、"covid-19"（80次）、"machine learning"（79次）、"pharmacology"（71次）及"phytochemistry"（70次）。这些关键词涉及的方向主要为计算机科学、医学及天然药物化学等。

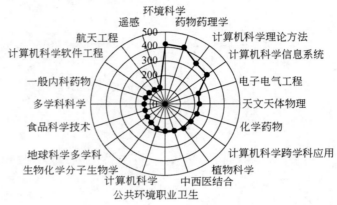

图4-6　科学数据相关领域2017～2021年发文Web of Science研究
类别排名前20的方向分布

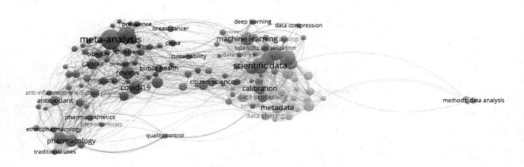

图4-7　科学数据领域发文作者关键词共现网络分析

同样对2017～2021年发文的作者关键词进行分析（图4-8），出现10次以上的共计有136个节点，"meta-analysis"仍然是出现频率最高的，"pharmacology"（46次）及"phytochemistry"（49次）仍然是连接最多的关键词之一，出现频率及排名较为靠前，说明仍然是近几年的研究热点方向。

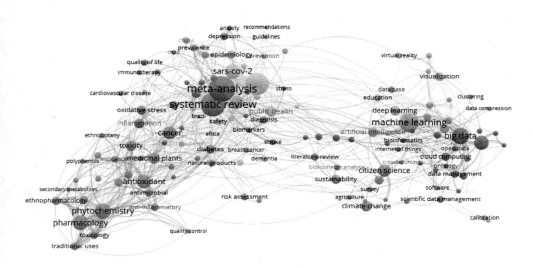

图 4-8　科学数据领域近五年发文作者关键词共现网络分析

# 4.4　重　点　机　构

## 4.4.1　美国国家航空航天局（NASA）

美国国家航空航天局（NASA），是美国联邦政府的一个行政性科研机构，负责制定、实施美国的太空计划，并开展航空科学暨太空科学的研究。NASA 是世界上最权威的航空航天科研机构，与许多国内及国际上的科研机构分享其研究数据。其在科学数据领域发文 811 篇，在所有机构中排名第一位，且远高于第二名，在此领域具有绝对的优势。

美国国家航空航天局第一篇科学数据领域发文在 1967 年，标题为"空间科学数据处理"，属于计算机科学中的硬件架构及软件工程。所有发文中共有 21 篇高被引论文，全部为 2011 年之后发表，研究主题包括航天航空领域观测仪器的改善、不同观测仪器的科学数据的获取、监测仪器及产品的介绍、数据的应用等。

根据 NASA 2017~2022 年在科学数据领域的发文总结，目前其在科学数据相关方向的研究重点主要涉及数据分析、数据采集、数据存储、数据管理等几个方向

（表 4-3）。其中，NASA 数据研究涉及最多的方向为数据分析方向，主要包括软件的开发、新的算法、数据科学及人工智能等。

数据分析方向：主要涉及软件的开发、新的算法及人工智能等。具体涉及：①在地学数据分析中应用时空自适应分辨率编码，实现快速响应可视化分析；②在 NASA 各种任务中，开发数据收集的数据分析软件（NEXUS），避免了数据移动，实现大规模并行化分析；③开发了一种新的系统，使现场和非现场的用户能够同时与混合现实领域内的科学数据进行交互和可视化；④开发的并行集成经验模态分解包（PEEMD），通过在集成经验模态分解（EMD）中实现三层并行性，有效地对高分辨率、全局、多维数据集进行多尺度分析；⑤通过在动画软件中创建由渲染器执行的逐帧调用，实现了程序读取数据文件和在渲染时生成图形的方法，加快可视化的生产和迭代；⑥综述了机器学习（ML）技术应用于地球科学数据分析的机遇和挑战；⑦提出了算法出版工具（APT）的原型，以及基于云的ATBD 编写和编辑工具，用于 NASA 的地球科学数据系统分析；⑧对将人工智能应用于地球科学数据分析的典型工作流程中的强制步骤进行分解和分析。

数据采集方向：①开发一个具有识别卫星通信中通常遇到的识别信号的能力的系统，从而降低网络操作的复杂性，增加科学数据采集能力；②开发了一个使用手势识别的地面控制系统（GCS）的自然交互界面，并应用于无人机采集地球和大气科学领域数据，允许非专业用户（如科学家）使用构建的手势库中的直观手势输入，来定义无人机的复杂飞行路径；③开发了一种围绕特定现象自动搜索和选择数据的方法，包括假设、过程和相关度排序算法；④采纳虚拟采集概念作为地球科学数据用于地球科学数据服务，系统地和严格地整理地球科学数据和信息，形成一个有凝聚力的虚拟数据集合；⑤研发一种基于机器学习的方法和一种数据驱动技术，实现从图像档案中检测地球科学事件的能力。

数据存储方向：①虚拟信息结构基础设施（VIFI），允许用户通过将分析技术分布到分布式存储库中进行分析，而无需将底层数据集移动到一个公共位置，来实现无缝地进行就地分析；②为 TESS 任务提供的服务是存储科学数据的MAST，为数据文档化、搜索和检索提供一个存档用户界面；③STARE 为地理时空位置和邻域提供了一个整数编码，超越了文件和本地数据索引的使用，允许在可伸缩的分布式计算和存储平台上组织不同的数据。

数据管理方向：涉及较少，主要是开发一个定量框架。该框架可追溯到云数据归档系统架构和服务的需求，以实现数据发现、访问和使用。

表 4-3　NASA 2017～2022 年科学数据分析、采集、存储及应用研究热点

| 年份 | WOS 入藏号 | 研究内容 | 分类 |
|---|---|---|---|
| 2017 | WOS：000428073700065 | 在阵列数据库管理系统（SciDB）中设计并实现了一项关键技术——时空自适应分辨率编码（STARE），实现地球科学数据多样性扩展，实现快速响应的可视化分析，统一各种地球科学数据集的数据表示，支持这些数据集的时空数据布局对齐，以优化一类主要的地球科学数据分析。通过使用 STARE，为科学分析的数据访问模式定制了数据划分和分布策略，从而实现分布式资源的最佳利用 | 数据分析 |
| 2017 | WOS：000428073704112 | NEXUS 是 NASA 喷气推进实验室开发的一个软件项目，旨在对 NASA 各种任务收集的大型数据集进行科学分析 | 数据分析 |
| 2017 | WOS：000426457900014 | 为未来的通信架构研究认知技术，有望降低网络操作的复杂性，增加科学数据的返回，并减少对自身和他人的干扰 | 数据采集 |
| 2017 | WOS：000403149400044 | 旨在将新兴的虚拟和混合现实技术应用于地球科学数据的可视化探索和可视化。为了促进混合现实的协同可视化，开发了一种新的系统，使现场和非现场的用户能够同时与混合现实领域内的科学数据进行交互和可视化 | 数据分析 |
| 2017 | WOS：000390838400032 | 在地球和大气科学等领域，采用无人机进行科学数据收集，增加对感兴趣的地理区域的可达性。通过增加数据收集平台的数量，无人机将显著提高系统的鲁棒性，并允许更复杂的研究。开发使用手势识别的地面控制系统（GCS）的自然交互界面被，以允许非专业用户（如科学家）使用构建的手势库中的直观手势输入来定义无人机的复杂飞行路径 | 数据采集 |
| 2017 | WOS：000464418300250 | 虚拟信息结构基础设施（VIFI），它允许用户通过将分析分布到分布式存储库，而无需将底层数据集移动到公共位置，从而无缝地进行就地分析 | 数据存储 |
| 2017 | WOS：000409519700007 | 并行集成经验模态分解包（PEEMD），通过在集成经验模态分解（EMD）中实现三层并行性，有效地对高分辨率、全局、多维数据集进行多尺度分析，实现 5000 个核的规模性能 | 数据分析 |

| 年份 | WOS 入藏号 | 研究内容 | 分类 |
|------|-----------|---------|------|
| 2017 | WOS：000407409700016 | 描述了一种围绕特定现象自动搜索和选择数据的方法；描述了该方法的不同组成部分，包括假设、过程和相关度排序算法。该方法在提高数据搜索和发现能力方面做出了两项独特的贡献：首先，描述了一种利用地球科学元数据记录自动管理主题数据的新方法；其次，该方法实现了为独立的 Web 服务，可用于在各种工具中增强数据的搜索和可用性 | 数据采集 |
| 2018 | WOS：000465104900001 | 采用虚拟收集概念作为地球科学数据服务，可以提高单个数据中心内的数据可发现性、可访问性和可用性，提高跨数据中心和学科的数据可发现性、可访问性和可用性 | 数据采集 |
| 2019 | WOS：000424186000008 | 在数据驱动的可视化中，数据文件的大小和可访问性极大地影响计算机图形生产流水线。将大型而复杂的数据结构加载到 Maya 等 3D 动画软件中可能会导致系统性能问题，从而限制了交互性。NASA 的科学可视化工作室实现了程序读取数据文件和在渲染时生成图形的方法。研究人员通过在动画软件中创建由渲染器执行的逐帧调用来实现这一点。这种过程性工作流程加快了可视化的生产和迭代 | 数据分析 |
| 2019 | WOS：000535124100027 | 太空望远镜科学研究所的 Mikulsld 太空望远镜档案（MAST）为 TESS 任务提供的服务是存储科学数据，并为数据文档化、搜索和检索提供一个存档用户界面。TESS 任务利用了 MAST 多任务体系结构，提供了一个具有成本效益的存档，允许将 TESS 数据与来自其他任务的数据集成 | 数据存储 |
| 2020 | WOS：000520123400020 | 由于先进的传感器和科学任务数量的增加，地球科学数据档案的规模显著增加。与此同时，地球科学数据系统还没有利用数据驱动技术提供先进的搜索能力。论文讨论了一种基于机器学习的方法和一种数据驱动技术，可实现从图像档案中检测地球科学事件 | 数据采集 |

续表

| 年份 | WOS 入藏号 | 研究内容 | 分类 |
|---|---|---|---|
| 2020 | WOS：000495817400100 | 最近的一些综述文章讨论了将机器学习（ML）技术应用于地球科学数据的机遇和挑战。这些论文中提到的一个常见挑战是缺乏标注的训练数据。对过去 10 年地球科学论文的文献综述表明，尽管 ML 被迅速采用，特别是在生物地球科学和陆地表面研究中，但训练数据集通常只包含数百个样本。这种训练数据的缺乏限制了深度学习算法的使用，而深度学习算法需要更大数量的标记数据。现场训练数据是几乎所有领域中最常用的数据，其次是模型输出和卫星数据。大气和固体地球领域使用最大的训练数据集，比生物地球科学论文的数量级大。随机森林算法是除大气科学和生物地球科学外所有领域中最常用的 ML 算法，它们更多地使用全连接的神经网络 | 数据分析 |
| 2020 | WOS：000717055500006 | 算法理论基础文档（ATBD）是算法生成的对地观测数据产品的伴随文档。虽然 ATBD 对科学重现性至关重要，但这些关键文件并不是标准化的，而且往往很难找到。在该文献中，作者提出了一个算法出版工具（APT）的原型，这是一个基于云的 ATBD 编写和编辑工具，用于 NASA 的地球科学数据系统。文中还描述了一个标准化的 ATBD 信息模型，以及从开发原型工具中得到的经验教训 | 数据分析 |
| 2020 | WOS：000664335302072 | NASA 的开放数据政策以及最近和未来任务数据量的增加，导致需要重新评估数据档案信息系统和服务。由于将如此大量的地球观测数据公开计算和分布的挑战，NASA 地球科学数据信息系统（ESDIS）正在移动他们的档案系统，比如 PO、DAAC、云端。为了促进这种迁移，系统需求需要适应预期的使用。因此，该文献评估预期的用户需求，并开发了一个定量框架，该框架可追溯到云数据归档系统架构和服务的需求，以实现数据发现、访问和使用 | 数据管理 |
| 2022 | WOS：000664335302073 | 作为浮点的替代方案，Spatio Temporal Adaptive Resolution Encoding（STARE）为地理时空位置和邻域提供了一个整数编码，超越了文件和本地数组索引的使用，允许在可伸缩的分布式计算和存储平台上组织不同的数据 | 数据存储 |

| 年份 | WOS 入藏号 | 研究内容 | 分类 |
|------|-----------|----------|------|
| 2022 | WOS：000664335303033 | 该文献介绍了由 NASA 地球科学数据系统工作组和 ESIP 机器学习集群领导的工作，全面概述了人工智能在地球科学中的应用，简要介绍了广泛应用的人工智能算法和计算网络基础设施，将人工智能解决地球科学问题的典型工作流程中的强制步骤进行分解和分析。最后，该文献总结了重大挑战，并揭示了一些机会，以提供一些指导和预警 | 数据分析 |

## 4.4.2　加利福尼亚大学系统

加利福尼亚大学（以下简称"加州大学"）是美国加利福尼亚州拥有十个校区的大学系统，是世界上最具影响力的公立大学系统之一，被誉为"公立高等教育的典范"。加州大学起源于 1853 年建立在奥克兰的加利福尼亚学院（College of California），1868 年 3 月正式更名为"加州大学"，包括加利福尼亚大学伯克利分校（UC Berkeley）、加利福尼亚大学洛杉矶分校（UCLA）、加利福尼亚大学圣塔芭芭拉分校（UCSB）、加利福尼亚大学圣迭戈分校（UCSD）、加利福尼亚大学旧金山分校（UCSF）、加利福尼亚大学尔湾分校（UCI）、加利福尼亚大学戴维斯分校（UCD）、加利福尼亚大学圣克鲁兹分校（UCSC）、加利福尼亚大学河滨分校（UCR）和加利福尼亚大学美熹德分校（UCM），均为平行校区，在各项学术指标和大学排名中均名列前茅。加州大学在科学数据相关领域的 SCI 发文量排名第三位，发文总计 421 篇，占据总发文量的 3.49%。第一篇科学数据领域文献发表于 1978 年，研究内容为一种用于还原和分析科学数据的高速、交互式设施的提议；高被引论文有 19 篇，最高被引论文被引次数达 2982 次。

通过分析近年加州大学在科学数据方面的研究，其主要涉及数据存储、数据分析及少量的数据采集和管理方面（表 4-4）。

数据存储方向：①设计一种新的误差控制的有损压缩算法，可用于大规模的科学数据，显著提高了每个数据点的预测命中率（或预测精度）；②设计并实现了一个高效的、在原位误差有界的有损压缩器，以显著减少 $n$ 体模拟的数据大小；③新的压缩策略，在显著减小数据量的同时，可以有效地控制数据失真；④提出了一种专门的、有效的方法来执行基于点相对误差的压缩，比现有的解决方案提供更高的压缩比；⑤提出了一种新的技术，为科学数据集提供一个固定 PSNR[①] 的有损压缩，基于 SZ 有损压缩框架实现了提出的方法，并将代码作为一个开源工具包发布；⑥提出将一种低维流形模型应用于具有大量缺失信息的规则和不规则样本的科学数据插值；⑦提出了有损压缩算法 ZFP-V 的设计与实现；⑧开发了 HDMF（hierarchical data modeling framework，分层数据建模框架），用于现代科学数据标准的分层数据建模框架；⑨在最先进的三阶段压缩框架（预测+量化+熵编码）下，提出了两种优化的有损压缩策略；⑩设计并实现了一个通用的框架，称为 Z-checker；⑪提出了一个优化的 GPU 版本——cuSZ，为最佳的误差有界的损耗压缩器之一；⑫提出了两种用于科学仿真有损压缩的 SDC 检测策略，对具有有损压缩的 HPC 应用程序进行研究；⑬建立了一个标准的压缩评估基准——Scientific Data Reduction Benchmark（SDRBench）；⑭在目前最先进的有损压缩模型 SZ 下，提出了一种基于现场可编程门阵列（Field Programmable Gate Array，FPGA）的高效有损压缩方法；⑮提出 cuSZ+，以提高压缩比和吞吐量；⑯探索使用卷积自动编码器来改进科学数据的错误有界有损压缩；⑰提出了一种新的基于最先进的基于预测的压缩框架的误差有界有损耗的压缩器。

数据分析方向：①引入了交叉口联合（UoI），用于增强模型选择和估计，分别通过交运算和并运算进行模型选择和模型估计；②开发了两种工具，实现数据低成本立体可视化，可以有效地扩大高质量、沉浸式可视化的可访问性，使更广泛的观众使用负担得起的 HMDs；③一种新方法的特征探索，可以用于在两种数据类型同时研究时空模式；④一种新的数据表示法，将两个参考坐标系结合成一个联合的欧拉–拉格朗日格式；⑤研究使用机器学习从标记数据的子集泛化元数据，从而增加有意义的元数据的可用性；⑥提出了一种新的方法，在二维电极阵列的背景下，将指数增长的数据简化为语义等价的多项式形式；⑦提出了实现基于行为驱动理论的无监督物理方法的第一步（DisCo），一种用于行为驱动局部因果状态理论的高性能分布式工作流；⑧介绍了一种新的策略，可以从大型图片数据集在有或没有标签时实现快速搜索和图像排序；⑨将基于木星平台的核心技术结合在一起，以在 HPC 系统上创建大规模的交互式、可重复的分析；⑩专注于利用网络计算来处理大型有效负载的科学数据集，这些数据集需要复杂的操作，如浮点计算和对数函数；⑪作为浮点的替代方案，Spatio Temporal Adaptive

---

① PSNR：峰值信噪比（Peak Signal-to-Noise Ratio），用于表示信号的最大可能功率与影响其表示的保真度的破坏噪声的功率之间的比率。

Resolution Encoding（STARE）为地理时空位置和邻域提供了一个整数编码。详细的研究内容见表 4-4 所示。

**表 4-4　加利福尼亚大学系统 2017～2022 年科学数据分析、采集、存储及应用研究热点**

| 年份 | WOS 入藏号 | 研究内容 | 分类 |
|---|---|---|---|
| 2017 | WOS：000427044800115 | 设计一种新的误差控制的有损压缩算法，用于大规模的科学数据，显著提高每个数据点的预测命中率（或预测精度） | 数据存储 |
| 2017 | WOS：000426970503009 | 引入了交叉口联合（UoI），这是一个灵活、模块化和可伸缩的框架，用于增强模型选择和估计，分别通过交互式并行运算进行模型选择和模型估计，实现了对少量可解释特征的低方差和几乎无偏估计，同时保持了高质量的预测精度，可以改善跨科学领域数据驱动发现的解释和预测 | 数据分析 |
| 2017 | WOS：000527368900032 | 为实现低成本立体可视化，开发了两个工具：①一个创作工具，允许领域科学家生成一组连接的、360 度的视频路径，用于在数据集的维度关键帧之间遍历。②相应的导航界面，可以与低成本的 HMD 配对，实现交互式、非线性、讲故事的体验，可以有效地扩大高质量、沉浸式可视化的可访问性，使广泛的观众负担得起的 HMDs | 数据分析 |
| 2017 | WOS：000400527500006 | 一种新方法的特征探索，可以用于在两种数据类型同时研究时空模式 | 数据分析 |
| 2017 | WOS：000409496700005 | 提出了一种新的数据表示法，将两个参考坐标系结合成一个联合的欧拉-拉格朗日格式。通过根据欧拉模拟网格将拉格朗日信息重组为基于单元格的方法，提供一种高效的核外采样、查询和同时可以操作这两种表示的方法。并扩展了这种设计，以生成全数据的多分辨率子集，以满足观看者的需求，同时提供了一个快速数据流感知轨迹构建方案 | 数据分析 |
| 2018 | WOS：000468499300057 | 设计并实现了一个高效的、在原位误差有界的有损压缩器，以显著减少 $n$ 次模拟的数据大小。提出的压缩机制具有三重贡献，不仅可以为 $n$ 次仿真研究人员节省大量存储空间，而且还可以在有限的内存和计算开销下，显著提高 I/O 性能 | 数据存储 |
| 2018 | WOS：000468499300058 | 探索了一种新的压缩策略，在显著减小数据量的同时，可以有效地控制数据失真 | 数据存储 |

续表

| 年份 | WOS 入藏号 | 研究内容 | 分类 |
|------|-----------|---------|------|
| 2018 | WOS：000462382400003 | 使用机器学习从标记的子集泛化元数据。考虑了在劳伦斯伯克利国家实验室（LBNL）的国家电子显微镜中心（NCEM）收集的电子显微镜图像，使用深度学习从标记图像的小子集中识别特征，并将标签转移到整个图像语料库；通过一个基于 Web 的工具将这些预测作为建议呈现给领域科学家，以加速标记过程，进一步验证方法有效性，并提高自动创建标签的准确性 | 数据分析 |
| 2018 | WOS：000454692400025 | 随着科学应用的执行规模不断扩大，如何高效地存储海量数据成为一个亟待解决的问题。大幅减少科学数据大小，可以有效减轻 I/O 负担，节省大量存储空间。文献提出了一种专门的、有效的方法来执行基于点相对误差的压缩方法，提供了比现有压缩工具具有更高压缩比的解决方案 | 数据存储 |
| 2018 | WOS：000454692400037 | 基于 SZ 有损压缩框架，实现了一种新的技术，为科学数据集提供一个固定 PSNR 的有损压缩，并将代码作为一个开源工具包发布。该压缩方法具有较高的 PSNR 控制精度，在测试数据集上的平均偏差为 0.1，接近 5.0dB | 数据存储 |
| 2018 | WOS：000468499303135 | 文献介绍了克服多维科学数据指数复杂度方面的早期努力——二维阵列上的 $n×n$ 数值分析，即在二维电极阵列的背景下，提出了一种将指数增长的数据简化为语义等价的多项式形式的新方法，该方法广泛应用于生物医学工程、电气工程和机械工程 | 数据分析 |
| 2018 | WOS：000415305600010 | 提出将一种低维流形模型应用于具有大量缺失信息的规则和不规则样本的科学数据插值。对于一般的科学数据集，流形的低维 patch 被用作一种变分公式的正则化方法。该问题通过对流形和数据集的交替最小化来解决，并利用加权图拉普拉斯算子对欧拉–拉格朗日方程中的拉普拉斯–贝尔特拉米算子进行离散 | 数据分析 |
| 2018 | WOS：000458194200008 | 总结了组织管理数据的最佳实践，这些实践应该包括在自动化决策中使用数据所承担的全部责任，包括数据安全、隐私、避免不当歧视、问责制和透明度 | 数据管理 |

续表

| 年份 | WOS 入藏号 | 研究内容 | 分类 |
|------|-----------|---------|------|
| 2018 | WOS：000437069700004 | 介绍了一种新的策略，可以从大型图片数据集在有或没有标签时实现快速搜索和图像排序。主要贡献是开发了度神经网络软件 pyCBIR，提供了可以根据内容搜索科学图像的能力 | 数据分析 |
| 2019 | WOS：000574770300014 | 提出了有损压缩算法 ZFP-V 的设计与实现，该算法确定了 ZFP 算法的串行部分，并对其进行了改进，以提高硬件实现的效率 | 数据存储 |
| 2019 | WOS：000554828700022 | 开发了 HDMF，用于现代科学数据标准的分层数据建模框架。将数据标准化过程分为三个主要部分：①数据建模和规范；②数据 I/O 和存储；③数据交互和数据 API。同时允许数据标准生态系统的其他组件保持稳定。提供了先进的数据 I/O 功能，用于迭代数据写入、延迟数据加载和并行 I/O。它还支持通过支持分组、压缩、链接和模块化数据存储来优化数据存储 | 数据存储 |
| 2019 | WOS：000530690500008 | 提出了实现基于行为驱动理论的无监督物理方法的第一步 DisCo 一用于行为驱动局部因果状态理论的高性能分布式工作流。DisCo 提供了一种可扩展的基于无监督物理的表示学习方法，它将时空系统分解为其结构相关的组件，这些组件由潜在的局部因果状态变量捕获 | 数据分析 |
| 2019 | WOS：000483058700014 | 对于具有许多小文件的数据集，了解导致广域数据传输性能下降的因素是很重要的。开展了并发和存取都可以帮助显著减少每个文件的开销。合理的并发水平结合存取可以将每个文件的开销降低到可以忽略的水平 | 数据分析 |
| 2019 | WOS：000458819900007 | 在最先进的三阶段压缩框架（预测+量化+熵编码）下，提出了两种优化的有损压缩策略。第一种策略（称为基于块的策略）将数据集分割成许多小块，并为每个块计算一个绝对误差界，因此特别适用于空间上连续性较高的数据。第二种策略（称为基于多阈值的策略）将整个值范围分成多个阈值指数递增的组，并分别对每组进行压缩，特别适用于数值范围较大、数值变化剧烈的数据 | 数据存储 |

续表

| 年份 | WOS 入藏号 | 研究内容 | 分类 |
|------|-----------|---------|------|
| 2019 | WOS：000458830600004 | 设计并实现了一个通用的框架，称为 Z-checker。Z-checker 可以以粗粒度（贯穿整个数据集）或细粒度（通过用户定义的块）执行分析，这样用户和开发人员可以为数据集的不同部分选择最适合的自适应压缩器。框架具有一个可视化界面，除了一些基本的数据集视图（如时间序列）外，还可以显示所有的分析结果，是一个用于全面评估科学数据集有损压缩的工具 | 数据存储 |
| 2019 | WOS：000474957800001 | 通过在一个领先设备的并行系统上开展的一系列实验表明，有损数据压缩不仅可以减少科学数据集在存储上的占用空间，还可以减少 I/O 和检查点/重启时间，加速计算，甚至允许运行比没有有损压缩更大的问题 | 数据存储 |
| 2019 | WOS：000476763200014 | 提出了一种高效的在线、低开销选择算法，该算法可以在早期处理阶段准确预测两个压缩器的压缩质量，并为每个数据域选择最适合的压缩器 | 数据存储 |
| 2020 | WOS：000723645400002 | 提出了一个优化的 GPU 版本（cuSZ），cuSZ 是一个最佳误差有界的有损压缩器，是 GPU 上第一个用于科学数据有误差有界的有损压缩器。cuSZ 消除了数据依赖性，提高了压缩比 | 数据存储 |
| 2020 | WOS：000698696500033 | 提出了两种用于科学仿真有损压缩的 SDC 检测策略，对具有有损压缩的 HPC 应用程序进行研究 | 数据存储 |
| 2020 | WOS：000679394600006 | 将基于木星平台的核心技术结合在一起，以在 HPC 系统上创建大规模的交互式、可重复的分析。核心平台解决了科学分析工作流程的三个关键领域可重现性、可伸缩性和交互性 | 数据分析 |
| 2020 | WOS：000662554702107 | 建立了一个标准的压缩评估基准 Scientific Data Reduction Benchmark（SDRBench）。SDRBench 包含了跨不同领域的大量真实世界的科学数据集，总结了几个关键的压缩质量评估指标，并集成了许多最先进的有损和无损压缩机 | 数据存储 |
| 2020 | WOS：000564476500006 | 在目前最先进的有损压缩模型 SZ 下，提出了一种基于现场可编程门阵列（FPGA）的高效有损压缩方法 | 数据存储 |

| 年份 | WOS 入藏号 | 研究内容 | 分类 |
|---|---|---|---|
| 2020 | WOS：000557775800001 | NASA 的开放数据政策以及最近和未来任务数据量的增加，导致需要重新评估数据档案信息系统和服务。为了促进这种迁移，系统需求需要适应预期的使用。研究开发了一个定量框架，该框架可追溯到云数据归档系统架构和服务的需求，以实现数据发现、访问和使用 | 数据管理 |
| 2021 | WOS：000728391000026 | 提出 CUSZ+，以提高压缩比和吞吐量。CUSZ+比 CUSZ 分别提高了 18.4 倍和 5.3 倍的压缩吞吐量和压缩比 | 数据存储 |
| 2021 | WOS：000728391000027 | 自编码器（AE）模型在图像压缩中得到了广泛的应用，但基于 AE 的压缩方法很少支持错误边界特征，为了解决这个问题，探索使用卷积自动编码器来改进科学数据的错误有界有损压缩。根据 SZ 模型开发了一个基于错误边界的自动编码器框架，对主要阶段的压缩质量进行了优化，对块大小和潜在大小进行了微调，并对潜在向量的压缩效率进行了优化 | 数据存储 |
| 2021 | WOS：000718599000046 | 专注于利用网络计算来处理大型有效负载的科学数据集，这些数据集需要复杂的操作，如浮点计算和对数函数 | 数据分析 |
| 2021 | WOS：000687830800137 | 提出了一种新的基于最先进的基于预测的压缩框架的误差有界有损耗的压缩器。解决方案显示出比现有所有有误差限制的有损压缩器更好的压缩质量，并具有相当的压缩速度 | 数据存储 |
| 2021 | WOS：000604244300001 | 基于 Paul N. Edwards 的模型，通过一致的方法、技术和政策来制造全球数据收集信号——使数据在全球范围内进行比较和整合，研究团队已经将这些数据作为一个协作资源来管理和利用 | 数据采集 |
| 2022 | WOS：000612895500001 | 作为浮点的替代方案，Spatio Temporal Adaptive Resolution Encoding（STARE）为地理时空位置和邻域提供了一个整数编码，超越了文件和本地数组索引的使用，允许在可伸缩的分布式计算和存储平台上组织不同的数据 | 数据分析 |

## 4.4.3　法国国家科学中心（CNRS）

法国国家科学研究中心（Centre National de la Recherche Scientifique，CNRS），成立于 1939 年 10 月 19 日，隶属于法国高等教育和研究部，是法国最大的政府研究机构，也是欧洲最大的基础科学研究机构，同时也是世界顶尖的科学研究机构之一。它的使命是探索生命世界、物质、宇宙和人类社会的运作。CNRS 因其在科学领域的卓越贡献而在国际上享有盛誉，被认为是世界科学技术发展的"风向标"。在 2020 自然指数排名中，CNRS 名列世界第 4。CNRS 在法国国内的科研机构，多为集高等教育及科学研究为一体的科研混合单位（Unite Mixte de Recherche，UMR），依托于大学的优势学科平台，UMR 在相关领域的研究实力在法国乃至全球处于领先地位。同时，CNRS 也拥有 36 个国际科研混合单位。值得一提的是，CNRS 自 1995 年在北京设立代表处以来，已成为中法两国科技合作交流的重要桥梁，并将持续不断地促进两国之间的战略性合作。CNRS 在科学数据领域发文 232 篇，占比 1.92%，在所有机构中排名第六位。第一篇科学数据领域文献发表于 1992 年，CNRS 高被引论文有12 篇，被引频次最高的论文被引 1588 次。

近年 CNRS 在科学数据相关领域的研究方向涉及较为广泛，主要包括数据分析、数据安全、数据存储、数据共享、数据采集及数据管理（表 4-5）。

数据分析方向：①探讨欧洲航天局 X 射线空间天文台 XMM-Newton 的科学数据专用管道处理系统（Pipeline Processing System，PPS）持续发展与维护；②针对 DBSCAN 算法的局限性提出了三种模糊扩展算法来生成具有明显模糊密度特征的聚类；③提出了 ExplIQuE，一个带有查询扩展的探索界面，目的是帮助用户顺利地进入数据探索，并能够表达关于他们的数据的不精确问题；④讨论了数据驱动的有望替代经典建模概念的回归和重构的两种深度学习策略；它们是数据驱动的，有望替代经典建模概念；⑤首次提出了基于深度卷积神经网络的全事件重建的发展及其在真实数据中的应用；⑥通过分析高光谱成像的发展趋势和研究现状，希望为未来多模态高光谱遥感的研究提供方向；⑦利用工作流起源技术来建立一个整体的观点，以支持科学机器学习的生命周期。

数据安全方向：提供不同的机制和算法来确保大数据安全，并以所提出的模型作为参考，从理论上对基于健康的环境提出改进。

数据存储方向：提出了一种基于内存结构的新方法并给出概要定义，在内存计算体系结构支持下，从 NoSQL 图数据库中自动提取摘要的方法；介绍了 EuclidSGS 软件基础设施的现状，开发的原型通过了 EuclidSGS 持续系统集成和测试。

数据共享方向：①讨论了研究数据联盟（RDA）与天文学之间的联系，以及与图书馆员社区相关的 RDA 活动；②讨论了 RDA 当前的主题或天文学数据提供者感兴趣的结果，以及当前与天文学的联系。

数据采集方向：描述了将原始遥测数据转换为存档最终数据产品的流程，以及相关的元数据。

数据管理方向：Quantarctica 使用免费的跨平台地理信息系统软件（QGIS）进行工作，可以在没有互联网连接的情况下运行，使其成为偏远地区实地工作的可行工具。

**表 4-5　CNRS 2017~2022 年科学数据采集、存储及应用研究热点**

| 出版年 | WOS 入藏号 | 研究内容 | 分类 |
| --- | --- | --- | --- |
| 2017 | WOS：000442046200072 | 欧洲航天局 X 射线空间天文台 XMM-Newton 的科学数据由专用管道处理系统（PPS）进行还原，使用相同的科学分析系统（SAS）软件包，用户可以交互分析 XMM-Newton 数据 | 数据分析 |
| 2017 | WOS：000416877000001 | 提供不同的机制和算法来确保大数据的安全，并以所提出的模型作为参考，从理论上对基于健康的环境提出改进。新机制和算法有助于创造一个更安全的环境，尽管有必要继续开发新的、更好的机制，让网络犯罪变得越来越困难 | 数据安全 |
| 2017 | WOS：000395371400004 | NoSQL 图形数据库是近年来为了处理大量基于图形的数据而引入的。科学数据和社会网络是这种结构使用急剧增加的最好例子。NoSQL 存储库允许管理大量数据，以便存储和查询。这些数据不像关系数据库那样使用预定义的模式进行结构化，而是由某种类型的节点和关系组成的 | 数据存储 |
| 2018 | WOS：000484663400001 | 天文学数据共享的现状是在快速发展的科学数据共享的大背景下进行的。国际组织，特别是研究数据联盟（RDA），正在开发构建模块和桥梁，使科学数据跨国界共享 | 数据共享 |

续表

| 出版年 | WOS 入藏号 | 研究内容 | 分类 |
|---|---|---|---|
| 2018 | WOS：000426566400028 | DBSCAN 算法是一种著名的基于密度的聚类方法，在空间数据挖掘中尤其有用，因为它能够发现形状异质且在特征空间中具有均匀局部密度分布的对象群。此外，由于其去除噪声的能力，它可以作为一种按比例缩小的方法来处理大数据。然而，它也有一些局限性，主要是无法识别具有可变密度分布和部分重叠边界的集群，这通常是科学数据和现实世界数据的一个特征。为此，该文献提出了三种模糊扩展算法来生成具有明显模糊密度特征的聚类 | 数据分析 |
| 2019 | WOS：000539898202157 | 为了帮助刚开始学习 SQL 或不熟悉数据库的数据库用户，开发了 ExplIQuE，一个带有查询扩展的探索界面。它的目的是帮助用户顺利地进入数据探索，并能够表达关于其数据的不精确的问题 | 数据分析 |
| 2019 | WOS：000495812900025 | 该文献描述了将原始遥测数据转换为存档最终数据产品的流程，以及相关的元数据 | 数据采集 |
| 2019 | WOS：000495812900036 | "研究数据联盟"是一个国际组织，旨在建立技术和社会的桥梁，使科学数据可开放共享。该文献讨论了 RDA 当前的主题或天文学数据提供者感兴趣的结果，以及当前与天文学的联系 | 数据共享 |
| 2019 | WOS：000495812900147 | 该文献介绍了 EuclidSGS 软件基础设施的现状，开发的原型通过 EuclidSGS 挑战执行的持续系统集成和测试 | 数据存储及分析 |
| 2020 | WOS：000612971700041 | 该文献重点讨论了两种深度学习（DL）策略——回归和重构，它们是数据驱动的，有望替代经典建模概念。利用三维强迫流直接数值模拟（DNS）数据，评估子网格模型，在解析解的基础上预测未解析部分的量。在回归分析中，前馈人工神经网络（ANN）能够利用过滤后的输入数据预测完全分辨的标量耗散率 | 数据分析 |
| 2021 | WOS：000713450200028 | 该文献首次提出了基于深度卷积神经网络的全事件重建的发展及其在真实数据中的应用 | 数据分析 |

| 出版年 | WOS 入藏号 | 研究内容 | 分类 |
|---|---|---|---|
| 2021 | WOS：000612946400001 | 该文献简要回顾了高光谱遥感和图像处理的研究现状，然后对三种主要的高光谱成像模式进行了综合描述：高光谱成像新模式的基本原理，相应的科学数据采集、数据处理和应用，以及数据表示、特征学习和解释方面的潜在挑战。通过分析高光谱成像的发展趋势和研究现状，希望为未来多模态高光谱遥感的研究提供方向 | 数据分析 |
| 2021 | WOS：000647690400004 | Quantarctica 使用免费的跨平台地理信息系统（GIS）软件 QGIS 进行工作，可以在没有互联网连接的情况下运行，使其成为偏远地区实地工作的可行工具。该数据包包括基础地图、卫星图像、地形模型、物理、生物科学、环境管理和社会科学等 9 个学科的科学数据。为了提供清晰和响应性强的用户体验，准备和设置了制图和渲染，使用颜色集对典型的数据组合进行表达。每个数据集中包含的元数据为非专业人员提供了简要的摘要和对原始数据源的引用 | 数据管理 |
| 2022 | WOS：000687024800001 | 用户需要结合科学数据和机器学习（ML）模型执行全面的数据分析，以满足关键需求，如可重现性、模型可解释性和实验数据理解。然而，科学的 ML 是多学科的、异构的，并且受领域的物理约束的影响，这使 ML 分析更具挑战性。在这项工作中，作者利用工作流起源技术来建立一个整体的观点，以支持科学 ML 的生命周期 | 数据分析 |

## 4.4.4 德国亥姆霍兹联合会

亥姆霍兹联合会（HGF）的国家实验室始于 20 世纪 50 年代末成立的数个核技术、核能研究为代表的大科学装置和研究中心，1995 年冠名为亥姆霍兹联合会，2001 年正式注册登记成为拥有专职主席和自主项目管理职能的机构，逐步从自发的内部松散联盟变成有自主决策权的法人实体。HGF 具有以国家长期性科研任务目标为导向、以国家大科学工程为核心的科研特点，强调服务于经济和社会的应用基础研究。在能源、环境、健康卫生、关键技术、实验物理学、航天与交通等六大领域从事前瞻性、未来应用的基础研究，致力于解决复杂系统的关键问题。HGF 的成立和运行，打破了过去各法人科研中心的框架，也突破了政府部门主导科技经费管理的模式。在全联合会内部实施科研人员自己主导的 5 年科技任务规划和研究内容，并根据计划内容的国际竞争力配置国家拨款的科研经费。HGF 体系内的重大科研方向与内容跟中国国家重大基础研究项目、"973"项目等科研任务有很高的吻合度。其在科学数据相关方向 SCI 发文量共计 143篇，占比 1.19%，排名第十位，第一篇科学数据领域文献发表于 1985 年，其中高被引论文有 10 篇，最高被引论文被引次数达 1090 次。

近年 HGF 在科学数据相关的研究热点主要集中在数据管理、分析、采集、存储等方向，其中数据管理相关最多（表 4-6）。

数据管理方向：①研究了从数据库查询日志中提取和分析模式的问题；②通过基于 KIT DM 框架构建 MASi 研究数据管理存储库服务来实现研究数据的可用、可定制和快速管理；③提出了一个用于科学数据存储库的元数据管理框架 Meta Store；④分析关注设计和部署冷库档案；⑤提出了一个协作虚拟环境的系统架构，聚集参与空间探索活动的分布式多学科团队，探索星球科学问题；⑥设计最新版本的可适应输入输出（I/O）系统 ADIOS2，解决了科学数据管理的需求。

数据分析方向：①提出了一种通用、模块化、可扩展性强的流程操作框架实现数据驱动能源系统的复杂数据处理和协同仿真工作流程；②通过使用分块数据格式或存储所需补丁的临时副本，I/O 性能可以显著提高；③介绍了一个基于成熟的 Tyte 级空气质量数据库系统的环境感知基准和性能检测工程；④评估了两个使用深度学习的使用案例的四种不同的分期技术。

数据采集方向：①展示了一个使用统一建模语言（UML）和系统建模（SysML）形式主义设计的 CTA 项目中的观测执行系统；②提供了 CTA 项目观测执行系统中的中央控制系统设计特点和原型设计计划。

数据存储方向：提供了一种名为 dCache 的强大软件，该软件被全世界 80 多所大学和研究机构使用，使这些网站能够为 WLCG 实验和许多其他科学团体提供可靠的存储服务。

**表 4-6　HGF 2018～2021 年科学数据分析、采集、存储及应用研究热点**

| 出版年 | WOS 入藏号 | 研究内容 | 分类 |
|---|---|---|---|
| 2018 | WOS：000492836500225 | 该文献研究了从数据库查询日志中提取和分析模式的问题，提出了一个框架来发现 SQL 查询日志中的模式和反模式，并清理反模式。反模式不仅对查询性能有负面影响，还可能对 SQL 日志的后续分析带来偏差 | 数据管理 |

续表

| 出版年 | WOS 入藏号 | 研究内容 | 分类 |
|---|---|---|---|
| 2018 | WOS：000492762900016 | 为了实现数据驱动能源系统的复杂数据处理和协同仿真工作流程，该文献提出了一种通用、模块化、可扩展性强的流程操作框架。这个框架始终如一地应用 Web 技术来构建一个微服务体系结构。它将科学数据处理和仿真工具（如 Python、Matlab、Open Modelica）的启动、同步和管理自动化，作为更大的跨学科、多领域数据处理和联合仿真工作流的一部分 | 数据分析 |
| 2018 | WOS：000467872200055 | 该文献展示了一个使用统一建模语言（UML）和系统建模（SysML）形式主义设计的 OES 系统。此外，还展示了相关原型创建活动的状态 | 数据采集 |
| 2018 | WOS：000452669100047 | 管理器和中央控制（MCC）系统是 OES 系统的核心元素，它实现了从调度器子系统接收到的观察请求的执行。该文献提供了 MCC 主要设计特点和原型设计计划的总结 | 数据采集 |
| 2018 | WOS：000443807600050 | 为了从科学数据中获得见解，研究数据变得越来越重要。为了培养这个能力，需要研究可用、可定制和快速获得数据管理服务。该文献通过基于 KIT DM 框架构建 MASi 研究数据管理存储库服务来实现这一点。其目的是利用单个存储库实例来服务于多个任意的社区用户。由于不同的数据特征，MASi 服务的性能必须跨不同的情况进行拟合 | 数据管理 |
| 2018 | WOS：000426928800006 | 该文献中提出了一个用于科学数据存储库的元数据管理框架 MetaStore。MetaStore 通过自动生成必要的软件代码（服务）和动态扩展框架的功能，提供了一组核心功能来处理异构的元数据模型。为了处理动态元数据和控制元数据质量，MetaStore 还提供了一组扩展的功能，如通过集成 Web 注释数据模型来实现图像和文本的注释，允许社区使用简单知识组织系统（Simple Knowledge Organization System）来定义特定学科的词汇并通过集成 ElasticSearch 提供高级搜索和分析功能。为了最大限度地利用 NoSQL 数据库支持的数据模型，MetaStore 自动将不同类别的元数据隔离在相应的数据模型中。复杂的起源图和动态元数据被建模并存储在 RDF 三元存储中，而静态元数据存储在 NoSQL 数据库中。为了在 OAI-PMH 协议上使用 METS 标准实现大规模的元数据采集（共享），MetaStore 被设计成 OAI 兼容 | 数据管理 |

| 出版年 | WOS 入藏号 | 研究内容 | 分类 |
|---|---|---|---|
| 2019 | WOS：000570241300207 | ORG 提供了一种名为 dCache 的强大软件，该软件被全世界 80 多所大学和研究机构使用，使这些网站能够为 WLCG 实验和许多其他科学团体提供可靠的存储服务 | 数据存储 |
| 2019 | WOS：000525485300001 | 冷库数据档案是科学数据密集型应用领域中现代大数据分析的先锋，经常被忽视。尽管高性能数据分析已经得到了研究界的广泛关注，但在设计和部署冷库档案方面越来越多的问题却很少受到关注。在该文献中，作者通过对来自三个不同应用领域的四个真实世界冷库档案的分析，迈出了弥补这一知识缺口的第一步 | 数据管理 |
| 2019 | WOS：000467257000041 | 深度学习方法的使用被认为是实现超大规模科学数据集处理的关键所在。通过使用分块数据格式或存储所需补丁的临时副本，I/O 性能可以显著提高 | 数据分析 |
| 2019 | WOS：000500000600027 | 该文献提出了一个协作虚拟环境的系统架构，在这个环境中，参与空间探索活动的分布式多学科团队聚集在一起，其目的是减少目前分布式科学和工程会议的挑战。该系统有潜力提高空间科学家在未来进行空间科学研究的方式 | 数据管理 |
| 2020 | WOS：000600676600004 | 该文献介绍了最新版本的可适应输入输出（I/O）系统——ADIOS2。ADIOS2 解决了科学数据管理的需求——从超级计算机的可扩展 I/O 到个人计算机和云系统的数据分析 | 数据管理 |
| 2021 | WOS：000658575200001 | 该文献介绍了一个成熟的 Tbyte 级空气质量数据库系统的环境感知基准和性能工程。目前，数据库外的空气质量指标按需计算，以及必要的大容量原始数据传输被认为是主要的性能瓶颈。因此，在该文献中，作者们探索了用于统计处理的数据库内方法，并对其进行了基准测试，从而使性能提高了 32% | 数据分析 |
| 2021 | WOS：000725807100008 | 该文献评估了两个深度学习的使用案例的四种不同的分期技术；还评估了在 DRAM 中分段数据的性能 | 数据分析 |

# 5 | 对我国科学数据中心建设的启示与建议

随着大数据、物联网和人工智能等新技术的应用，特别是随着"空–天–海–地"及实验分析能力的增强，我国科学数据来源多样化，观测数据规模剧增，如何有效地管理好科学数据资产，通过科学数据开放–共享–复用，发挥科学数据要素的最大化效能，对承载我国科学数据资产的科学数据中心的建设和管理提出了更高的要求。与世界发达国家具有国际影响力的科学数据中心相比，我国科学数据中心建设起步晚，国家级科学数据中心的总体布局还偏少，科学数据中心综合治理能力还偏弱，高质量、高影响力的科学数据库相对较少，科学数据管理与分析应用平台水平不高，数据中心专业化人才缺乏，数据中心的可持续发展保障机制还不完善，国家级科学数据中心还未纳入科技创新基础设施建设的长期支持等问题。本章基于前几章对各国科学数据中心的调研分析和典型案例析，归纳总结出对我国科学数据中心建设与管理的启示，此外，为我国数据中心主管机构在全球范围内推动数字战略或数据科学计划发挥本国主导权和话语权提供参考。

## 5.1 全球国家级科学数据中心发展的主要趋势

### 5.1.1 全球国家级科学数据中心整体进入调整优化阶段

当前，全球科学数据中心形成了向以国家级科学数据中心为核心的数据中心网络联合服务发展的趋势。发达国家的国家级科学数据中心建设总体趋势放缓，数据中心建设更加关注于能力提升和协调发展，更加依赖政府以及不同来源的资源支持，全球国家级科学数据中心整体进入调整优化阶段。

从欧美国家级科学数据中心发展情况来看，2015 年之后，国家级科学数据中心建设速度放缓，特别是美国的科学数据中心发展进入调整、优化、提升阶段，新建科学数据中心整体速度放慢，建设重点放在数据资产管理和使用能力的提升上。其他发达国家的科学数据中心也进入调整和优化阶段，但金砖五国的科学数据中心还处在体系完善和提升阶段。同时，在建设模式上，国家级科学数据中心建设更趋一体化，表现在科学数据中心数据持续积累、永久存储、计算分析支持一体化的发展趋势明显。国家级科学数据中心研究能力提升趋势明显，随着数据资源的丰富，数据中心参与研究计划，开展研究的活动增多。国家级科学数据中心数据理论研究及新技术研发速度增长加快，数据科学理论研究和人工智能应用研发成为国家级科学数据中心的重要特征。数据中心国际化趋势增强，科学数据中心的资产管理及可持续发展更加依赖政府机构的支持。

## 5.1.2 向以国家级科学数据中心为核心的联网共建服务发展

主要发达国家早期建立的分散的科学数据中心，这些较小的科学数据中心，在自发或政府资助引导下，向以国家级科学数据中心为核心的数据中心网络发展，同时更加关注联合共建提供服务和技术应用，部分国家的科学数据中心，形成了向以国家级科学数据中心为核心的数据中心网络联合服务发展趋势。

2015 年之后，以美国为代表的发达国家，在大数据背景下，其国内早期在项目牵引下或机构自发建立的众多分散、规模较小的科学数据中心，面临着发展、运行、维护和可持续发展的困境。这些数据中心，在国家数据政策的推动和国家各机构的项目引导下，一些高校或非法人机构形成的科学数据中心，在数据中心自发推动下、在机构项目的牵引下，逐步向高校、研究机构和国家部委联合管理模式转移，特别趋向于与国家级科学数据中心建立数据中心网络，逐步走向以国家级科学数据中心为核心的科学数据中心网络的发展趋势，形成以国家级科学数据中心为核心的联合体，来完善科学数据资源建设、共享服务和应用支持，形成共赢的科学数据中心可持续发展的能力。

## 5.1.3 向研究型的国家级科学数据中心建设发展

在数据科学、人工智能和融合领域知识推动下，国家级科学数据中心向数据驱动的研究型数据中心发展。

2022 年 7 月 23 日，美国国家科学基金会（NSF）宣布成立"环境数据科学创新与包容实验室"（Environmental Data Science Innovation and Inclusion Lab，

ESIIL）。ESIIL 愿景：培养一个多样化和包容性的实践社区，推动在环境数据科学领域取得创新突破；协助分析和整合数据，加强数据密集型方法的使用并开展环境科学培训；综合提供规模信息的数据集以理解气候变化和生物多样性丧失的影响。ESIIL 致力于使包括政策制定者、研究人员和教育工作者在内的所有人员，都可以使用丰富的环境数据和新兴分析方法，开发基于科学的解决方案，以解决生物学和其他环境科学中面临的紧迫挑战。

NASA 在其数据中心发展规划中，明确将发展数据科学、人工智能作为NASA 数据中心建设的研究方向，特别提出在实现数据中心常规任务的同时，将引领数字产业新业态的发展作为数据中心的一个未来任务，凸显出数据中心开展数据驱动应用、数据驱动人工智能发展、数据驱动新业态探索的发展趋势。美国大多数国家级数据中心，都强调参与全球科学研究，开展融入领域的数据驱动联合研究工作。欧盟的一些数据中心也提出了类似的发展动向，重点在发展数据分析方法、技术的基础上，更加关注与不同领域结合，提供更加深入的研究方法和技术支持来提升数据中心的影响力，推动数据驱动的人工智能，在数据中心应用于社会服务与产业驱动，同时也体现出向包含研究型、混合型数据中心的优化趋势明显。金砖五国的数据中心基于人工智能发展态势，也不同程度地表现出向数据驱动的领域深度融合研究发展的动向。

## 5.1.4 尝试建立兼容有偿服务模式的国家级科学数据中心

大多数国家级科学数据中心，主要以公益服务为主，但随着数据中心运行维护成本逐步升高，基于二次数据开发的有偿服务逐渐成为科学研究与社会服务双赢的发展方向，国家级科学数据中心也出现了向兼容有偿服务模式的趋势发展。

这一点上，法国的等离子体物理数据中心的有偿服务技术工具开了好头。其在提供公益性数据服务同时，开发了系列有偿数据分析工具，如 Rmda、Propagation Tool、Spaceweater Tool、3DView、SIPAD、TREPDS 等。法国现有 124个数据中心，2006 年以来法国政府投资部支持了 16 个重大的数据中心项目，这些项目和其他数据公司联结起来可以覆盖法国主要的互联网交换点。根据Monitor Intelligence 的数据，"数据中心即服务"市场正在蓬勃发展，到 2020 年价值近 490 亿美元，预计到 2026 年将增长到 1050 亿美元以上。

## 5.1.5　向节能环保的绿色科学数据中心发展

双碳目标的驱动，促使国家级科学数据中心建设设计更新迭代，节能环保的绿色数据中心成为未来科学数据中心发展的必然方向。

2011 年，美国国家雪冰数据中心（NSIDC）获得了绿色数据中心团队奖。因重新设计了数据中心的冷却能耗，使其能耗降低了 90% 以上。按照 2006 年美国数据中心的能耗水平计算，到 2020 年，数据中心的碳足迹超过了航空业。绿色数据中心是全球数据中心发展的必然趋势，数据中心产业能耗在逐渐减少，数据中心绿色化和低碳化趋势明显。

# 5.2　关注全球国家级科学数据中心的综合能力建设的趋势

## 5.2.1　明确国家数据中心及支持机构性质

数据中心服务模式可以多样化，可以借鉴其他发达国家的建设和服务模式，比如借鉴德国的三种主要服务模式：纯数据提供者建设模式，仅为用户呈现学科相关数据，力求相关数据覆盖的全面性、可用性和可获得性；纯服务提供者建设模式，纯服务提供者侧重通过相应基础设施整合、汇编数据以供用户访问所需数据；混合型模式，将以上两个模式对应特点相结合，为用户提供多方位的服务。

建议国内科学数据中心在建设之初，便明确数据中心定位，明确建设目标，在确立自身发展方向的同时，也帮助用户较清晰地做出选择哪类数据中心。例如，德国地球科学领域各数据中心的职责分工十分明确，每个中心皆有支撑其运行的机构，各司其职。职责主要分为一般职责、技术职责和资助职责，同一机构在支撑相同中心运行时会担负多个职责，并且，同一机构在支撑不同中心运行时职责也会存在不同，例如，亥姆霍兹波茨坦中心、德国地学研究中心，其在支撑 GNSS-ISDC（Global Navigation Satellite System—Information System and Data Center）时担负一般职责和技术职责，在支撑全球地震与海啸数据库（GEOFON）时担负资助职责、技术职责和一般职责。因此，建议我国支撑数据中心建设的各机构也应根据实际情况，结合自身优势，承担起相应职责，为数据中心建设提供实质帮助。

## 5.2.2 加强科学数据综合治理政策制定

政策是数据中心发展、运行的重要保障，调研发现绝大部分数据中心都有相关政策引导支撑与辅助。因此，建议我国科学数据中心在建设过程中，根据自身实际情况制定政策或遵循在世界范围内被较多同类中心采用的政策。但是，无论是自身制定政策或是遵循其他政策都应注意政策的全面性和适用性。建议我国科学数据中心制定的政策应包含如下 7 个方面：①数据描述，数据创建者对提交数据加以说明与解释，包含但不限于时间、地点、方法、创建者这 4 方面内容；②数据质量，数据创建者与中心数据审核人员共同把控数据质量；③数据安全，根据用户需求与数据中心实际承受度将存储数据分为若干级别并对应不同层次使用条件；④数据存储与获取，注明存储年限及获取所需权限；⑤数据可用性，数据创建者确保数据是可用的，但不对用后结果负责；⑥数据引用，统一引用格式以便指导他人复用规范；⑦数据传播与共享，标明数据适用范围、使用途径及可共享对象与条件。

## 5.2.3 制定或遵循数据规范标准

数据标准对开展数据中心建设、管理、共享和利用起到重要指引和规范作用，应加快数据中心实用标准建设落地。例如，美国国家生物技术信息中心（National Center for Biotechnology Information，NCBI）积极主导了大量在生物医学领域具有重要影响的基因组和蛋白质组学等相关优质数据集的描述、数据表示和数据互操作等标准规范制定，开展了最佳实践工作。我国的国家级科学数据中心建设技术规范于 2005 年提出，各科学数据中心也有其对应的数据标准技术规范体系，但仍需优化完善。因此，国内科学数据中心应在结合领域发展和标准建设现状的基础上，借鉴国外优秀建设案例，优化完善已有的数据标准规范体系，重点针对数据质控、数据分级、数据共享等方面，分阶段、有步骤地加强核心标准的研制，重点制定专业领域空白和缺失的数据标准，持续开展已有数据标准的修订和完善。同时，应积极参与国际数据标准制定：一方面，重视国际标准的采纳、本地化和引用；另一方面，加快国家标准与国际标准的接轨，提高我国科学数据标准制定水平，提升我国国际数据标准制定的话语权。此外，应结合各学科领域科学数据汇交、质控、整合、存储、交换和共享实践开展标准规范宣传、推广和落地监管，促进标准规范切实应用和发挥有效作用，使我国各科学数据中心的建设和发展有标可依，行之有效。

## 5.2.4 提升数据中心综合能力建设

第一，完善科学数据治理机制。将科学数据管理融入科研活动生命周期，以科技计划项目科学数据汇交为切入点，优先加强政府预算资金资助的科技计划项目形成的科学数据的全生命周期管理。建立科研人员生产数据并向数据中心汇交，科学数据中心开展数据整理、保存及数据服务，并将数据开放共享情况反馈科研管理机构及科研人员的闭环管理机制。积极推动学术论文相关科学数据管理与共享，促进科研论文相关科学数据向数据中心汇交，在促进科学数据中心发展的同时，让科学数据在科研支撑、学术传播和科研诚信体系建设等方面发挥更大作用。

第二，增强数据资源体系持续建设能力。数据中心设立之初，在明确数据中心发展定位和发展目标下，尽可能围绕某一领域开展数据资源体系建设，尽可能明确该领域的数据资源来源渠道，建立能够覆盖该领域的数据体系，通过汇交、采集、制备、交换、镜像等方式，聚集该领域或相关交叉领域相对完善的数据资源，以满足该领域开展科学研究、应用服务的总体需求。特别要关注数据中心可持续发展的数据资源来源体系建设，确保数据中心数据资源建设的活力和数据中心的活跃度。

第三，增强数据中心服务与挖掘分析能力。面对信息技术的快速发展，需要深刻理解大数据对科学研究思维模式和研究范式带来的影响，以及大数据技术对科学数据管理与分析应用技术革新的影响，加强科学数据管理应用平台的建设，开展科学数据整合与分析挖掘软件工具研发，打造科研领域的数据分析应用服务平台。在现有数据资源的基础上，根据科学数据全生命周期建立完整的科学数据管理应用工作流程和数据平台技术流程，打通系统平台中数据提交、质控、整理、编目、存储、应用各环节，完善系统平台对异构数据的兼容能力和多指标数据的识别与汇聚能力，提升数据平台对大规模、复杂数据的实时处理和智能发现能力，完善基于多用户的数据应用服务支撑系统。开展科学数据管理应用相关软件工具研发，开发智能化科学数据接收与质量审核软件工具，研发科学数据分析挖掘方法、算法、模型。根据科研人员、科研团队、科研机构等科学数据管理需求，完善数据平台相关标准规范与流程，建立完善的面向复杂事件的科学数据管理分析应用服务平台，打造满足科研工作需求的科学数据研究平台。

第四，增强融合技术的综合应用能力。在数据中心建设过程中应与时俱进地选择合适的数据分析和处理技术，并考虑多种技术融合共用，从而更好地为用户提供服务，支撑中心运行。例如，马克斯普朗克研究所的 GeoReM 数据库（Geological and Environmental Reference Materials）采用近百种适合目标数据的分析技术，为用户更全面地呈现测量结果。美国国家生物技术信息中心（NCBI）也研发了大量生物医学研究所必需的数据资源处理、标注、比对、分析、挖掘和预测等关键技术工具。因此，我国的数据中心建设中，应利用人工智能、区块链、联邦机器学习、多方安全计算等关键技术，面向日益增长的跨组织/机构大数据协同分析和安全计算需求，研发高性能、流程化的协同分析平台以及数据挖掘模型和工具，支持数据驱动建模、模型驱动数据分析，实现数据的分析增值。同时，研发自主可控的技术工具，构建安全可靠的国产替代型工具，努力开展核心技术源头创新，提高数据中心的科技创新自强自立水平，以应对国外数据资源和技术垄断、停止更新或服务提供等情况。

# 5.3 关注国家级科学数据中心可持续发展保障能力建设的趋势

## 5.3.1 形成数据中心可持续发展的基础设施保障机制

基础设施是科学数据中心建设的核心要素之一，也是数据中心有效持续开展采集、保存、分析、共享、服务、产品研发、应用支持的基础保障。数据中心基础设施主要指数据中心运行所需的机房、服务器系统、存储系统、网络等软硬件条件，是数据中心建设运行的条件保障，是建设高水平科学数据中心的基本条件。我国科学数据汇交工作自 2019 年启动以来，数据呈 PB（petabyte）级增长，对已有基础设施带来了严峻挑战。我国的科学数据中心应借鉴英国国家海洋学研究中心（NOC）、法国等离子体物理数据中心（CDPP）等，加强高性能计算设施、测量设施、样本库等的建设，积极探索私有云、公有云及混合云的数据存储设施，但还需要综合考虑解决好数据的流转、存储、安全和监管等问题。

## 5.3.2 形成保障稳定专业人才队伍的有效机制

人员构成与组织分工是数据中心运行过程中的核心，恰当的人员与工作安排可以为数据中心建设提供强有力的支撑，在机构与用户之间发挥桥梁作用，维护数据中心正常运转的同时根据用户反馈和需求完善数据中心建设。专业稳定的人才队伍对于数据中心的发展至关重要。当前，我国数据中心的全职员工数量还不足，且专业化水平有待提升，亟需扩大人员队伍规模、增强团队多样性、提高团队的研究水平。因此，现阶段我国科学数据中心建设应注重人员队伍的组织培养，探索建立适合的人员培养与晋升机制，培养专业化、复合型的科学数据应用服务人才，优化高水平人才的晋升发展机制，探索保障科研人员贡献的数据开放共享权益保护新机制。

## 5.3.3 形成持续稳定的资金投入机制

数据中心建设和维护均需大量资金的投入。基于前文的分析，发展较好的科学数据中心在其发展过程中均有持续稳定的大规模资金投入，特别是政府经费，用于提高数据中心的计算、存储等基础设施建设能力。例如，美国国家冰雪数据中心就受到美国国家航空航天局（NASA）、国家科学基金会（NSF）、国家海洋和大气管理局（NOAA）、能源部（DOE）等几大组织的资助。相对而言，我国数据中心建设起步晚，经费来源相对单一，不足以支撑 PB 级数据快速增长所带来的基础设施建设、数据存储、长期保存、平台工具研发维护、用户教育培训、人员队伍建设和管理等巨额成本。因此，亟需国家加大对数据中心经费投入和拓展多种资助渠道。

## 5.3.4 形成可持续发展的数据资源建设

第一，拓展数据资源渠道。我国数据中心应深化贯彻《科学数据管理办法》，加强政府预算支持的科技项目的科学数据汇交管理。同时，应扩展与各学科领域研究机构及行业的交流合作，通过资助合作、国际合作、协议合作等不同方式拓展数据资源创建渠道。例如，美国国家冰雪数据中心（NSIDC）的数据获取渠道就十分多样化，经常参与各种受众的传播和外联项目，包括记者、教育工作者、政策制定者和普通公众。因此，国内数据中心应提高研究和服务水平，不断识别和发现新类型数据资源与新的服务方式。

第二，优化数据资源内容质量。数据中心应结合其领域内的数据标准和知识组织体系，加强对原始数据的归类、重组、注释、关联和整合，做好数据质量审核和控制。面向不同使用需求，研发多类主题数据库、参考数据库、整合数据库及创新型数据库和知识库。例如，面向科研的需求，可针对国家科技战略部署，针对某一研究方向中创新链的不同环节，研发系列科学数据产品，支持不同研究团队开展创新研究。再如，面对区域发展的需求，可在抽取研究区域数据以及邻近区域或相似区域科学数据的基础上，研发面向区域发展布局的科学数据产品。又如，面向企业创新的需求，可根据企业创新研发需求，结合产业链上下游研发数据产品，支撑创新发展。

第三，数据资源的 FAIR 化。对标国际数据中心发展趋势，遵循 FAIR（findability accessibility interoperability reuse）原则，基于唯一标识技术、语义技术、Web 浏览器技术、人工智能和可视化等技术，增强数据的可理解性、可用性、易用性和互操作性。

# 5.4 完善我国国家科学数据中心体系建设的建议

## 5.4.1 坚持顶层规划、数量适度的国家科学数据中心体系建设

国家级科学数据中心是体现我国（某领域或交叉领域）科学数据的国家行为，坚持国家级数据中心顶层规划和控制适度数量是十分必要的。

国家级数据中心体现的是国家行为，因此需要坚持国家级科学数据中心的顶层慎重设计，坚持国家层面统一规划，避免重复建设，确保科学数据中心的代表性，确保国家级科学数据中心的可持续发展性，确保国家级科学数据中心效能发挥，进而保障数据中心数据质量和数据中心自身发展的标准统一等问题。国家级科学数据中心规划数据量要适度，过多或过少的布局，都不利于国家级数据中心有序发展和效益充分发挥。国家级数据中心也要考虑空间布局的合理性，在推动科学数据中心的发展中需要重视政策引导和示范引领的作用，在平衡科学家个人利益、部门机构利益的基础上，有序推进科学数据中心的整合优化，逐步推动数

据共享等难度较大问题的解决。

## 5.4.2 坚持国家科学数据中心的公益性基本属性

国家级科学数据中心以体现社会公益性为主，坚持科学数据开放共享是国家级科学数据中心不可分割的属性是非常重要的。

从目前国际上主要国家的科学数据中心发展来看，充分体现了科学数据是科技创新的源泉，科学数据中心是科技活动的重要基础设施；反映出科学数据管理政策，是持续推动科学数据开放共享公益行为的基础保障；突显出科学数据开放共享，是科学数据资产效益最大化发挥和增值的先决条件。因此，坚持国家级科学数据中心的公益性非常重要，坚持科学数据开放共享是支持政府治理能力提升、增强科技创新活跃度、推动数据新兴业态创新的重要举措。

## 5.4.3 坚持国家科学数据中心发展的动态调整和包容性

国家级数据中心建设应具有随学科发展和新领域的出现而调整的动态性，应具有与分散的较小的科学数据中心联合发展的包容性。

国家级科学数据中心建设，应具有学科领域的相对独立性和跨部门的联合性，尽可能避免领域重叠，但数据中心的学科领域布局不易过细。国家级科学数据中心应具有随新学科或新领域的发展，进行适度的动态调整和新建的机制，在回溯已有国家级数据中心的基础上进行有序拓展。通过自发、引导、推动和牵引，使得规模较小科学数据中心向以国家级科学数据中心为核心的数据中心网络的调整发展，发挥各较小科学数据中心的专业性服务的同时，进而实现科学数据中心的包容性发展，形成科学数据中心联合服务能力。

## 5.4.4 坚持将国家科学数据中心纳入创新基础设施持续支持

结合欧美等发达国家的做法，将国家级科学数据中心纳入科技创新基础设施建设，形成持续数据来源和稳定基础条件的发展保障，保持国家级科学数据中心发展的相对稳定性是十分必要的。

国家级科学数据中心体现的是国家在某一领域或交叉领域的国家行为，是支持科技创新活动、支持社会治理、引领产业新业态研发、增强数字能力建设的重要基础设施，因此国家级科学数据中心的发展具有长期的稳定性，要具有相对稳定的人力资源和依托机构的保障支持。国家级科学数据中心要具有持续的数据来源、更新和数据衍生能力。国家级科学数据中心只有相对稳定的经费保障，才具有可持续更新的条件保障能力。

## 5.4.5 坚持研究型国家科学数据中心的建设与发展

国家级科学数据中心要体现数据发展和应用的新趋势，要向数据理论、技术和与各领域融合的研发能力方向发展，要重视研究型数据中心的建设。

数据科学理论方法的研究和数据工程技术的研发，已成为数据中心重要的发展方向。特别是数据驱动融合人工智能研究模式的发展，数据中心共性技术的研发成为有效提升数据中心服务能力的重要手段。与领域需求、与领域知识融合的专业化的数据产品、技术和服务能力建立，是突出国家级科学数据中心特色的重要措施。人工智能与数据的融合，有效地推动了以国家级科学数据中心为依托的科研模式变革，基于国家级科学数据中心开展联合科学研究成为一个新兴的模式。

# 参 考 文 献

高孟绪，王瑞丹，王超，等 . 2019. 关于国家科学数据中心建设与发展的思考 ［J］. 农业大数据学报，（3）：21-27.

黄铭瑞，李国庆，李静，等 . 2019. 国家科学数据中心管理模式的国际对比研究 ［J］. 农业大数据学报，（4）：14-29.

黄雨婷，傅文奇 . 2020. 日本政府数据开放的政策保障及其启示 ［J］. 数字图书馆论坛，（9）：9-17.

李重照，黄璜 . 2019. 英国政府数据治理的政策与治理结构 . 电子政务，（1）：20-31.

李卉，国佳宁，李前 . 2022. GDPR 下法国与比利时的个人数据保护监管实践与启示——基于信息生态系统理论 ［J］. 国际经济法学刊，（3）：17-27.

凌晓良，LEE Belbin，张洁，等 . 2007. 澳大利亚南极科学数据管理综述 ［J］. 地球科学进展，（5）：532-539.

炼石 . 2022. 国外数据安全政策研究报告（2022 年）［R］. 北京：国浩律师（北京）事务所 .

刘文浩，郑军卫，赵纪东，等 . 2017. 德国 GFZ 国家实验室管理模式及其对我国的启示 ［J］. 世界科技研究与发展，39（3）：225-231.

刘闯，王正兴 . 2002. 美国全球变化数据共享的经历对我国公益性科学数据共享决策的启示 ［J］. 地球科学进展，17（1）：151-157.

刘敬仪，江洪，廖宇 . 2019. 德国地球科学领域科学数据中心调查与启示 ［J］. 数字图书馆论坛，（12）：52-58.

刘悦心，王克萍，李慧瑜，等 . 2021. 大数据时代下德国数据权利保护的研究 ［J］. 上海法学研究集刊，（14）：179-186.

柳宝玲，祁延莉 . 2001. 韩国数据库产业现状与分析 ［J］. 图书情报工作，（4）：58-62.

马晓悦，黄思佳，李菲，等 . 2022. 法国数据治理：发展脉络、体系建设与经验启示 ［J］. 法国研究，（4）：3-18.

山地一祯，李颖 . 2021. 日本国立信息研究所研究数据基础设施概述 ［J］. 情报工程，（1）：4-10.

石蕾，高孟绪，徐波，等 . 2022. 欧美建设发展科学数据中心的经验及对我国的启示 ［J］. 中国科技资源导刊，54（3）：31-36，110.

王正兴，刘闯 . 2002. 美国国有数据与信息共享的法律基础 ［J］. 图书情报工作，（6）：60-63，47.

王静，马慧勤 . 2018. 英国科学数据管理概述 ［J］. 全球科技经济瞭望，33：33-38.

王融.2016. 欧盟数据保护通用条例详解［J］. 大数据，2（4）：93-101.

王瑞丹，陈祖刚，石蕾，等.2022. 复杂场景下科学数据中心运行状况评价模型研究［J］. 中国科技资源导刊，54（2）：27-34，64.

王英.2020. 澳大利亚国家档案馆信息治理政策体系研究［J］. 浙江档案，（11）：26-29.

卫北.2015. 韩国企业如何保护知识产权——中韩双方对于知识产权之作为［J］. 华东科技，356（10）：28-31.

张娟，张志强，阮伟男，等.2021. 科技强国最新数据战略及其实施态势分析［J］. 世界科技研究与发展，43（3）：286-298.

张涛，张莹秋.2022. 俄罗斯国家数据安全治理的机制建设［J］. 俄罗斯学刊，12（2）：48-66.

赵晟.2020. 大数据时代个人信息行政法保护的域外考察与启示——以美国，日本个人信息保护为视角［J］. 黑龙江省政法管理干部学院学报，（2）：17-21.

郑乐锋.2021. 韩国数据治理方式：世界在线率最高国家如何打造第三条道路［J］. 信息安全与通信保密，（12）：45-53.

周雷，杨萍，袁汝兵.2020. 德国科研数据基础设施的构建模式及启示［J］. 图书情报工作，64（21）：140-150.

周雷，袁汝兵，燕娜，等.2022. 基于国家项目视角下的德国科研数据管理发展及启示［J］. 情报志，41（1）：149-155.

Kim S. 2018. Global data repository status and analysis：Based on Korea，China and Japan data in re3data. org［J］. International Journal of Knowledge Content Development & Technolog，18（1）：79-89.

Koronen C. 2018. Demand-response potential of large-scale data centers in Europe 2030［D］. Sweden：Lunds Universitet.

Sang-Un Ahn. 2017. GSDC：A unique data center in Korea for HEP research［J］. 46th International Symposium on Multiparticle Dynamics，141：03009.

Wani Z A，Ayoub A，Kashtwari D M. 2018. Open access repositories a case study of BRICS nations［D］. Noida，India：2018 5th International Symposium on Emerging Trends and Technologies in Libraries and Information Services：121-127.

# 附　　录

## 附表1　美国国家级科学数据中心发展态势叙词

| 序号 | 英文简称 | 英文全称 | 中文 |
|---|---|---|---|
| 1 | NASA | National Aeronautics and Space Administration | 美国国家航空与航天局 |
| 2 | DAACs | Distributed Active Archive Centers | 数据档案中心群 |
| 3 | OSTP | Office of Science and Technolo-gy Policy | 美国国会授权科学与技术政策办公室 |
| 4 | NOAA | National Oceanic and Atmospheric Administration | 美国国家海洋与大气管理局 |
| 5 | USGS | United States Geological Survey | 美国地质调查局 |
| 6 | NIH | National Institutes of Health | 美国国立卫生研究院 |
| 7 | ASDC | Atmospherie Science Data Center | 国家大气科学数据中心 |
| 8 | GES DISC | Goddard Earth Sciences Data and Information Services Center | 戈达德地球科学数据和信息服务中心 |
| 9 | CDDIS | Crustal Dynamics Data Information System | 地壳动力学数据信息系统 |
| 10 | ASF | Alaska Satellite Facility Distributed Active Archive Centers | 阿拉斯加卫星设施分布式活动档案中心 |
| 11 | GHRC | Global Hydrometeorology Resource Center | 全球水文气象资源中心 |
| 12 | NSIDC | National Snow and Ice Data Center | 国家雪冰数据中心 |
| 13 | OBPG | Ocean Biology Processing Group | 海洋生物学处理组 |
| 14 | NSSDC | National Space Science Data Cente | 国家空间科学数据中心 |
| 15 | ORNL DAAC | Oak Ridge National Laboratory Distributed Active Archive Center | 橡树岭国家实验室生物地球化学动力学分布式活动档案中心 |
| 16 | SEDAC | Socioeconomic Data and Applications Center | 社会经济数据和应用中心 |
| 17 | LAADS DAAC | Level-1 and Atmosphere Archive & Distribution System Distributed Active Archive Center | 一级大气档案和分发系统分布式主动存档中心 |
| 18 | PO. DAAC | Physical Oceanography Distributed Active Archive Center | 物理海洋学分布式主动档案中心 |

| 序号 | 英文简称 | 英文全称 | 中文 |
|---|---|---|---|
| 19 | LP DAAC | Land Processes Distributed Active Archive Center | 陆地进程分布式主动存档中心 |
| 20 | NCAR | National Center for Atmospheric Research | 国家大气研究中心 |
| 21 | EOL | Earth Observation Laboratory | 地球观测实验室 |
| 22 | HAO | High Altitude Observatory | 高山天文台 |
| 23 | NCEI | National Centers for Environmental Information | 国家环境信息中心 |
| 24 | NGDC | National Geophysical Data Center | 国家地球物理数据中心 |
| 25 | NCDC | National Climatic Data Center | 国家气候数据中心 |
| 26 | NODC | National Oceanographic Data Center | 国家海洋数据中心 |
| 27 | NESDIS | National Environmental Satellite Data and Information Service | 国家环境卫星数据信息服务中心 |
| 28 | NCBI | National Center for Biotechnology Information | 国家生物技术信息中心 |
| 29 | LHNCBC | Lister Hill National Center for Biomedical Communications | 利斯特山国家生物医学通信中心 |
| 30 | NLM | National Library of Medicine | 国家医学图书馆 |
| 31 | EROS | Earth Resources Observation and Science Center | 地球资源观测与科学 |
| 32 | NEIC | National Earthquake Information Center | 国家地震信息中心 |
| 33 | WRC（WSC） | Water Resources（Science）Center | 水资源（科学）中心 |
| 34 | NSF | National Science Foundation | 国家科学基金会数据同化研究部 |
| 35 | WRSIC | Water Resources Scientific Information Center | 水资源科学信息中心 |
| 36 | CIESIN | Center for International Earth Science Information Network | 哥伦比亚大学国际地球科学信息网络中心 |
| 37 | NERSC | National Energy Research Scientific Computing Center | 国家能源研究科学计算中心 |
| 38 | OSTI | Office of Scientific and Technical Information | 科技信息办公室 |
| 39 | | CyVerse | 美国协同数据驱动发现的开放科学工作区 |
| 40 | AGRICOLA | Agricultural Online Access | 国家农业图书馆数据库 |

续表

| 序号 | 英文简称 | 英文全称 | 中文 |
|---|---|---|---|
| 41 | ED Data Express | Education Data Express | 教育部数据服务平台 |
| 42 | HHS Data Council | Health and Human Services Data Council | 卫生与公众服务数据委员会 |
| 43 | BTS | Bureau of Transportation Statistics | 美国交通部数据中心 |
| 44 | | Data Government | 政府开放数据平台 |
| 45 | Harvard-MIT Data Center | Harvard-Massachusetts Institute of Technology Data Center | 哈佛–麻省理工学院数据中心 |
| 46 | | Roper Centre, Cornell University | 康奈尔大学罗珀中心 |
| 47 | NARA | National Archives and Records Administration | 国家档案和记录管理局数据中心 |
| 48 | VIPERdb | VIrus Particle ExploreR data base | 病毒粒子资源管理器数据库 |
| 49 | MTB Database | Mouse Tumor Biology Database | 小鼠肿瘤生物学数据库 |
| 50 | COSMIC | Catalogue Of Somatic Mutations In Cancer | 数据分析和归档中心 |
| 51 | BICC Data-base | Biochemically, Genetically and Genomically Database | 加利福尼亚大学 BIGG 数据中心 |
| 52 | FED | Federal Environmental Database | 联邦土地管理局环境数据库 |
| 53 | CCDB | Cell Center Database | 细胞中心数据库 |
| 54 | CGD | Candida Genome Database | 念珠菌基因组数据库 |
| 55 | PATRIC | Pathosystems Resource Integration Center | 美国病原体系统资源整合中心 |
| 56 | | NASA Life Sciences Data Archive | 美国国家航空航天局生命科学数据档案 |
| 57 | PGC | Polar Geospatial Center | 极地地理空间中心 |
| 58 | USGCRP | U. S. Global Change Research Program | 美国全球变化研究计划 |
| 59 | HHS | Health and Human Services | 卫生与公众服务委员会 |
| 60 | DOE | Department of Energy | 美国能源部 |
| 61 | DHS | Department of Homeland Security | 美国国土安全部 |
| 62 | DOD | Department of Defense | 美国国防部 |
| 63 | WOS | Web of Science | 全球引文数据库 |
| 64 | OMB | Office of Management and Budget | 白宫管理和预算办公室 |
| 65 | DMP | Data Management Platform | 数据管理计划 |
| 66 | FOIA | Freedom of Information Act | 《信息自由法》 |
| 67 | WDC | World Data Center | 世界冰川学数据中心 |
| 68 | GCDIS | Global Change Data and Information System | "全球变化数据信息网络" |

| 序号 | 英文简称 | 英文全称 | 中文 |
|------|----------|----------|------|
| 69 | IBM | International Business Machines Corporation | 国际商业机器公司 |
| 70 | SaaS | Software as a Service | 软件服务 |
| 71 | HIPAA | Health Insurance Portability and Accountability Act | 《健康信息可携性和责任法案》 |
| 72 | CCPA | California Consumer Privacy Act | 《加利福尼亚州消费者隐私法案》 |
| 73 | NIWA | National Institute of Water & Atmospheric Research | 新西兰气候、淡水和海洋科学 |
| 74 | ECCC | Environment and Climate Change Canada | 加拿大环境和气候变化 |
| 75 | BoM | Bureau of Meteorology Australia | 澳大利亚气象局 |
| 76 | WMO | World Meteorological Organization | 世界气象组织 |
| 77 | ELOKA | Exchange for Local Observations and Knowledge of the Arctic | 北极观测和当地知识交流 |

## 附表 2　英国国家级科学数据中心发展态势叙词表

| 序号 | 简称 | 外文全称 | 中文全称 |
|------|------|----------|----------|
| 1 | UK PDC | Professional Darts Corporation | 英国极地数据中心 |
| 2 | UKSA | UK Space Agency | 英国航天局数据中心 |
| 3 | PHE | Public Health England | 英格兰公共卫生局数据中心 |
| 4 | BADC | British Atmospheric Data Centre | 英国大气数据中心 |
| 5 | NRSC | National Remote Sensing Centre | 英国国家遥感中心 |
| 6 | NOC | National Oceanography Centre | 英国国家海洋学研究中心 |
| 7 | CABI | Centre for Agriculture and Bioscience International | 英国国际应用生物科学中心数据库 |
| 8 | Data Innovation | Data Innovation | 数据市场 |
| 9 | BGS（NGDC） | British Geological Survey（National Geoscience Data Centre） | 英国地质调查局国家地球科学数据中心 |
| 10 | UK PDC | Professional Darts Corporation | 英国极地数据中心 |
| 11 | RSC | Royal Society of Chemistry | 英国皇家化学学会数据库 |
| 12 | NSDC | National Space Defense Center | 英国国家科学数据中心体系 |
| 13 | EBI | European Bioinformatics Institute | 英国欧洲生物信息学研究所 |
| 14 | UK NHS Hospital Database | UK NHS（National Health Service）Hospital Database | 英国 NHS 医院数据库 |

| 序号 | 简称 | 外文全称 | 中文全称 |
|---|---|---|---|
| 15 | IOP | Institute of Physics | 英国皇家物理学会 |
| 16 | DCC | Data Communications Company | 英国数字保存中心 |
| 17 | UK Data Archive Center | UK Data Archive Center | 英国数据档案中心 |
| 18 | UKSSDC | UK Solar System Data Centre | 英国太阳能系统数据中心 |
| 19 | EIDC | Environmental Information Data Centre | 环境信息数据中心 |
| 20 | EODC | Collaboration for Earth Observation | 地球观测数据中心 |
| 21 | GEL | Genomics England Limited | 英格兰基因组学数据中心 |
| 22 | UKB | UK Biobank | 英国生物样本库 |
| 23 | LSB | Lausanne Sample Bank | 洛桑样本库 |
| 24 | NASC | National Access & Scaffolding Confederation | 诺丁汉拟南芥储存中心 |
| 25 | CDS | The National Chemical Database Service | 国家化学数据库服务 |
| 26 | CCDC | Cambridge Crystallographic Data Centre | 剑桥晶体学数据中心 |
| 27 | OADC | Oregon Association of Defense Counsel | SASSCAL 开放存取数据中心 |
| 28 | FOIA | Freedom of Information Act | 《信息自由法》 |
| 29 | PFA | Protection of Freedom | 《自由保护法》 |
| 30 | DPA | Data Protection Act 1998 | 《数据保护法》 |
| 31 | PRA | Public Records Act | 《公共记录法》 |
| 32 | GDS | Government Digital Service | 政府数字服务局 |
| 33 | PSTB | Public Sector Transparency Board | 公共部门透明委员会 |
| 34 | NII | National Information Infrastructure | 国家信息基础设施计划 |
| 35 | BIS | Department for Business, Innovation and Skills | 英国商业、创新和技能部 |
| 36 | UKRI | UK Research and Innovation | 英国研究与创新局 |
| 37 | EPSRC | Engineering & Physical Sciences Research Council | 英国工程和物理科学委员会 |
| 38 | Alan Turing Instiute | Alan Turing Instiute | 阿兰·图灵研究所 |
| 39 | Data Market | Data Market | 数据市场 |
| 40 | NERC | Natural Environment Research Couxncil | 自然环境研究委员会 |
| 41 | NGDC | National Geoscience Data Centre | 英国国家地球科学数据中心 |
| 42 | BGS | British Geological Survey | 英国国家地质调查局 |
| 43 | DCMS | Department for Culture, Media and Sport | 英国数字、文化、媒体和体育部 |
| 44 | UK Digital Strategy | UK Digital Strategy | 《英国数字战略》 |

| 序号 | 简称 | 外文全称 | 中文全称 |
|---|---|---|---|
| 45 | JISC | Joint Information Systems Committee | 英国联合信息系统委员会 |
| 46 | RCUK | UK Research Councils | 英国研究理事委员会 |
| 47 | OA | Open Access | 开放存取 |
| 48 | NERC | Natural Environment Research Council | 自然环境研究委员会 |
| 49 | NCLRI | National Capability Large Research Infrastructure | 国家能力大型研究基础设施 |

### 附表 3　德国国家级科学数据中心发展态势叙词表

| 序号 | 简称 | 外文全称 | 中文全称 |
|---|---|---|---|
| 1 | Re3data | Registry of Research Data Repositorie | 科学数据仓储注册系统 |
| 2 | DFG | Deutsche Forschungsgemeinschaft | 德国科学基金会/德国研究联合会 |
| 3 | WOS | Web Of Science | 科学网 |
| 4 | HGF | Helmholtz Association of German Research Centres/Helmholtz- Gemeinschaft Deutscher Forschungszentren | 亥姆霍兹联合会 |
| 5 | — | DPG- MARINE | 德国海洋研究数据门户 |
| 6 | RKI | Robert Koch- Institut | 罗伯特科赫研究所 |
| 7 | FDZ RKI | Forschungsdatenzentrum des Robert Koch- Instituts | 德国罗伯特科赫研究所科学数据中心 |
| 8 | FZJ | Forschungszentrum Juelich | 德国尤里希研究中心 |
| 9 | RTDR | Reanalysis Tropopause Data Repository | 德国对流层顶再分析数据存储库 |
| 10 | IANUS | Forschungsdatenzentrum für Archäologie & Altertumswissenschaften | 德国国家考古和古典科研科学数据中心 |
| 11 | WSI | Walter Schottky Institute | 沃尔特肖特特基研究所（纳米技术与纳米材料研究中心） |
| 12 | — | WSI Datenzentrum | WSI 数据中心 |
| 13 | FDZ | Research Data Centre/Forschungsdatenzentrum | 研究中心 |
| 14 | RDC | STATISTISCHEAMTERDES BUNDES UND DER LANDERFORSCHUNGS- DATENZENTREN | 联邦统计局和国家的科学数据中心 |
| 15 | GFZ | Helmholtz- Centre Potsdam- German Research Centre for Geosciences | 亥姆霍兹波茨坦中心/德国地学中心（原名：德国波茨坦地学研究中心） |

| 序号 | 简称 | 外文全称 | 中文全称 |
|---|---|---|---|
| 16 | ISDC | The Information System and Data Center | 德国信息系统与数据中心 |
| 17 | ZFMK | Zoologischen Forschungsmuseums Alexander Koenig | 波恩亚历山大·柯尼希动物研究博物馆 |
| 18 | — | ZFMK Biodiversity Data Center | 德国生物多样性数据中心 |
| 19 | ZfKD | Zentrum für Krebsregisterdaten | 德国癌症登记数据中心 |
| 20 | DJI | Deutsches Jugendinstitut | 德国青年研究所 |
| 21 | — | DJI-Daten | 德国青年研究所科学数据中心 |
| 22 | WDC-Climate | World Data Center for Climate (Germany) | 世界气候数据中心（德国） |
| 23 | GDCC | GermanData Center for Climate | 德国气候数据中心 |
| 24 | ISO | THE INFRARED SPACE OBSERVATORY | 红外空间天文台 |
| 25 | ISODA | Iso Data Archive | 德国红外空间天文台数据档案 |
| 26 | — | EUROLAS | 优罗拉斯 |
| 27 | EDC | EUROLAS Data Center | 欧洲（优罗拉斯）数据中心 |
| 28 | KCDC | KASCADE Cosmic-ray Data Centre | 德国卡斯卡德宇宙线数据中心 |
| 29 | FDZ-DZHW | The Research Data Centre for Higher Education Research and Science Studies | 德国高等教育研究和科学数据中心 |
| 30 | GML | GermanMicrodata Lab | 德国微数据实验室 |
| 31 | GNSS-ISDC | GlobalNavigation Satellite System-Information System and Data Center | 全球导航卫星系统-信息系统和数据中心 |
| 32 | WDC-RSAT | The World Data Center for Remote Sensing of the Atmosphere | 世界大气遥感数据中心 |
| 33 | Köln ZKS | Zentrum für Klinische Studien Köln | 德国科隆临床试验中心 |
| 34 | LMU IFO | LUDWIG-MAXIMILIANS-UNIVERSITATMUNCHEN Institute for Finance & Banking | 路德维希-马克西米利安大学金融与银行研究所 |
| 35 | EBDC | Economics & Business Data Center | LMUifo 经济与商业数据中心 |
| 36 | GBIF | Global Biodiversity Information Facility | 全球生物多样性信息机构 |
| 37 | GGBN | Global Genome Biodiversity Network | 全球基因组生物多样性网络 |
| 38 | WMO | World Meteorological Organization | 世界气象组织 |
| 39 | GPCC | Global Precipitation Climatology Centre | 全球降水气候学中心 |

| 序号 | 简称 | 外文全称 | 中文全称 |
|---|---|---|---|
| 40 | BAuA | Bundesanstalt für Arbeitsschutz und Arbeitsmedizin | 联邦职业安全与健康研究中心 |
| 41 | HZSK | Hamburger Zentrum für Sprachkorpora | 德国汉堡语言语料库数字存储中心 |
| 42 | ICDC | Integrated Climate Data Center | 综合气候数据中心 |
| 43 | PIAAC | Programme for the International Assessment of Adult Competencies | 国际成人能力评估计划 |
| 44 | — | Forschungsdatenzentrum PIAAC bei GESIS | PIAAC 科学数据中心 |
| 45 | eLabour | Interdisciplinary center for qualitative research data from the sociology of work | 社会学跨学科定性数据研究中心 |
| 46 | — | Gaia-X | 盖亚-X（基于欧洲价值观制定数字治理的倡议） |
| 47 | GEK | Gemeinsame Wissenschaftskonferenz, | 德国科学联席会议 |
| 48 | NFDI | National Research Data Infrastructure | 国家科研数据基础设施 |
| 49 | BDSG | Germany's Bundesdatenschutzgesetz | 《联邦数据保护法》 |
| 50 | GDPR | General Data Protection Regulation | 《通用数据保护条例》 |
| 51 | IUKDG | Informations Und Kommunikations Dienste Gesetz | 《多媒体法》 |
| 52 | — | The Tele-Service Act | 《远程服务法》 |
| 53 | — | The Data Protection Act | 《数据保护法》 |
| 54 | — | The Digital Signature Act | 《数字签名法》 |
| 55 | IGB | The Leibniz Institute of Freshwater Ecology and Inland Fisheries | 莱布尼茨淡水生态和内陆渔业研究所 |
| 56 | — | PANGAEA | 潘盖亚（地球与环境科学数据发布者） |
| 57 | GEOFON | GEOFOrschungsNetz | 全球地震宽带网络 |
| 58 | EOSC | European Open Science Cloud | 欧盟委员会欧洲开放科学云 |
| 59 | BMBF | Bundesministerium für Bildung und Forschung/Federal Ministry of Education and Research | 德国联邦教育和研究部 |
| 60 | GHGA | The German Human Genome-Phenome Archive | 德国人类基因组档案馆 |
| 61 | EGA | European Genome-phenome Archive | 欧洲基因组档案馆 |
| 62 | GA4GH | Global Alliance for Genomics and Health | 全球基因组学与健康联盟 |

| 序号 | 简称 | 外文全称 | 中文全称 |
|------|------|----------|----------|
| 63 | ECMWF | European Centre for Medium-Range Weather Forecasts | 欧洲中期天气预报中心 |
| 68 | data agile | — | 数据敏捷 |
| 69 | B2G | business-to-government | 企业对政府 |
| 70 | FDZ-BAuA | The Research Data Centre of the Federal Institute for Occupational Safety and Health | 德国联邦职业安全与健康研究中心 |

## 附表4　法国国家级科学数据中心发展态势叙词表

| 序号 | 简称 | 外文全称 | 中文全称 |
|------|------|----------|----------|
| 1 | CDPP | Centre de données de la physique des plasmas/Plasma physics data center | 等离子体物理数据中心 |
| 2 | RÉSIF | Résif Seismological Data Portal | 法国地震和大地测量网 |
| 3 | PNDB | Pôle National de Données de Biodiversité | 国家生物多样性数据中心 |
| 4 | Ifremer | Institut francais de recherche pour l'exploitation de la mer | 法国海洋开发研究所 |
| 5 | PADC | Paris Astronomical Data Center | 巴黎天文数据中心 |
| 6 | IPGP Data | Institut de Physique du Globe de Paris Data | 巴黎地球物理研究所数据中心 |
| 7 | CIRAD Dataverse | International Agricultural Development Research Collaboration Centre Dataverse | 国际农业发展研究合作中心数据空间 |
| 8 | CNES | Centre National D'Etudes Spatiales | 法国国家太空研究中心 |
| 9 | AllEnvi | L'Alliance nationale de recherche pour l'environnement | 国家环境研究联盟 |
| 10 | MNHN | Muséum National d'Histoire Naturelle | 国家自然历史博物馆 |
| 11 | IFREMER | Institut francais de recherche pour l'exploitation de la mer | 法国海洋开发研究所 |
| 12 | WDC | World Data Center | 世界数据中心 |
| 13 | CNRS | CentreNational de la Recherche Scientifique | 法国国家科学数据中心 |
| 14 | CIRAD | International Agricultural Development Research Collaboration Centre | 国际农业发展研究合作中心 |
| 15 | RI | Research Instructure | 研究基础设施 |
| 16 | TGIR | Très Grande Infrastructure de Recherche | 超大型基础研究设施 |

| 序号 | 简称 | 外文全称 | 中文全称 |
|---|---|---|---|
| 17 | IR | Infrastructure de Recherche | 基础研究设施 |
| 18 | GAIA | Global Astrometric Interferometer for Astrophysics | 盖亚全天天体测量干涉仪 |
| 19 | PIA3 | the 3rd Future Investment Programme | 第三届未来投资计划 |
| 20 | CESBIO | Center for the Study of the Biosphere from Space | 太空生物圈研究中心 |
| 21 | CES | International Consumer Electronics Show | 国际消费类电子产品展览会 |
| 22 | ISTerre | Institut des Sciencesde la Terre | 地球科学研究所 |
| 23 | SISMER | Scientific Information Systems for the Sea | 海洋科学信息系统 |
| 24 | GENAVIR | Gestion des navires de recherche | 科考船管理 |
| 25 | FFP | Falsification, Fabrication, and Plagiarism | 伪造、捏造和抄袭 |
| 26 | RIS | Research integrity consultant | 科学诚信顾问 |
| 27 | MIS | — | 科学诚信团 |
| 28 | GEO | Group on Earth Observations | 地球观测组织 |
| 29 | ODIP2 | Extending the Ocean Data Interoperability Platform | 扩展海洋数据互操作性平台 |
| 30 | — | SeaDataNet／SeaDataCloud | 泛欧海洋和海洋数据管理基础设施 |
| 31 | — | GO FAIR | 走向"FAIR"倡议 |
| 32 | FAIR | Findable、Accessible、Interoperable、Reusable | 可发现、可访问、可互操作、可重用 |
| 33 | GFISCO | GO FAIR International Support and Coordination Office | 国际支持与协调办公室 |
| 34 | — | OPTIMIZE ROUTE | 优化路线项目 |
| 35 | LPO/LOS | LPO（Ocean Physics Laboratory）and LOS（Spatial Oceanography Laboratory） | 海洋物理实验室和空间海洋学实验室 |
| 36 | TA | Transnational Access | 跨国访问 |
| 37 | VA | Virtual Access | 虚拟访问 |
| 38 | NA | Tools and Network Activity Access | 工具和网络活动 |
| 39 | URS | Under Represented countries | 代表性不足的国家 |
| 40 | VESPA | — | 行星科学虚拟天文台 |
| 41 | GMAP | — | 行星测绘门户 |
| 42 | ML | Machine Learning | 机器学习 |

| 序号 | 简称 | 外文全称 | 中文全称 |
|---|---|---|---|
| 43 | ERA | European Research Area | 欧洲研究区 |
| 44 | INSU | Institute for Earth Sciences and Astronomy | 地球科学与天文研究所 |

### 附表5　加拿大国家级科学数据中心发展态势叙词表

| 序号 | 简称 | 外文全称 | 中文全称 |
|---|---|---|---|
| 1 | COGWG | Canada Open Government Working Group | 加拿大开放政府工作组 |
| 2 | ATIP | Access to Information and Privacy | 调档系统 |
| 3 | CADC | Canadian Astronomy Data Centre | 加拿大天文数据中心 |
| 4 | NEDB | National Earthquake DataBase | 加拿大国家地震数据库 |
| 5 | HCDC | Historical Climate Data Canada | 加拿大历史气候数据库 |
| 6 | MEDS | Marine Environmental Data Section | 海洋环境数据中心 |
| 7 | NFD | National Forestry Database | 国家林业数据库 |
| 8 | GDRG | Geophysical Data | 地球物理数据的地球科学数据库 |
| 9 | OECD | Organisation for Economic Co- operation and Development | 经济合作与发展组织 |
| 10 | CIHR | Canadian Institutes of Health Research | 加拿大国立卫生研究院 |
| 11 | NSERC | Natural Sciences and Engineering Research Council of Canada | 加拿大自然科学与工程研究理事会 |
| 12 | SSHRC | Social Sciences and Humanities Research Council | 加拿大社会科学与人文研究理事会 |
| 13 | CFHT | Canada- France- Hawaii- Telescope | 加法夏望远镜 |
| 14 | DAO | Dominion Astrophysical Observatory | 自治领天体物理台 |
| 15 | TMT | Thirty Meter Telescope | 三十米望远镜 |
| 16 | SKA | Square Kilometre Array | 平方公里阵列 |
| 17 | CFS | Canadian Forest Service | 加拿大自然资源部的加拿大林业局 |
| 18 | CCFM | Canadian Council of Forest Ministers | 加拿大森林部长理事会 |
| 19 | SSC | Shared Services Canada | 加拿大共享服务 |
| 20 | DCMI | Dublin Core Metadata Initiative | 都柏林核心元数据倡议 |
| 21 | WCMS | Web Content Management System | Web 内容管理系统 |
| 22 | API | Application Programming Interface | 应用程序接口 |
| 23 | HST | Hubble Space Telescope | 哈勃太空望远镜 |

| 序号 | 简称 | 外文全称 | 中文全称 |
|---|---|---|---|
| 24 | FITS | Flexible Image Transport System | 各天文台之间用于数据传输、交换的统一标准格式 |
| 25 | ESO | European Southern Observatory | 欧洲南方天文台 |
| 26 | ST-ECF | Space Telescope-European Coordinating Facility | 太空望远镜-欧洲合作研究所 |
| 27 | STscl | Space Telescope Science Institute | 太空望远镜科学研究所 |
| 28 | DADS | Deployable Autonomous Distributed System | 部署自治分布式的系统 |
| 29 | ASCII | American Standard Code for Information Interchange | 基于拉丁字母的一套电脑编码系统 |

### 附表6 澳大利亚国家级科学数据中心发展态势叙词表

| 序号 | 简称 | 外文全称 | 中文全称 |
|---|---|---|---|
| 1 | NXT | NEXTDC | 数据中心运营商 |
| 2 | AAPT | Australian Association for Psychological Type | 澳大利亚心理类型协会 |
| 3 | — | Extreme Networks | 交换机品牌 |
| 4 | MPLS | Multi-Protocol Label Switching | 多协议标签交换，是一种在开放的通信网上利用标签引导数据高速、高效传输的新技术 |
| 5 | AADC | Australian Antarctic Data Centre | 澳大利亚南极数据中心 |
| 6 | RSRC | Remote Sensing Research Centre | 澳大利亚遥感研究中心 |
| 7 | — | The CSIRO Climate Science Centre | CSIRO 气候科学中心 |
| 8 | PHRN | Population Health Research Network | 澳大利亚人口健康研究网络 |
| 9 | ONDC | Office of the National Data Commissioner | 国家数据专员办公室 |
| 10 | CBDRH | Centre for Big Data Research in Health | 澳大利亚健康大数据研究中心 |
| 11 | WDC | The World Data Centre | 世界空间天气数据中心 |
| 12 | MCDS | Melbourne Centre for Data Science | 墨尔本数据科学中心 |
| 13 | GA | Geoscience Australia | 澳大利亚地球科学局 |
| 14 | CBRN | Australian Chemical, Biological, Radiological and Nuclear Data Centre | 澳大利亚化学、生物、放射和核数据中心 |
| 15 | GWDC | Gravitational Wave Data Centre | 澳大利亚引力波数据中心 |

| 序号 | 简称 | 外文全称 | 中文全称 |
|------|------|---------|---------|
| 16 | — | Academy of the Social Sciences in Australia | 澳大利亚社会科学院 |
| 17 | ACIAR | Australian Centre for International Agricultural Research | 澳大利亚国际农业研究中心 |
| 18 | — | Pawsey Supercomputing Research Centre | 澳大利亚波西超级计算研究中心 |
| 19 | ADSN | Australian Data Science Network | 澳大利亚数据科学网络 |
| 20 | SKA | Square Kilometre Array | 天文望远镜数据平台 |
| 21 | AAP | Australian Antarctic Program | 澳大利亚南极计划 |
| 22 | SCADM | Standing Committee on Antarctic Data Management | 南极数据管理常设委员会 |
| 23 | SCAR | The Scientific Committee on Antarctic Research | 南极研究科学委员会 |
| 24 | DSMP | Data storage and management policy | 数据存储和管理政策 |
| 25 | UWA | The University of Western Australia | 西澳大利亚大学 |
| 26 | VERS | Victorian Electronic Records Strategy | 维多利亚州电子记录策略 |
| 27 | NSW | NewSouth Wales Digital Archive | 新南威尔士数字档案馆 |
| 28 | FAIR | Findable、Accessible、Interoperable Reusable | 可查找、可访问、可互操作、可重用 |
| 29 | ANDS | Australian National Data Service | 澳大利亚国家数据服务中心 |
| 30 | ARDC | Australian Research Data Commons | 澳大利亚研究数据共享 |
| 31 | NCRIS | National CollaborativeResearch Infrastructure Strategy | 国家合作研究基础设施战略 |
| 32 | NRI | National research infrastructure | 国家研究基础设施 |
| 33 | Access-NRI | Access-NRI | 澳大利亚地球系统模拟器 |
| 34 | HASS | Humanities, arts and social sciences | 人文、艺术、社会科学 |
| 35 | MWA | Microbiome/Metagenome-wide association studies | 微生物组关联分析 |
| 36 | eDNA | Environment DNA | 环境 DNA |
| 37 | BAE | BAE Systems | BAE 系统公司 |
| 38 | HSE | Health、Safety、Environment | 健康、安全和环境三位一体的管理体系 |
| 39 | SIBA | Space Industry Business Alliance | 空间产业商业联盟 |
| 40 | PSMA | Publicserives map agency | 公众地图代理机构 |

| 序号 | 简称 | 外文全称 | 中文全称 |
|------|------|----------|----------|
| 41 | VSDI | Victorian Spatial Data Infrastructure | 维多利亚州空间数据基础设施 |
| 42 | OSP | Office of Space Policy | 空间政策办公室 |
| 43 | AGIMO | Australian Government Information Management Office | 政府信息管理办公室 |
| 44 | NHMRC | National Healthand Medical Research Council | 国家健康与医学研究理事会 |
| 45 | ARC | Australian Research Council | 澳大利亚研究理事会 |
| 46 | DISR | Department of Industry, Science and Resources | 澳大利亚政府科学、工业和资源部 |
| 47 | IP Australian | Australian intellectual property | 澳大利亚知识产权局 |
| 48 | ACSRF | Australia-China Scientific Research Fund | 澳中科学研究基金 |
| 49 | ERICA | Electronic research institutions cloud architecture | 电子研究机构云架构 |
| 50 | AWS | Amazon Web Services | 亚马逊云科技 |
| 51 | DACoE | Data Analytics Centre of Excellence | 卓越数据分析中心 |
| 52 | RDA | Research Data Alliance | 研究数据联盟 |

### 附表 7 俄罗斯国家级科学数据中心发展态势叙词表

| 序号 | 简称 | 外文全称 | 中文全称 |
|------|------|----------|----------|
| 1 | Roshydromet | The Russian Federal Service for Hydrometeorology and Environmental Monitoring | 俄罗斯联邦水文气象和环境监测局 |
| 2 | FAPSI/FAGCI | Federal Agency of Government Communications and Information | 联邦通信部与联邦政府通信与信息署 |
| 3 | RFNC-VNIIEF | All-Russian Scientific Research Institute of Experimental Physics | 俄罗斯联邦核中心 |
| 4 | ISTC | International Science and Technology Center | 国际科技合作中心 |
| 5 | INASAN | Institute of Astronomy of the Russian Academy of Sciences | 天文数据中心 |
| 6 | GC RAS | The Geophysical Center of the Russian Academy of Sciences | 地球物理数据中心 |
| 7 | WDC for M | World Data Centers in Meteorology | 世界气象数据中心 |

| 序号 | 简称 | 外文全称 | 中文全称 |
|---|---|---|---|
| 8 | WDC for O | World Data Centers in Oceanography | 世界海洋学数据中心 |
| 9 | RIHMI-WDC | All Russian Research Institute for Hydro-meteorological Information | 全俄水文气象信息研究所 |
| 10 | Bloomberg | Bloomberg | 彭博公司 |
| 11 | BSA | Business Software Alliance | BSA 软件联盟 |
| 12 | Roskomnadzor (RKN) | The Federal Service for Supervision of Communications, Information Technology and Mass Media | 俄罗斯电信/信息技术和大众传媒联邦监管局 |
| 13 | FSTEC | Federal Service for Technical and Export Control | 俄罗斯联邦技术和出口服务局 |
| 14 | FSS | Federal Security Service | 俄罗斯联邦安全局 |
| 15 | RGIN | Russian Government Internet Network | 因特网网段 |
| 16 | Nunn-Lugar | Nunn-Lugar | 努恩–卢格法案 |
| 17 | LANL | Los Alamos National Laboratory | 洛斯阿拉莫斯国家实验室 |
| 18 | ORNL | Oak Ridge National Laboratory | 美国橡树岭国家实验室 |
| 19 | LLNL | Lawrence Livermore National Laboratory | 劳伦斯利弗莫尔国家实验室 |
| 20 | PNNL | Pacific Northwest National Laboratory | 美国太平洋西北国家实验室 |
| 21 | PGI | Participating Institutions | 极地地球物理研究所 |
| 22 | WRDC | World Radiation Data Centre | 世界辐射数据中心 |
| 23 | ISGI | International Service of Geomagnetic Indices | 国际地磁指数数据服务 |
| 24 | SPECTR-W3 | SPECTR-W3 | 原子和离子光谱特性数据库 |

### 附表8　韩国国家级科学数据中心发展态势叙词表

| 序号 | 简称 | 外文全称 | 中文全称 |
|---|---|---|---|
| 1 | KISTI | Korea Institute of Science and Technology Information | 韩国科学技术信息研究所 |
| 2 | KRISS | Korea Research Institute of Standards and Science | 韩国标准科学研究院 |
| 3 | GSDC | Global Large Storage Experimental Data Center | 全球大容量实验数据中心 |
| 4 | KDC for SDO | Korean Data Center for Solar Dynamics Observatory | 韩国天文数据中心 |

| 序号 | 简称 | 外文全称 | 中文全称 |
|---|---|---|---|
| 5 | KODC | Korea Oceanographic Data Center | 韩国海洋数据中心 |
| 6 | KSDC | Korea Social Science Data Center | 韩国社会科学数据中心 |
| 7 | QCENTER | Quantum Information Research Support Center | 韩国量子信息研究支持中心 |
| 8 | KAERI | Korea Atomic Energy Research Institute | 韩国原子能研究所 |
| 9 | NDC | Nuclear Data Center | 核数据中心 |
| 10 | — | The National Project of Bio Big Data | 韩国生物大数据国家专项 |
| 11 | KPDC | Korea Polar Data Center | 韩国极地数据中心 |
| 12 | KORSTIC | Korea Scientific Technological In-formation Center | 韩国科学技术信息中心 |
| 13 | NIA | National Information Society Agency | 韩国信息化振兴院 |
| 14 | IMPC | International MousePhenotyping Consortium | 国际小鼠表型项目联盟 |
| 15 | SCADM | Standing Committee on Antarctic Data Management | 南极数据管理常设委员会 |
| 16 | SCAR | Scientific Commission on Antarctic Research | 南极研究科学委员会 |
| 17 | IOC | Intergovernmental Oceanographic Commission | 政府间海洋学委员会（海委会） |
| 18 | KOC | Korea Marine Science Commission | 韩国海洋科学委员会 |
| 19 | PIPA | The Personal Information Protection Act | 《个人信息保护法》 |
| 20 | GDPR | General Data Protection Regulation | 《通用数据保护条例》 |
| 21 | CIIP | Critical Information Infrastructure Policies | 《关键信息基础设施保护法》 |
| 22 | DMP | Data Management Plan | 数据管理计划 |
| 23 | IODE | International Ocean Data and Information Exchange | 海洋学数据和信息交换 |
| 24 | NEAR-GOOS | North-East Asian Regional Global Ocean Observing System | 东北亚区域全球海洋观测系统 |
| 25 | DIALOG | ProQuest DIALOG | ProQuest DIALOG 国际联机检索系统 |
| 26 | CTD | ComparativeToxicogenomics Database | 比较毒理基因组学数据库 |
| 27 | NTIS | National Technical Information Service | 国家技术社出版的报告文摘题录数据库 |
| 28 | Compendex | Compendex | 工程索引数据库 |
| 29 | DMDB | Korea National Delay Mode Database | 韩国国家延迟模式数据库 |
| 30 | AiiDA | Automated Interactive Infrastructure and Database for Computational Science | 科学计算自动化交互基础设施和数据库 |

| 序号 | 简称 | 外文全称 | 中文全称 |
|---|---|---|---|
| 31 | EXFOR | Experimental Nuclear Reaction Data | 核反应实验数据库 |
| 32 | OAI-PMH | Open Archive Initiative Protocol for Metadata Harvesting | 元数据收集开放档案倡议协议（OAI-PMH 元数据获取协议） |
| 33 | OpenDOAR | Directory of Open Access Repositories | 开放存取知识库目录 |
| 34 | ROAR | Registry of Open Access Repositories | 开放存取知识库注册系统 |
| 35 | DOI | Digital object Identifier | 数字对象唯一标识符 |
| 36 | re3data | REgistry of REsearch data REpositories | 科研数据知识库注册目录系统 |
| 37 | KAMP | Korea AI Manufacturing Platform | 韩国人工智能制造平台 |
| 38 | DOI | Digital Object Unique Identifier | 数字对象唯一标识符 |
| 39 | BNL | Block-Nested-Loops | 基于块的嵌套循环联接 |
| 40 | ENDF | Evaluated Nuclear Data File | 核数据评估文件 |
| 41 | AWS | Amazon Web Services | 亚马逊网络服务 |
| 42 | MUPS | Mobile User Portal Service | 移动用户门户服务 |
| 43 | DNA | Data · Network · Artificial Intelligence | 数据·网络·人工智能 |
| 44 | SaaS | Software as a Service | 软件即服务 |
| 45 | IaaS | Infrastructure as a Service | 基础设施即服务 |
| 46 | ICT | Information and Communication technologies | 信息和通信技术 |

### 附表9　日本国家级科学数据中心发展态势叙词表

| 序号 | 简称 | 外文全称 | 中文全称 |
|---|---|---|---|
| 1 | RCOS | Research Center for Open Science and Data Platform | 开放科学与数据平台研究中心 |
| 2 | NII | National Institute of Informatics | 日本国家情报研究所 |
| 3 | JODC | Japan Oceanographic Data Center | 日本海洋学数据中心 |
| 4 | METI | Ministry of Economy, Trade and Industry | 经济、贸易和工业部 |
| 5 | AWS | Amazon Web Services | 亚马逊网络服务 |
| 6 | SCJ | Science Council of Japan | 日本科学委员会 |
| 7 | TACC | Tsukuba Advanced Information Computing Center | 日本筑波尖端情报计算中心 |
| 8 | AIST | Advanced Industrial Science and Technology | 国立产业技术综合研究所 |
| 9 | PEDSC | Polar Environment Data Science Center | 日本极地环境科学数据中心 |

| 序号 | 简称 | 外文全称 | 中文全称 |
|---|---|---|---|
| 10 | KEGG | Kyoto Encyclopedia of Genes and Genomes | 京都基因和基因组百科全书 |
| 11 | IRDB | Institutional Repositories DataBase | 机构存储库数据库 |
| 12 | LTER | Long Term Ecological Research | 长期生态学研究 |
| 13 | ICT | Information Communication Technology | 信息通信技术 |

### 附表 10  南非国家级科学数据中心发展态势叙词表

| 序号 | 简称 | 外文全称 | 中文全称 |
|---|---|---|---|
| 1 | NRF | National Research Foundation | 国家研究基金会 |
| 2 | SANODC | South Africa National Oceanographic Data Centre | 南非国家海洋数据中心 |
| 3 | OADC | The Open Access Data Center | 南非开放存取数据中心 |
| 4 | COVID-19 | Coronavirus disease 2019 | 2019 冠状病毒病 |
| 5 | SKA | Square Kilometer Array | 射电望远镜 |
| 6 | SALT | South African Large Telescope | 南非大望远镜 |
| 7 | STI | Science, Technology and Innovation | 科学、技术和创新 |
| 8 | NSI | National System of Innovation | 国家创新体系 |
| 9 | ICT | Information and Communications Technology | 信息、通信和技术 |
| 10 | AOSP | African Open Science Platform | 非洲开放科学平台 |
| 11 | SADA | South African Data Archive | 南非数据档案馆 |
| 11 | SANParks | South African National Parks | 南非国家公园数据存储库 |
| 12 | DIRISA | The Data Intensive Research Initiative of South Africa | 南非数据密集型研究基础设施 |
| 13 | DFC | U. S. International Development Finance Corporation | 美国国际金融开发公司 |
| 14 | ADC | African Data Centre | 非洲数据中心 |
| 15 | IXP | Internet exchange point | 互联网交换点 |
| 16 | ISP | Internet Service Provider | 互联网服务商 |
| 17 | POPIA | Protection of Personal Information Act | 南非个人信息保护法 |
| 18 | | | |
| 19 | CODATA | Committee on Data for Science and Technology | 科学技术数据委员会 |
| 20 | PASTD | Preservation of and Access to Scientific and Technical Data | 发展中国家科学数据保藏与共享工作组 |

| 序号 | 简称 | 外文全称 | 中文全称 |
|---|---|---|---|
| 21 | OAI-PMH | Open Archives Initiative-Protocolfor Metadata Harvesting | 元数据收割服务协议 |
| 22 | UNGAID | United Nations Global Alliance for Information and Communication Technologies and Development | 联合国全球信息通讯技术与发展联盟 |
| 23 | EGI | European Grid Infrastructure | 欧洲网格基础设施 |
| 24 | GOSC | Global Open Science Cloud | 全球开放科学云 |
| 25 | SAOSC | South African Open Science Cloud | 南非开放科学云 |
| 26 | DSI | Department of Science and Innovation | 科学与创新部 |
| 27 | S&T | strategic science and technology | 战略性科学技术 |
| 28 | CERN | Conseil Européen pour la Recherche Nucléaire | 欧洲核子研究理事会 |
| 29 | HPCDPC | High Performance Computing Data Processing Centre | 高性能计算数据处理中心 |

### 附表 11  印度国家级科学数据中心发展态势叙词表

| 序号 | 简称 | 外文全称 | 中文全称 |
|---|---|---|---|
| 1 | SERB | Science and Engineering Research Board | 科学和工程研究委员会 |
| 2 | MeitY | Ministry of Electronics and Information Technology | 印度政府电子和信息技术部 |
| 3 | NDGFP | National Data Governance Framework Policy | 国家数据治理框架政策 |
| 4 | ISRO | Indian Space Research Organization | 印度空间研究组织 |
| 5 | DBT | Department of Biotechnology | 印度科技部生物技术局 |
| 6 | NEGP | National e-Governance Plan | 国家电子政务计划 |
| 7 | G2G | Government to Government | 政府对政府 |
| 8 | G2C | Government to Citizens | 政府对公民 |
| 9 | G2B | Government to Business | 政府对企业 |
| 10 | IT | Internet Technology | 互联网技术 |
| 11 | CRM | Customer Relationship Management | 客户关系管理 |
| 12 | SaaS | Software-as-a-Service | 软件即服务 |
| 13 | IaaS | Infrastructure-as-a-Service | 基础设施即服务 |
| 14 | NIC | National Informatics Centre | 印度国家信息中心 |

| 序号 | 简称 | 外文全称 | 中文全称 |
|------|------|----------|----------|
| 15 | BIMSTEC | The Bay of Bengal Initiative for Multi-Sectoral Technical and Economic Cooperation | 孟加拉湾多部门技术和经济合作倡议 |
| 16 | BCWC | BIMSTEC Centre for Weather and Climate | BIMSTEC 天气与气候中心 |
| 17 | CECA | Comprehensive Economic Cooperation Agreement | 澳大利亚–印度全面经济合作协定 |
| 18 | RLV LEX | Reusable Launch Vehicle Autonomous Landing Mission | 可重复使用的运载火箭自主着陆任务 |
| 19 | GSLVMk-Ⅲ | Geosynchronous Satellite Launch Vehicle Mark Ⅲ | 地球同步卫星运载火箭 Mark Ⅲ |
| 20 | PSLV | Polar Satellite Launch Vehicle | 极轨卫星运载火箭 |
| 21 | HRSAT | High Resolution Satellite | 高分辨率卫星 |
| 22 | RISAT | Radar Imaging Satellite | 雷达成像卫星 |
| 23 | DRDO | Defence Research and Development Organisation | 国防部国防研究与发展组织 |
| 24 | DDR&D | Directorate of Defense Research and Development | 以色列国防部国防研究与发展局 |

## 附表 12　巴西国家级科学数据中心发展态势叙词表

| 序号 | 简称 | 外文全称 | 中文全称 |
|------|------|----------|----------|
| 1 | IBICT | Brazilian Institute of Science and Technology Information | 巴西科学技术信息研究所 |
| 2 | CNPq | National Council For Scientific And Technological Development | 国家科学技术发展委员会 |
| 3 | BDEP | Exploration and Production Data Bank | 勘探与生产数据库 |
| 4 | INPE | National Institute for Space Research | 巴西国家空间研究所 |
| 5 | INMET | Instituto Nacional de Meteorologia | 巴西国家气象数据库 |
| 6 | BDC/UFPR | The Scientific Database of the Federal University of Paraná | 巴拉那联邦大学科学数据库 |
| 7 | BCB | Banco Central do Brasil | 巴西中央银行 |
| 8 | ANPD | Agency National Personal Data Protection | 国家个人数据保护局 |

| 序号 | 简称 | 外文全称 | 中文全称 |
|------|------|---------|---------|
| 9 | CNPD | National Personal Data and Privacy Protection Committee | 国家数据保护委员会 |
| 10 | FINEP | Financier of Studies and Projects | 技术创新与发展局 |
| 11 | CAPES | Coordination for the Improvement of Higher Education Personnel | 高等教育基金委员会 |
| 12 | AWS | Amazon Web Services | 亚马逊网络服务 |
| 13 | CEDAP | Peschisa Documentation Center | 佩斯基萨文献中心 |
| 14 | UFRGS | Universidade Federal do Rio Grande Do Sul | 南里奥格兰德联邦大学 |
| 15 | RNP | Rede Nacional de Ensino e Pesquisa | 巴西国家科研和教育网 |
| 16 | INPA | Instituto Nacional de Pesquisas da Amazônia | 亚马逊国家研究所 |
| 17 | JICA | Japan International Cooperation Agency | 日本国际协力机构 |
| 18 | PNPC | National Knowledge Platform Program | 国家知识平台计划 |
| 19 | ICT | Information Communication Technology | 信息通信技术 |

## 附表 13　英国国家海洋中心叙词表

| 序号 | 简称 | 外文全称 | 中文全称 |
|------|------|---------|---------|
| 1 | BODC | British Oceanographic Data Center | 英国海洋数据中心 |
| 2 | NOC | National Oceanography Centre | 英国国家海洋中心 |
| 3 | BODS | British Oceanographic Data Service | 英国海洋数据服务 |
| 4 | NODC | National Oceanography Data Centre | 英国国家海洋数据中心 |
| 5 | IOC | Intergovernmental Oceanographic Commission | 国际海洋学委员会 |
| 6 | NIO | National Institute of Oceanography | 国家海洋学研究所 |
| 7 | IOS | Institute of Oceanographic Sciences | 海洋科学研究所 |
| 8 | POL | The Proudman Oceanographic Laboratory | 普劳德曼海洋实验室 |
| 9 | NOCS | The National Oceanography Centre website | 南安普敦国家海洋中心 |
| 10 | NDPB | Non-Departmental Public Body | 非政府部门公共机构 |
| 11 | IOS（Wormley） | Institute of Oceanographic Sciences Wormley Laboratory | 海洋科学研究所 Wormley 实验室 |

| 序号 | 简称 | 外文全称 | 中文全称 |
|---|---|---|---|
| 12 | IOS（Bidston） | Institute of Oceanographic Sciences Bidston Laboratory | 海洋科学研究所 Bidston 实验室 |
| 13 | MSCC | Marine Science Co-ordination Committee | 英国海洋科学协调委员会 |
| 14 | NC | NERC National capability | NERC 国家能力 |
| 15 | ODA | Official Development Assistance | 官方发展援助 |
| 16 | ACCORD | | |
| 17 | NCSFD | National Capability Services, facilities and Data | 国家能力服务、设施和数据 |
| 18 | NCNPG | National Capability National Public Good | 国家能力国家公共产品 |
| 19 | NCLRI | National Capability Large Research Infrastructure | 国家能力大型研究基础设施 |

### 附表 14　德国地球科学数据中心叙词表

| 序号 | 简称 | 外文全称 | 中文全称 |
|---|---|---|---|
| 1 | GFZ | German Research Centre for Geosciences | 德国地球科学研究中心 |
| 2 | GRACE | Gravity Recovery and Climate Experiment | 重力恢复与气候实验 |
| 3 | GITEWS | German Indonesian Tsunami Early Warning System | 德国–印度尼西亚海啸预警系统 |
| 4 | HELGES | Helmholtz Lab for the Geochemistry of the Earth Surface | 亥姆霍兹地球表面地球化学实验室 |
| 5 | SIMS | Sekundary Ion Mass Spectrometer | Sekundary 离子质谱仪 |
| 6 | GEOBIOLAB | Helmholtz Laboratory for Integrated Geo-scientific-Biological Research | 亥姆霍兹综合地球科学生物学研究实验室 |
| 7 | BMBF | Bundesministerium für Bildung und Forschung | 德国联邦教研部 |
| 8 | MWFK | Ministerium für Wissenschaft, Forschung und Kultur | 科学、研究和文化部 |
| 9 | ERC | European Research Council | 欧洲研究委员会 |
| 10 | DFG | Deutsche Forschungsgemeinschaft | 德国科学基金会 |
| 11 | MESI | Modular Earth Science Infrastructure | 模块化地球科学基础设施 |

### 附表15　法国等离子体物理数据中心叙词表

| 序号 | 简称 | 外文全称 | 中文全称 |
|---|---|---|---|
| 1 | PNST | Programme National Soleil-Terre | 国家太阳岛计划 |
| 2 | ASOV | Action Spécifique Observatoire Virtuel | 美德行动特别观察站 |
| 3 | SITOOLS | Information System Tools | 信息系统工具 |
| 4 | SIPAD-NG | Système d'Information, de Préservation et d'Accès aux Données | 信息、保存和访问数据的系统 |
| 5 | IRAP | Institute de Recherche en Astrophysique et Planétologie | 天体物理学和行星学研究所 |
| 6 | LESIA | Laboratoire d'Etudes Spatiales et d'Instrumentation en Astrophysique | 空间研究和天体物理仪器实验室 |
| 7 | VO | Virtual Observatory | 虚拟天文台 |
| 8 | ESA | European Space Agency | 欧空局 |
| 9 | SSA | Space Situational Awareness | 空间态势感知 |
| 10 | H-ESC | Heliospheric Expert Service Centre | 日球层专家服务中心 |
| 11 | AMDA | Automate multi-dataset analysis | 自动化多数据集分析 |
| 12 | RI | Research Infrastructure | 研究基础设施 |
| 13 | IMPEx | Integrated Medium for Planetary Exploration | 行星探索综合介质 |

### 附表16　文献计量补充分析叙词表

| 序号 | 简称 | 外文全称 | 中文全称 |
|---|---|---|---|
| 1 | ORNL | Oak Ridge National Laboratory | 橡树岭国家实验室 |
| 2 | USDE | United States Department of Energy | 美国能源部 |
| 3 | LBNL/LBL | Lawrence Berkeley National Laboratory | 劳伦斯伯克利国家实验室 |
| 4 | OSU | The Ohio State University | 俄亥俄州立大学 |
| 5 | NASA | National Aeronautics and Space Administration | 美国国家航空航天局 |
| 6 | NCSU | North Carolina State University | 北卡大学 |
| 7 | UChicago | The University of Chicago | 芝加哥大学 |
| 8 | ANL | Argonne National Laboratory | 阿贡国家实验室 |
| 9 | PEEMD | Parallel Ensemble Empirical Mode Decomposition | 并行集成经验模态分解 |
| 10 | EMD | Empirical Mode Decomposition | 集成经验模态分解 |

| 序号 | 简称 | 外文全称 | 中文全称 |
|------|------|---------|---------|
| 11 | ML | Machine Learning | 机器学习 |
| 12 | APT | Automatically Programmed Tools | 自动编程工具 |
| 13 | ATBD | Algorithm Theoretical Basis Document | 算法理论基础文件 |
| 14 | GCS | Ground Control System | 地面控制系统 |
| 15 | VIFI | Virtual information framework infrastructure | 虚拟信息结构基础设施 |
| 16 | MAST | Multi-mission Archive at Space Telescope | 米库斯基空间望远镜数据库 |
| 17 | STARE | Spatiotemporal Telescope Adaptive Resolution Encoding | 星历精调的天基望远镜 |
| 18 | NEXUS | NASA Engineering eXtendible United Software | 美国航天局工程可扩展联合软件 |
| 19 | ESDIS | Earth Science Data and Information System | 地球科学数据信息系统 |
| 20 | PO. DDAC | The Physical Oceanography Distributed Active Archive Center | 物理海洋学分布式活动档案中心 |
| 21 | ESIP | Earth Science Information Partnership | 地球科学信息合作伙伴 |
| 22 | UC | University of California | 加利福尼亚大学 |
| | UC Berkeley | University of California | 加利福尼亚大学伯克利分校 |
| 23 | UCLA | University of California, Los Angeles | 加利福尼亚大学洛杉矶分校 |
| 24 | UCSB | University of California, Santa Barbara | 加利福尼亚大学圣塔芭芭拉分校 |
| 25 | UCSD | University of California, San Diego | 加利福尼亚大学圣迭戈分校 |
| 26 | UCSF | University of California, San Francisco | 加利福尼亚大学旧金山分校 |
| 27 | UCI | University of California, Irvine | 加利福尼亚大学尔湾分校 |
| 28 | UCD | University of California, Davis | 加利福尼亚大学戴维斯分校 |
| 29 | UCSC | University of California, Santa Cruz | 加利福尼亚大学圣克鲁兹分校 |
| 30 | UCR | University of California, Riverside | 加利福尼亚大学河滨分校 |
| 31 | UCM | University of California, Merced | 加利福尼亚大学美熹德分校 |
| 32 | PSNR | Peak signal-to-noise ratio | 峰值信噪比 |
| 33 | HDMF | Hierarchical Data Modeling Framework | 分层数据建模框架 |
| 34 | SDC | symmetric distance computation | 对称距离计算 |
| 35 | HPC | high-performance computing | 高性能计算 |
| 36 | SDR Bench | Scientific Data Reduction Bench Mark | 科学数据缩减基准 |

| 序号 | 简称 | 外文全称 | 中文全称 |
|---|---|---|---|
| 37 | SZ | Shannon-Zipper | Shannon-Zipper 压缩算法 |
| 38 | FPGA | Field Programmable Gate Array | 现场可编程门阵列 |
| 39 | IOU | intersection over union | 联合交叉 |
| 40 | HMDS | Husky Mounted Detection System | 赫斯基安装检测系统 |
| 41 | DisCo | Distilled Contrastive Learning | 自监督的蒸馏学习 |
| 42 | HMD | Head-Mounted Display | 头戴式显示器 |
| 43 | I/O | InputStream、OutputStream | 输入/输出流 |
| 44 | NCEM | National Center for Electron Microscopy | 国家电子显微镜中心 |
| 45 | pyCBIR | content-based image retrieval | 基于 python 内容的图像检索 |
| 46 | UMR | Unite Mixte De Recherche | 科研混合单位 |
| 47 | UMI | Units Mixed De International | 国际科研混合单位 |
| 48 | UARS | Upper Atmosphere Research Satellite | 高层大气研究卫星 |
| 49 | XMM-Newton | X-ray Multi-Mirror Mission Newton | X 射线空间天文台发现的所有 X 射线源 |
| 50 | PPS | Problem Process System | 管道处理系统 |
| 51 | DBSCAN | density-based spatial clustering of applications with noise | 基于噪声的密度聚类算法 |
| 52 | DL | Deep learning | 深度学习 |
| 53 | RDA | Research Data Alliance | 研究数据联盟 |
| 54 | SAS | Science Analysis System | 科学分析系统 |
| 55 | ESAC | European Space Astronomy Centre | 欧洲空间天文中心 |
| 56 | IVOA | International Virtual Observatory Alliance | 国际虚拟天文台联盟 |
| 57 | SGS | Remote Sensing Satellite Ground Station | 遥感卫星地面站 |
| 58 | SDCS | Symantec Data Center Security | 赛门铁克数据中心的安全性 |
| 59 | DNS | Direct Numerical Simulation | 直接数值模拟 |
| 60 | CTA | Commodity Trading Advisor Strategy | 商品交易顾问策略 |
| 61 | ADIOS 2 | The Adaptable Input/Output System version 2 | 自适应输入/输出系统版本 2 |
| 62 | UML | United Modeling Language | 统一建模语言 |
| 63 | SysML | Systems Modeling Language | 系统建模语言 |
| 64 | WLCG | Worldwide LHC Computing Grid | 全球分布式计算系统 |
| 65 | OES | Observation Execution System | 观测执行系统 |
| 66 | MCC | Motor Control Center | 电动机控制中心 |
| 67 | DRAM | Dynamic Random Access Memory | 动态随机存取存储器 |